OLJE CLASSICS
161

안씨가훈

사단법인 olje

올재의 꿈

올재는 지혜 나눔을 위해 2011년 9월 설립된 비영리 사단법인입니다. 예술과 문화 속에 담긴 지식과 교양을 널리 소개하고 향유함으로써 격변하는 세상의 지향점을 찾고, 올바르고 창의적인 교육의 기틀을 마련하는 것이 올재의 꿈입니다. 특히 올재는 인문 고전이나 문화 예술을 접할 기회가 많지 않은 소외 계층과 저소득층 청소년들을 위해 다양한 지혜 나눔의 계기를 마련하고자 합니다.

올재의 첫 번째 지혜 나눔은 인문 고전입니다. 〈올재 클래식스〉는 최고 수준의 번역본을 부담 없는 가격에 보급합니다. 각 종당 5000권을 발행하며 4000권은 교보문고에서 6개월간 한정 판매합니다. 미판매된 도서와 발행 부수의 20%는 복지시설·교정 기관·저소득층 등에 무료 기증합니다. 출간한 번역본은 일정 기간 후 올재 인터넷 홈페이지(www.olje.or.kr)에 게시합니다.

Share the wisdom. Change the world.

사단법인 olje

올재의 벗

〈올재 클래식스〉《안씨가훈》의 발행에 소요되는 제반 비용 상당액은 〈올재 클래식스〉의 지혜 나눔 취지에 적극 공감한 후원자 여러분의 도움으로 마련됐습니다. 국내 최대의 서점 교보문고는 〈올재 클래식스〉의 유통에 도움을 주셨습니다. 표지 제호를 재능 기부해 주신 캘리그라피연구소 술통 대표 강병인 님께 감사드립니다. 귀한 번역본을 올재에서 펴낼 수 있도록 허락해 주신 임동석 님께 깊은 감사를 전합니다.
〈올재 클래식스〉 출간이 전국 곳곳에 인문 고전 나눔으로 뜨겁게 이어지길 바랍니다. 올재의 첫 번째 지혜 나눔 〈올재 클래식스〉 출간에 많은 격려와 박수를 보내 주신 벗들께 다시 한번 감사를 전합니다.

정기 후원과 일반 후원으로 올재의 지혜 나눔에 참여하세요.
올재의 벗들이 심은 작은 홀씨가 전국 곳곳에 인문 고전의 꽃으로 피어납니다.

올재 후원함 | 예금주 사단법인 올재
국민은행 023501 - 04 - 184681
농협은행 301 - 0100 - 8607 - 71
신한은행 100 - 027 - 966986
우리은행 1005 - 401 - 996902
하나은행 162 - 910013 - 46904

후원 문의처 | 올재 사무국
ⓣ 02)720 - 8278 ⓗ www.olje.or.kr ⓔ oljeclassics@olje.or.kr
@oljeclassics www.facebook.com/oljeclassics

지혜 나눔을 함께한 벗들

KYOBO 교보문고

Calligraphy Sooltong

차례

일러두기

1. 이 책은 왕리기王利器의 《안씨가훈집해顔氏家訓集解》(신편제자집성新編諸子集成 제1집, 증보본增補本, 중화서국中華書局, 1993)를 저본으로 하여 완역상주完譯詳注한 것이다.
2. 현대 교주본校注本은 정소명程小銘 역주의 《안씨가훈전역顔氏家訓全譯》(귀주인민출판사貴州人民出版社, 1993, 귀양貴陽)과 이진흥李振興·황패영黃沛榮·뇌명덕賴明德의 《신역안씨가훈新譯顔氏家訓》(삼민서국三民書局, 1993, 대북臺北)을 참고했다. 그 외에 백화본白話本으로는 평석본評析本 백화白話 《안씨가훈顔氏家訓》(왕녕王寧 주편主編, 북경광파학원출판사北京廣播學院出版社, 1993, 북경北京)이 있다.
3. 본문의 이해를 돕기 위한 간단한 주석은 번역문의 중간에 괄호 속 협주로 넣었다.
4. 원의原義의 충실을 기하기 위해 직역으로 했다. 문장이 순통하지 못하거나 오류가 발견되면 질정質正과 편달鞭撻을 내려 주기 바란다.

역자 서문

“천지가 생긴 이래 땅이 있고 농토라는 재산이 있었으며, 이를 팔고 사고 주인이 바뀌기를 몇천 번에 몇 사람이나 되는지 모른다. 그 땅이 돌고 돌아 지금 나의 소유가 되었다. 게다가 자식이 똑똑하여 이를 능히 지켜 낼 수도 있을 것 같다. 그러나 그것을 집안 세세토록 천년만년 잃지 않고 지켜 낼 수 있을까? 역시 팔고 사고 하여 정해진 주인은 없을 것이다. 옛말이 맞도다. ‘천년 전지 800번 주인이 바뀌나니, 토지가 주인이요 사람은 객이로다〔千年田地八百主, 田是主人人是客〕’라 한 말이!”
청대 두문란杜文蘭이라는 사람의 수필 한 토막이다.

천하 누구에겐들 늙음이 오지 않는다는 보장이 있겠는가? “세상에 가장 공정한 게임은 백발이다. 귀하고 돈 있는 사람이라고 해서 용서해 준 적이 없다〔世間公道唯白髮, 貴人頭上不曾饒〕”라고 두목杜牧은 노래했다.
이렇게 세상을 살아온 다음 그래도 삶을 어느 정도 터득하고 나서 과연 후손에게 우리는 무엇을 남겨 줄 것이며 무슨 말로 “이렇게 살아라”라고 해 줄 수 있을까? 여기에 그 해답이 있다. 빈부貧富·귀천貴賤·현우賢愚·미추美醜를 다 떠나 그 어떤 경우라도 ‘인생난득人生難得(세상 만물 중에 인간으로 태어나기가 참으로 어렵다)’이라는 대전제 아래에서는, “이토록 귀하게 태어난 생명이니 어찌 허투루 살겠는가?” 그러니 “아무리 어렵고 힘겹더라도 정도로 살아라. 그것이 이치에도 맞고 자연 섭리에도 합당하다”라고 안지추顔之推는 이 책에서 일러 주고 있다.

가끔 “댁의 가훈은?”이라는 질문을 만나면 우선 당황하게 되고 혹은 생각에 잠기게 된다. ‘그래, 우리 집은 과연 무엇을 목표로, 무엇을 가치로 삼아 살고 있는가?’ 그렇다고 꼭 글로 써서 벽에 걸고 말로 끊임없이 자식들에게 일러 주는 것만이 곧 가훈은 아니다.

진晉나라 때 사안謝安이라는 이는 아내가 "어떻게 당신은 자식 교육에 애쓰는 꼴을 한 번도 볼 수 없소?"라고 불만을 토로하자 "나는 항상 자식을 가르치고 있는데?"라고 대답했다는 고사가 있다. 당연히 부모의 바른 행동만큼 훌륭한 가훈이 없는 셈이다.

그러나 글로 남기고 기록으로 보존하는 것이 그 이상의 가치가 있음은 부인할 수 없다.

역대 이래 이 《안씨가훈》만큼 핍절하고 진실되며 풍부하고 자상한 가훈은 없었다. 작자 안지추는 남북조시대의 남조의 혼란기, 그리고 수나라 통일까지의 전란기를 몸으로 겪으며 살아 온 인물이다. 게다가 수천 리 먼 고향을 등지고 풍속과 삶의 방법이 다른 북방과 남방을 유랑하면서 강요된 시대적 고통을 세밀하게 기록하여, 자식을 마주 앉혀 놓고 말하듯이 눈물겹도록 풀어 쓴 사랑의 글귀가 바로 이 책이다.

모두 20편으로 되어 있으며 총 256가지의 이야기가 실려 있다. 더러는 훈계의 말로, 혹은 세상의 예화를 들어 스스로 깨닫게 하기도 하였으며, 나아가 '내가 살아온 과정은 이러했다'라는 회상도 실려 있다.

자식 교육과 형제의 우애, 집안 다스림, 사람으로서 가져야 할 풍모와 절조, 학문에 힘써야 하는 이유, 실질에 힘쓰고 일상에 충실할 것, 욕심은 줄여야 하며 양생養生은 이치에 맞도록 하여 자신의 건강을 다질 것, 불교에 대한 자신의 견해, 학문하는 방법과 고증, 잡기와 예술까지 피부에 닿도록 아주 자상하다.

특히 마지막 편에서 자신이 죽고 나서의 장례와 분묘에 대하여 "내 죽거든 칠성판七星板 정도면 된다"라는 부탁은 지금 우리도 가슴 저미며 읽지 않을 수 없는 내용을 담고 있다.

그 외에도 "자식의 후환은 부모가 만든다", "형제애는 처자로 인해 소원해진다", "혼인은 엇비슷한 상대와 하라", "성공한 자는 나름대로의 이유가 있다", "벼슬은 이 정도로 제한하라", "도박과 놀이는 구분하라" 등의 훈계는 구절구절이 지금에도 가슴에 와닿는다.

나아가 "남의 재산을 훔치면 형벌을 받듯이 남의 미덕을 훔치면 귀신의 책망을 받는다"라거나 "군자란 사귐을 끊을 때 험담을 늘어놓지 않는 법이다. 어느 날 아침에 섬기겠다고 무릎을 꿇어 놓고 어찌 이해를 이유로 변심할 수 있겠는가?", "재산을 천만금 쌓아 놓았다고 해도 자기 몸에 지니고 있는 하찮은 기능 하나만 못하다〔薄技隨身〕", "어려서 배우는 것은 햇빛 아래 큰길을 가는 것 같지만 늙어 배우는 것은 촛불을 잡고 밤길을 걷는 것과 같다. 그래도 그나마 포기하면 까막눈에 아무것도 볼 수 없는 것이 되고 만다", "높은 선비는 명성을 잊고 살고, 중간 선비는 명성을 세우며, 낮은 선비는 명성을 훔친다"라는 등의 말들은 안지추가 바로 우리를 앞에 세워 놓고 일러 주는 것과 같은 느낌을 주고 있다.

그렇다면 이제 우리는 이 시대를, 나 자신의 삶을 어떻게 살아갈 것이며, 우리 자식들은 어떻게 가르칠 것인가?

옛날에는 "곡식을 쌓아 굶주림을 방비하고, 자식을 길러 늙음을 대비한다〔積穀防饑, 養兒代老〕"라고 했다. 그러나 오늘날 그들에게 구시대 유물로 변할 '효도'라는 추상 명사를 동사화하라고 요구할 수는 없다. 효도는 의무이며 자식 사랑은 본능일 뿐이다. 안지추는 자식에게 '효도하라'라는 말은 한마디도 하지 않았다. 우리 후손들이 이를 사회적 핵가족으로 보아 "병은 조금 낫는 데서 더 도지고,

효는 아내와 자식 때문에 엷어지게 마련〔病加於小愈, 孝衰於妻子〕"인 때가 될 수밖에 없다. 게다가 자식을 더욱 총명하게 길러 놓았고, 그들이 성공했으니 만년에 도움이 될 것이라는 것은 매우 일방적인 기대치이다. 그들이 도덕적으로 나빠서가 아니라 사회 구조상 어쩔 수 없는 경우가 더 큰 이유일 것임은 명약관화하다. "굽은 소나무 선산 지킨다"라고 했다. 똑똑할수록 제 할 일이 많아 부모 모실 겨를이 없는 경우가 더 흔해질 것이다. 소동파는 "어느 부모가 자식 총명하기를 바라지 않으리오. 그러나 그 총명함이 도리어 서운함만 남겼네"라고 한탄하기도 했다. 이는 똑똑하게 키우지 말라는 뜻이 아니라, 그것에 목매지 말라는 뜻이리라.

그렇다. "정성을 다해 꽃을 심었건만 그 꽃은 피지 않을 수도 있고, 무심코 꽂은 버드나무가 쉴 그늘을 이루기도 한다〔有意栽花花不開, 無心插柳柳成蔭〕"라고 하였으니, 뒤집어 보면 억지는 고통을 낳고 집착은 번뇌를 낳는다. 따라서 자식을 기르면서 사랑과 지혜로 키워 주되 그의 당연한 고통을 대신하겠다는 생각만 지우면 된다. "그를 그토록 사랑한다면서 어찌 그에게 노고로운 일은 하지 말라고 할 수 있겠는가〔愛之, 能勿勞乎〕?"라고 《논어》는 갈파했다. 고통을 대신해 주겠다는 본능이야 아름다운 것이지만 그것이 지나쳐 잘못된다면 둘 다 모두 불행해진다. "자식은 자식대로 타고난 복이 있으니, 자식을 위해 말이나 소가 되지는 말라〔兒孫自有兒孫福, 莫爲兒孫作馬牛〕"라는 속담이 어찌 자식 교육을 포기하라는 뜻이겠는가?

이제 그들에게 바른 삶의 방법만 일러 주자. "이삭을 줍는 것이 비록 이롭다 하나 스스로 농사짓는 것만은 못하다〔拾穗雖利, 不如躬耕〕"라고 했다. 이처럼 부모나 조상의 이삭이나 주워 먹는 자식으로 기르기보다는 스스로 농사지어 수확하는 기쁨을 맛보도록 하는 것이 부모로서도 행복하지 않겠는가? 재물은 천만금 남겨 주어도 이를 지켜 내기 어렵지만 바른 삶의 방법을 일러 주면 제 자신으로서는 이 난득難得의 인생을 나름대로 터득하고 행복을 맛보며 주위와 위아래 사람에게 제 구실을 할 것이요, 나아가 사회와 인류를 위해 바른 가치를 실행할 것이 아닌가? 그것이 진정 부모가 바라는 것이 아니겠는가? 이것이 모든 집집마다의 '가훈家訓'일 때 세상은 더욱 아름답고 다툼 없는 화평을 누릴 수 있지 않겠는가? 이를 위해 이 책은 충분한 지침서가 되고도 남으리라 확신한다.

부곽재負郭齋에서 줄포茁浦 임동석林東錫

역자 해제

저자 안지추顔之推(531~591?)는 남조南朝 양梁나라 때부터 수대隋代까지 걸쳐 살았던 학자로 자는 개介, 낭야瑯邪 임기臨沂(지금의 산동山東 임기시臨沂市) 사람이다. 아버지 안협顔勰은 양나라 상동왕湘東王 소역蕭繹의 진서부자의참군鎭西府諮議參軍을 지냈으며 대대로 《주관周官》(주례周禮)과 《좌전左傳》 등에 학문이 깊었다. 이에 따라 안지추 역시 일찍부터 가학家學의 훈도薰陶를 받아 《예기禮記》와 《좌전》을 익혔다.

안지추는 처음 양나라(502~557)에 벼슬하여 소역의 좌국상시左國常侍를 시작으로, 진서묵조참군鎭西墨曹參軍을 역임했으며, 관직이 산기상시散騎常侍에 이르렀다. 그 뒤에 북제北齊(550~577)로 들어 중서사인中書舍人·황문시랑黃門侍郎·평원태수平原太守 등을 역임하기도 했다. 북제가 망하자 북주北周(557~581)에서는 어사상사御史上士를 지내기도 했다. 결국 수隋나라(581~618)가 천하를 통일하자 개황開皇(수문제隋文帝 양견楊堅의 연호, 581~600) 연간에 태자가 그를 불러 학사學士로 삼았으며, 그 뒤 얼마 후(591?)에 생을 마쳤다. 그의 아들로는 사로思魯와 민초敏楚가 있어 《가훈家訓》의 여러 부분에 그 이름이 등장하고 있다.

그는 《문집》 30권을 남겼으나 지금은 전하지 않으며, 세상에 널리 알려진 《안씨가훈》 20편이 전하고 있다. 그 외에 《환원지還寃志》 세 권이 있으며, 그에 대한 전傳은 《북제서北齊書》와 《북사北史》〈문원전文苑傳〉에 실려 있다.

안지추는 학식이 광박廣博하고 육경六經과 사서史書는 물론 음운·문자·훈고 등에도 통달한 학자였다. 그의 《안씨가훈》에는 치가治家·수신修身·정치·교육·종교·문학·예술 등은 물론, 음운과 훈고, 심지어 자신의 죽음과 장례에 대한 유언까지 다루고 있어, 실로 중국 역대 가훈의 전범典範으로 널리 알려져 있다.

그는 학술 면에서 기본적으로 유가儒家를 숭상하여, 효제로써 치가와 사회생활의 근본으로 삼을 것을 주장했다. 그리고 불교에 대하여 긍정적인 시각과 옹호의 입장을 취하고 있으며, 도가의 양생설養生說에 대하여도 현실적인 적응을 요구하고 있다.

그의 학술 관점은 당시 사회의 사치 풍조를 비판함과 아울러 "겸허충손謙虛冲損, 과욕지족寡慾知足"을 내세워, 이를 삶의 기본 잣대로 할 것을 훈계하고 있다. 그리고 유가의 "위기지학爲己之學"을 중시, 수신과 경세의 틀을 여기에서 찾으려 하였으며, 당시 유행하던 현담玄談과 "공수장구空守章句, 단송사언但誦師言"의 학문 태도에 반대했다.

한편, 그의 예술과 잡기에 대한 인식은 매우 현실적이며, 자녀들에게 실증적·실용적 접근을 권하기도 했다. 특히 종교의 입장에서 불교에 대하여는 내교內敎라 불러 이를 유학〔外敎〕과 병행하되, 유학은 현실적 사회생활과 처세에 응용하며, 불교는 인과응보의 대원칙을 믿고, 이를 통해 바른 삶을 영위해 나갈 것을 주장했다. 그 밖에 무속巫俗의 폐해, 금기禁忌에 대한 잘못된 인식을 바로잡아 과학적으로 판단할 것을 요구하였고, 자신의 죽음과 그 뒤에 이어질 장례·묘지·제사 등에 대해서는 절용을 내세워 간곡한 유언을 남기는 등 비교적 긍정적이고 세심한 배려의 말로 끝을 맺고 있다.

송본宋本은 모두 일곱 권 스무 편으로 되어 있으며, 명대明代 판본은 대체로 두 권으로 되어 있다. 역대 관사官私의 서목書目에는 모두 유가儒家에 열입시켰으나, 〈사고전서총목제요四庫全書總目提要〉에서는 그 내용이 잡박하게 갖가지를 다루었고, 특히 〈귀심편歸心篇〉의 경우 불교만을 다룬 부분이 있다 하여 잡가雜家에 소속시켰다. 이에 따라 〈사고전서四庫全書〉본은 '자부십子部十, 잡가류일雜家類一, 잡학지속雜學之屬'으로 분류했다. 그리고 대개의 판본이 〈북제北齊 안지추찬顔之推撰〉으로 되어 있으나, 〈사고전서〉에는 〈수 안지추찬隋顔之推撰〉이라 하여 성서

成書 시기를 맞추어 조대朝代 이름을 삼고 있다.

여가석余嘉錫은 〈사고전서총목제요〉에서 이에 대하여 이 책은 수나라 개황開皇 9년(589), 진陳을 평정한 후에 완성된 것이라 고증했다. 물론 안지추 자신이 양梁·진陳·북제北齊·북주北周·수隋 등 남북의 조대를 거쳐 생존하였던 인물이라 어느 한 조대를 고집하여 소속시키기 어렵기 때문에 생긴 기록들이다.

이 책의 최초 판본은 송나라 순희淳熙(1174~1189) 연간의 〈태주공고본台州公庫本〉이며, 지금 남아 있는 것은 염태전廉台田이 보수補修한 〈중인본重印本〉이다. 그 외에 대표적인 판본으로는 명 가정嘉靖 갑신甲申(1524)의 〈부태평각본傅太平刻本〉과 청 강희康熙 때의 〈주식주문단공장서십삼종본朱軾朱文端公藏書十三種本〉, 그리고 청 옹정雍正 황숙림黃叔琳의 〈안씨가훈절초본顔氏家訓節抄本〉, 청 건륭乾隆 연간 노문초盧文弨의 〈포경당총서본抱經堂叢書本〉, 청 〈문진각사고전서본文津閣四庫全書本〉과 〈지부족재본知不足齋本〉 등이 있다. 그 외에 〈사부총간四部叢刊〉·〈사부비요四部備要〉·〈제자집성諸子集成〉 등에 고루 수록되었으며, 〈제자백가총서본諸子百家叢書本〉(상해고적출판사上海古籍出版社, 〈쌍감루장서명간본雙鑑樓藏書明刊本〉)이 있고, 이어서 1980년 상해고적출판사에서 왕리기王利器의 〈표점교주본標點校注本〉인 《안씨가훈집해顔氏家訓集解》(1993년 중화서국中華書局 재출간)가 출간되어 현대적 연구에 중요한 자료로 이용되고 있다.

한편, 우리나라에는 《안씨가훈顔氏家訓 : 북제北齊 안지추찬顔之推撰》의 중국 목판본木版本 7권 1책이 국립도서관(고古 : 1573-11)에 소장되어 있으며, 그 제題에 〈순희칠년淳熙七年(1180)……송 심규宋沈揆〉로 표기되어 있다.

그리고 현대 역주 및 번역본으로는 1993년 대만 삼민서국三民書局의 《신역안씨가훈新譯顔氏家訓》(이진흥李振興·황패영黃沛榮·뇌명덕賴明德)이 있고, 중국 귀주인민출판사貴州人民出版社의 《안씨가훈전역顔氏家訓全譯》(정소명程小銘 역주譯註, 1993)과

북경광파학원출판사北京廣播學院出版社 간행의 평석본評析本 백화白話《안씨가훈顔氏家訓》이 있다. 일본에서는 1969년 출간된 중국고전문학대계 제9권의《안씨가훈顔氏家訓》 번역본이 있으며, 국내는《안씨가훈》(유동환 옮김, 홍익출판사, 1999)이 있으나 이는 〈서증편書證篇〉과 〈음사편音辭篇〉을 싣지 않았으며 원문 없이 번역한 평역본이다.

1. 서치序致

본 편은 책 전체의 서문序文에 해당한다. 《가훈家訓》을 짓게 된 동기와 아울러 자신이 자라 온 경험, 성인이 되어서야 깨달은 점 등을 예로 들어, 어린 시절부터 바른 훈육을 시도할 것과 가정에서의 교육 환경 조성이 얼마나 중요한가 등의 문제를 토론하고 있다.

대체로 육조六朝 이전에는 자서自序를 책의 맨 뒤쪽에 놓기도 하고, 때로는 앞에 실어 다른 편장과 대등하게 자신의 주장이나 상황을 설명하는 체제를 택하기도 했다.

1-1 가훈家訓을 쓰는 이유

무릇 성현聖賢의 책에는 사람으로 하여금 충효를 다하도록 하며, 말을 삼가고 행동을 점검하여 입신양명하도록 함이 이미 갖추어져 있다. 위魏와 진晉 이래 지어진 바의 여러 책은 이치와 사건이 중복되며, 서로 돌아가며 베끼고 흉내 내어 마치 집 속에 다시 집을 짓고, 상牀 위에 상을 편 것과 같을 뿐이다.
그런데도 내가 지금 다시 이러한 책을 쓰는 이유는 감히 궤물범세軌物範世(만물의 규칙, 세상의 모범)하기 위함이 아니라, 집안을 가지런히 하여 자손을 깨우치려 함에서이다. 무릇 똑같은 말이면서 믿게 되는 것은 그 친한 사람의 말이기에 믿는 것이요, 똑같은 명령이면서 실행하게 되는 것은 복종할 사람의 명령이기에 그러한 것이다.
어린아이의 포악한 행동을 금하게 하려 함에 사우師友의 훈계가 도리어 부비傅婢(시녀·유모·보모)의 지휘만도 못하고, 일반 사람의 싸움을 말림에는 요堯와 순舜의 도가 도리어 과처寡妻(아내)의 달램만 못한 경우도 있다.
나는 이 책이 너희에게 믿음을 얻는 것이 부비나 과처보다 낫길 바랄 뿐이다.

夫聖賢之書, 教人誠孝, 愼言檢迹, 立身揚名, 亦已備矣. 魏 · 晉已來, 所著諸子, 理重事複, 遞相模斅, 猶屋下架屋, 牀上施牀耳. 吾今所以復爲此者, 非敢軌物範世也, 業以整齊門內, 提撕子孫. 夫同言而信, 信其所親; 同命而行, 行其所服. 禁童子之暴謔, 則師友之誡, 不如傅婢之指揮; 止凡人之鬪鬩, 則堯 · 舜之道, 不如寡妻之誨諭. 吾望此書爲汝曹之所信, 猶賢於傅婢寡妻耳.

1-2 나는 이렇게 가정 교육을 받았단다

우리 집안의 풍교風教는 본디 엄정하고 세밀했다. 나는 지난날 어렸을 적에 가르침을 받으면서 매양 두 분 형님을 따라 아침저녁으로 부모님께 문안드렸고, 행보도 규구規矩(일상의 법도)에 맞게 하였으며, 말소리와 안색도 안정되게 하였고, 장장익익鏘鏘翼翼(행동에 위의威儀가 있으면서 화경和敬한 모습)하여 마치 엄군嚴君을 뵈올 때처럼 했다. 그들은 나에게 칭찬의 말을 내려 주었고, 내가 좋아하는 바를 물었으며 단점은 격려하고 장점은 이끌어 주어 간절하고 돈독히 하지 않음이 없었다.

그러다가 내 나이 아홉 살이 되었을 때, 그만 부모님이 돌아가셔서 집안은 흩어지고 온 식구의 생계가 막막하게 되었다. 인자하신 형님이 나를 양육하시며 온갖 고생을 겪었다. 그러나 형님은 어질기만 할 뿐 위엄이 없었고, 나를 지도함에 엄격하지 못했다.

비록 《예전禮傳》을 읽었고 문장 짓기에 조금씩 흥미를 느꼈으나 자못 범속한 사람들에게 물들어 멋대로 행하고 말을 경솔히 하여, 신변에 갖추어야 할 것들을 수양하지 못했다. 나이 18~19세에 이르러 조금씩 깨달아 덕행을 닦고자 하였으나 '습관이 마치 자연 그대로인 것처럼 되어' 끝내 씻어 내기가 어려웠다.

20세 이후에는 큰 허물은 적어졌으나 매번 마음과 입이 서로 적이 되고 이성과 감정이 다투어, 밤에서야 낮의 잘못을 깨닫고, 오늘에야 어제의 과실을 후회하곤 했다. 스스로 배움이 없음을 애달피 여기며 지금 이 나이에 이른 것이다.

평소의 가르침을 거슬러 생각해 보니 살갗에 새기고 뼈에 새긴 것은 한갓 옛 책의 훈계가 아니라, 직접 눈으로 보고 귀로 들은 것들이었다. 그 때문에 이 스무 편을 남겨 너희들의 후거後車로 삼고자 하는 것이다.

吾家風敎, 素爲整密. 昔在齠齔, 便蒙誘誨; 每從兩兄, 曉夕溫凊, 規行矩步, 安辭定色, 鏘鏘翼翼, 若朝嚴君焉. 賜以優言, 問所好尙, 勵短引長, 莫不懇篤. 年始九歲, 便丁荼蓼, 家塗離散, 百口索然. 慈兄鞠養, 苦辛備至; 有仁無威, 導示不切. 雖讀《禮傳》, 微愛屬文, 頗爲凡人之所陶染, 肆欲輕言, 不脩邊幅. 年十八九, 少知砥礪, 習若自然, 卒難洗盪. 二十已後, 大過稀焉; 每常心共口敵, 性與情競, 夜覺曉非, 今悔昨失, 自憐無教, 以至於斯. 追思平昔之指, 銘肌鏤骨, 非徒古書之誡, 經目過耳也. 故留此二十篇, 以爲汝曹後車耳.

2. 교자敎子

본 편은 자녀 교육에 관한 문제를 다루고 있다. 특히 조기 교육의 중요성과 이를 넘어 태교胎敎의 문제까지 훈계하고 있다. 아울러 엄격하고 바른 교육이어야 함을 강조하여, 맹목적인 사랑과 유위적有爲的 훈도의 구분을 들고 있으며, 이에 따라 "위엄이유자威嚴而有慈"이어야 하며, "무교이유애無敎而有愛"의 폐해를 지적하기도 했다. 오늘날의 자녀 교육에 시사하는 바가 크다고 하겠다.

2-1 갓난아이 때부터 가르쳐라

상지上智는 가르치지 않아도 성취하지만 하우下愚는 가르친다 해도 나을 게 없다. 그러나 중용中庸의 인물은 가르치지 않으면 알지 못한다.

옛날 성왕聖王 때는 태교법이 있었다. 아이를 잉태한 지 3개월이 되면 따로 별궁에 거처하여, 눈으로는 사악한 것을 보지 아니하고 귀로는 망령된 것을 듣지 않으며, 음악과 음식을 예로써 절제했다. 이를 옥판玉版에 기록하여 금궤에 저장했다.

그리고 아이를 낳아 3개월이 되어 웃을 줄 알게 되면, 사보師保(돌보고 가르치는 스승)가 곧 효孝 · 인仁 · 예禮 · 의義를 밝혀 이를 습성이 되도록 인도했다. 일반 백성으로서는 비록 이렇게까지 할 수는 없었으나, 아이가 사람의 얼굴을 알아보고 남의 희로喜怒를 알아차릴 때쯤이면 곧 가르침을 더하여, 하라는 것은 하고 하지 말라는 것은 하지 않도록 했다.

그리고 다시 몇 살이 되면 가히 회초리나 꾸지람의 뜻을 알 수 있게 한 것이다. 부모가 위엄이 있으면서 자애로우면 자녀는 삼갈 것을 두려워하면서 효도의 마음이 생겨나게 된다.

내가 세상 사람을 보니 가르침은 없이 사랑만 있어, 매양 능히 그렇게 하지 못하고 있다. 음식과 행동에 그 하고 싶은 바대로 마구 하게 하여, 의당 훈계해야 할 것은 도리어 장려하고, 꾸짖어야 할 것은 도리어 웃어넘긴다. 이리하여 자녀가 자라서 나름대로 식견이 생길 때에는 모든 일을 이렇게 하는 것이 법인 줄로 여기게 된다. 교만함이 이미 습관이 되어 부모가 그제야 다시 제재를 가하고 죽음에 이르도록 매질을 한다 해도 위엄이 없게 되며, 분노만 날로 불어나고 원망을 증가시켜, 성장해서는 끝내 패덕敗德하게 된다.

공자孔子가 "어릴 때 형성된 것은 천성과 같고, 습관에 의해 이룩된 것은 자연처럼 된다"라고 하였으며, 속담에 "며느리는 처음 왔을 때 가르쳐야 하고, 아이들은 갓난아이일 때 가르쳐야 한다"라고 하였으니 참으로 옳도다. 이 말이여!

上智不教而成, 下愚雖教無益, 中庸之人, 不教不知也. 古者, 聖王有胎教之法: 懷子三月, 出居別宮, 目不邪視, 耳不妄聽, 音聲滋味, 以禮節之. 書之玉版, 藏諸金匱. 生子咳啶, 師保固明孝仁禮義, 導習之矣. 凡庶縱不能爾, 當及嬰稚, 識人顔色, 知人喜怒, 便加教誨, 使爲則爲, 使止則止. 比及數歲, 可省笞罰. 父母威嚴而有慈, 則子女畏愼而生孝矣. 吾見世間, 無教而有愛, 每不能然; 飮食運爲, 恣其所欲, 宜誡翻獎, 應訶反笑, 至有識知, 謂法當爾. 驕慢已習, 方復制之, 捶撻至死而無威, 忿怒日隆而增怨, 逮于成長, 終爲敗德. 孔子云: '少成若天性, 習慣如自然'是也. 俗諺曰: '教婦初來, 教兒嬰孩.' 誠哉斯語!

2-2 매는 부득이할 때만 들어라

무릇 사람이 능히 그 자녀를 가르치지 못하는 것은, 역시 결코 그를 죄악에 빠지게 하려는 것이 아닐 터이다. 다만 꾸중과 노기는 그 안색에 상처를 줄까 난처히 여기며, 초달楚撻(회초리)은 그 기부肌膚(살가죽)를 아프게 할까 하여 차마 초달하지 못하는 것뿐이다. 그러나 의당 질병으로 비유를 삼는다면 어찌 탕약湯藥과 침애鍼艾(침과 쑥뜸)를 쓰지 않고 이를 낫게 할 수 있겠는가? 또한, 의당 사근독훈思勤督訓(부지런히 생각하고 배움을 독려함)하는 것이 가히 그 골육骨肉에게 가혹하게 학대하기를 원해서이겠는가? 진실로 부득이한 것일 뿐이다.

凡人不能教子女者, 亦非欲陷其罪惡; 但重於訶怒, 傷其顔色, 不忍楚撻, 慘其肌膚耳. 當以疾病爲諭, 安得不用湯藥鍼艾救之哉? 又宜思勤督訓者, 可願苛虐於骨肉乎? 誠不得已也.

2-3 맹목적인 사랑은 화근이다

왕대사마王大司馬의 어머니인 위부인魏夫人은 성품이 심히 엄정했다. 왕대사마가 분성湓城에 있을 때 3000명을 거느리는 장수였고, 나이 또한 40이 넘었지만, 조금이라도 뜻에 거슬리는 잘못이 있으면 그래도 매를 들어 가르쳤다. 그 때문에 능히 그러한 훈업勳業을 이룰 수 있었던 것이다.
양원제梁元帝 때에 한 학사學士가 있어 총민하고 재주가 있었지만, 그 아버지에게 총애를 지나치게 받아 그만 의義의 가르침을 놓치고 말았다. 그 아버지는 아들이 어쩌다 옳은 말 한마디만 하면 거리를 돌아다니며 한 해가 다 가도록 자랑하였고, 행동에 그릇됨이 있을 때엔 이를 감싸 주고 꾸며 대면서 그가 스스로 고치기를 기대했다.
나이 들어 장가가고 벼슬할 때가 되었건만 오히려 포악하고 거만함이 날로 심해져서, 끝내 말을 가려 할 줄 모르다가 주적周逖에게 추장흔고抽腸釁鼓(창자를 뽑고 피를 북에 바름)하는 죽임을 당하고 말았다.

王大司馬母魏夫人, 性甚嚴正; 王在湓城時, 爲三千人將, 年踰四十, 少不如意, 猶捶撻之, 故能成其勳業. 梁元帝時, 有一學士, 聰敏有才, 爲父所寵, 失於教義: 一言之是, 徧於行路, 終年譽之; 一行之非, 揜藏文飾, 冀其自改. 年登婚宦, 暴慢日滋, 竟以言語不擇, 爲周逖抽腸釁鼓云.

2-4 아이는 바꾸어 가르쳐라

부자父子 사이의 위엄은 친압親狎(버릇없이 지나치게 친함)으로 해서는 안 되며, 골육 사이의 사랑은 간홀簡忽히 해서는 안 된다. 간홀히 하면 자애와 효도가 연결되지 못하며, 친압하면 나태와 거만함이 생겨난다.

명사命士(녹이 500석 이상인 선비) 이상은 부자가 서로 다른 집에 살았으니 이는 불압지도不狎之道이며, 가렵고 아픈 곳을 긁어 주고 눌러 주며, 이불을 널어 주고 베개를 정리해 주는 것, 이는 불간지교不簡之敎이다. 어떤 이가 이렇게 물었다.

"진강陳亢(공자의 제자)은 '군자는 그 아들을 멀리한다'고 듣고 기뻐했다는데 무슨 뜻입니까?"

나는 이렇게 대답했다.

"그러한 기록이 있다. 아마 군자가 직접 그 아들을 가르치지 않는다는 것으로 《시詩》에는 풍자로써 한 말이 있고, 《예禮》에는 혐의를 경계하라는 내용이 있으며, 《서書》에는 패란悖亂의 사건이 실려 있다. 그리고 《춘추春秋》에는 사악하고 편벽된 기롱譏弄으로 예를 든 것이 있고, 《역易》에는 만물의 갖춤의 상象으로써 한 것이 있다. 이는 모두가 부자 사이에 서로 가히 직접 말로 소통할 수 없는 것이 있기 때문이다. 그 때문에 자식을 직접 가르치지 않을 따름이다."

父子之嚴, 不可以狎; 骨肉之愛, 不可以簡. 簡則慈孝不接, 狎則怠慢生焉. 由命士以上, 父子異宮, 此不狎之道也; 抑搔癢痛, 懸衾篋枕, 此不簡之教也. 或問曰: '陳亢喜聞君子之遠其子, 何謂也?' 對曰: '有是也. 蓋君子之不親教其子也, 《詩》有諷刺之辭, 《禮》有嫌疑之誡, 《書》有悖亂之事, 《春秋》有袤僻之譏, 《易》有備物之象: 皆非父子之可通言, 故不親授耳.'

2-5 지나치게 교만했던 낭야왕瑯邪王의 말로

제齊 무성제武成帝의 아들 낭야왕琅邪王은 태자太子와 친형제였다. 태어나면서 총명하여 무성제와 황후가 다 같이 아주 사랑했다. 그래서 의복과 음식을 동궁東宮(태자太子)와 서로 같은 수준으로 해 주었다. 게다가 황제는 매번 얼굴을 맞대어 이렇게 칭찬했다.

"이 똑똑한 아이는 뒷날 반드시 성취함이 있으리라."

태자가 즉위하자 왕은 다른 궁궐에 살게 되었다. 그에 대한 대우는 지나침이 넘어설 정도였다. 그런데도 왕후는 충분치 않다고 여겨 언제나 불만이었다. 나이 10여 세가 되었어도 그는 교만하고 제멋대로 하면서 절제가 없었다. 그래서 한 번은 기복器服(기물과 의복)과 완호玩好(기호품)도 반드시 황제와 같아야 한다고 여겼다. 한번은 남전南殿에서 황제를 조견할 때였는데, 전어典御(황제의 음식을 관장하는 직책)가 새로운 얼음을 진상하고 구순鉤盾(과수원을 맡던 관리)이 조리早李(철 이른 오얏)를 헌상하는 것을 보고는 돌아와 자신에게도 달라 하였으나 얻지 못하자, 드디어 크게 노하여 이렇게 소리를 질렀다.

"지존至尊이 이미 가졌는데 나는 어찌하여 가질 수 없단 말인가?"

나눔과 동등함이 무엇인지 몰랐음이 대략 모두 이와 같았던 것이다. 식자들은 모두가 공숙단共叔段(춘추시대 정장공鄭莊公의 아우)이나 주우州籲(춘추시대 위衛나라 공자이자 장공莊公의 서자)와 같은 자라 혀를 찼다. 뒤에 재상宰相과 틈이 생기자, 그만 임금의 조서를 변조하여 재상을 목 잘라 버리고 그래도 그가 임금의 구제를 받고 살아날까 두려워 그 휘하의 군사를 거느리고 궁전 문을 방어하도록 했다. 그는 본래는 반란할 마음이 있었던 것이 아니었다. 그래서 위로를 받고 겨우 마무리되었지만, 뒤에 결국은 이런 일에 연루되어 아무도 모르게 죽임을 당하고 말았다.

齊武成帝子琅邪王, 太子母弟也, 生而聰慧, 帝及后並篤愛之, 衣服飮食, 與東宮相準. 帝每面稱之曰: '此黠兒也, 當有所成.' 及太子卽位, 王居別宮, 禮數優僭, 不與諸王等; 太后猶謂不足, 常以爲言. 年十許歲, 驕恣無節, 器服玩好, 必擬乘輿; 常朝南殿, 見典御進新冰, 鉤盾獻早李, 還索不得, 遂大怒, 訽曰: '至尊已有, 我何意無?' 不知分齊, 率皆如此. 識者多有叔段 · 州籲之譏. 後嫌宰相, 遂矯詔斬之, 又懼有救, 乃勒麾下軍士, 防守殿門; 旣無反心, 受勞而罷, 後竟坐此幽薨.

2-6 자식의 후환은 부모가 만든다

사람의 자식 사랑에 능히 치우침이 없이 하기란 드문 일이다. 예로부터 지금에 이르도록 이것이 폐단이 된 일이 많다. 어질고 뛰어난 자는 저절로 칭찬과 사랑을 받게 된다. 그러므로 완고하고 노둔한 자식일지라도 역시 마땅히 불쌍하고 가련히 여겨야 한다. 편애함이 있게 되면 비록 그에게 잘해 주려 한 것이 도리어 그에게 화를 입히는 꼴이 된다.

공숙共叔의 죽음은 어머니가 그렇게 한 것이요, 조왕趙王의 죽음은 아버지가 그렇게 만든 것이다. 유표劉表의 종족이 멸족을 당한 일이나, 원소袁紹가 자식에게 땅을 나누어 주다가 병력을 잃고 멸망한 사건도 가히 영귀명감靈龜明鑑(귀감龜鑑. 즉 영험한 거북을 통해 길흉을 알고 거울을 통해 사물의 모습을 살핌)으로 삼을 만한 일이다.

人之愛子, 罕亦能均; 自古及今, 此弊多矣. 賢俊者自可賞愛, 頑魯者亦當矜憐, 有偏寵者, 雖欲以厚之, 更所以禍之. 共叔之死, 母實爲之. 趙王之戮, 父實使之. 劉表之傾宗覆族, 袁紹之地裂兵亡, 可爲靈龜明鑒也.

2-7 시류에 얽매이지 말고 큰 덕을 가르쳐라

제齊(북제)나라 때에 한 사대부士大夫가 일찍이 나에게 이렇게 말했다.

"자식이 하나 있는데 나이가 이미 열일곱 살입니다. 자못 서소書疏(서간문이나 상소문 등의 공문서)에도 밝아 그에게 선비어鮮卑語와 비파 연주도 가르쳤지요. 점차 통달하고자 하니 이런 재주로서 공경公卿을 섬기게 하려 합니다. 자식을 사랑하지 않는 자가 없겠지만 역시 이런 일을 중요히 여겨야지요."

나는 그 당시 고개를 숙이고 아무 대답도 하지 않았다. 이상하도다. 이 사람의 자식 가르침이여! 만약 이러한 직업으로 말미암아 스스로 경상에까지 이른다 해도, 나는 역시 너희들은 그렇게 하기를 원하지 않는다.

齊朝有一士大夫, 嘗謂吾曰: '我有一兒, 年已十七, 頗曉書疏, 教其鮮卑語及彈琵琶, 稍欲通解, 以此伏事公卿, 無不寵愛, 亦要事也.' 吾時俛而不答. 異哉, 此人之教子也! 若由此業, 自致卿相, 亦不願汝曹爲之.

3. 형제兄弟

본 편에서는 가족의 연계성, 특히 형제간의 의무와 사랑을 토론하고 있다. 어린 시절의 우애와 형제애가, 서로 가정을 이루고 나서 가족 구성원의 변화로 인해 달라지는 원인과 그 방책을 설명했다.

3-1 형제애는 처자로 인해 소원해진다

무릇 사람이 있은 후에야 부부夫婦가 있고, 부부가 있은 후에야 부자父子가 있으며, 부자가 있은 후에야 형제兄弟가 있게 된다. 한 가정의 친족 관계는 이 세 가지뿐이다. 이로부터 넓혀 나가면 구족九族에 이르게 되나, 모두가 이 삼친三親에 본을 두고 있다. 그러므로 인륜에 있어서 중요한 것이 되나니 가히 돈독하지 않으면 안 된다.

형제란 형체는 나누어 가졌으나 그 기氣가 연결된 사람으로, 바야흐로 그가 어릴 때에는 부모가 왼손으로 잡아 주고 오른손으로 끌어 주며, 앞으로 뒤로 옷자락을 잡고 따르게 된다. 밥 먹을 때에는 한 상에서 먹고 옷은 물려주어 입으며, 배움은 뒤따라 그 책을 쓰게 되고, 놀이에는 같은 방향으로 가게 되니, 비록 몹쓸 집안의 사람이라도 능히 서로 사랑하지 않음이 없다. 그러나 장성하여 각기 그 처를 거느리고, 각기 그 자식을 기르게 되면, 비록 돈독하고 후덕한 사람일지라도 능히 조금씩 쇠미해지지 않을 수 없게 된다. 아내끼리의 동서 사이를 형제에 비교하면 소원하고 박하다.

지금 이렇게 소원하고 박한 사람으로 하여금 형제와 같은 친후지은親厚之恩(친하고 후하게 보살피는 은혜)으로써 절량節量(절제하고 헤아림)하라 하는 것은, 마치 네모난 바탕에 둥그런 뚜껑을 씌우는 것과 같아 틀림없이 맞지 않을 것이다. 오직 형제간의 우의가 깊고 지극하여 처자로 인해 이것이 변질됨이 없도록 하여야 그러한 잘못됨을 면할 수 있게 되리라!

夫有人民而後有夫婦, 有夫婦而後有父子, 有父子而後有兄弟: 一家之親, 此三而已矣. 自玆以往, 至於九族, 皆本於三親焉, 故於人倫爲重者也, 不可不篤. 兄弟者, 分形連氣之人也, 方其幼也, 父母左提右挈, 前襟後裾, 食則同案, 衣則傳服, 學則連業, 游則共方, 雖有悖亂之人, 不能不相愛也. 及其壯也, 各妻其妻, 各子其子, 雖有篤厚之人, 不能不少衰也. 娣姒之比兄弟, 則疏薄矣; 今使疏薄之人, 而節量親厚之恩, 猶方底而圓蓋, 必不合矣. 惟友悌深至, 不爲旁人之所移者, 免夫!

3-2 처자와 복첩으로 인한 화근을 대비하라

양친이 이미 돌아가시고 나서는 형제가 서로 보살펴 줌이 의당 형체에 있어서 그림자와 같고, 소리에 있어서 메아리와 같아야 한다. 돌아가신 선인이 주신 몸을 사랑하고, 자신의 몸에 나누어진 기氣를 아낌에 형제가 아니라면 어찌 그러한 사념思念이 생길 수 있겠는가?

형제 사이가 타인과 다른 점은, 바람이 깊으면 쉽게 원망하게 되고, 거리가 가까우면 쉽게 막히게 된다는 점이다. 비유컨대 집안에서 구멍 하나가 있으면 이를 막게 되고, 틈이 생기면 흙을 발라 메우게 된다. 이렇게 되면 무너지거나 훼멸될 근심이 없게 된다. 만약 참새나 쥐가 들어와도 걱정을 아니하고 바람이나 비가 들이쳐도 방비할 생각을 아니하다가, 벽이 허물어지고 서까래가 무너지게 되면 가히 구제할 수 없게 된다. 복첩僕妾은 참새나 쥐이며, 처자妻子는 바람이나 비이다. 심하도다!

二親旣歿, 兄弟相顧, 當如形之與影, 聲之與響; 愛先人之遺體, 惜己身之分氣, 非兄弟何念哉? 兄弟之際, 異於他人, 望深則易怨, 地親則易弭. 譬猶居室, 一穴則塞之, 一隙則塗之, 則無頹毁之慮; 如雀鼠之不卹, 風雨之不防, 壁陷楹淪, 無可救矣. 僕妾之爲雀鼠, 妻子之爲風雨, 甚哉!

3-3 형제는 길 가는 사람보다 낫다

형제가 화목하지 못하면 그들의 자질子姪(친자녀와 조카들)도 서로 사랑하지 않게 되고, 자질이 서로 사랑하지 않으면 종족의 자제들이 소원해지고 엷어진다. 종족의 자제들이 소원해지고 엷어지면 동복僮僕들도 원수와 적이 되고 만다. 이렇게 되고 나면 길 가던 사람이 모두 그 얼굴을 짓밟고 그 마음을 밟는 모욕을 줄 따면 누가 이를 구제해 주겠는가?

어떤 사람 중에 천하의 선비와 사귀어 모두가 좋아하고 사랑하면서 그 형에게는 공경을 잃는 자가 있다. 어찌 그 능히 많은 사람에게 할 수 있는 일을 적은 사람에게는 못 하는가! 또 어떤 이는 혹 수만 명의 군사를 거느려 그 사력死力을 다하면서, 그 아우에게는 은혜를 잃는 자가 있다. 어찌 그 소원할 자에게는 능히 그렇게 하면서 친히 해야 할 자에게는 그렇게 하지 못하는가!

兄弟不睦, 則子姪不愛; 子姪不愛, 則羣從疏薄; 羣從疏薄, 則僮僕爲讎敵矣. 如此, 則行路皆踖其面而蹈其心, 誰救之哉? 人或交天下之士, 皆有歡愛, 而失敬於兄者, 何其能多而不能少也! 人或將數萬之師, 得其死力, 而失恩於弟者, 何其能疏而不能親也!

3-4 동서끼리의 문제

여자들 동서娣姒 사이에는 서로 다툴 여지가 많으니 차라리 골육처럼 함께 살게 하기보다는, 각기 아주 멀리 흩어져 살면서 상로霜露(계절과 시절의 변화)를 보고 느끼는 바 있어 서로 그리워하고, 오랫동안 서서 해와 달을 바라보는 편이 낫다. 하물며 서로 모르는 길 가는 사람에 비유하면 다툴 일이 많은 한곳에 모아 놓아 능히 그들끼리 틈을 생기지 않게 하기란 불가능한 일이다. 그렇게 되는 이유는 능히 공무公務로 해야 할 일을 사정私情으로 하고, 중책에 처해서는 의義를 얄팍하게 할 마음을 품게 되기 때문이리라! 만약 능히 자신을 용서하여 행동하고, 자식을 바꾸어 무양撫養(어루만져 잘 돌봐 기름)하듯 한다면 이러한 근심은 생기지 않을 것이다.

娣姒者, 多爭之地也, 使骨肉居之, 亦不若各歸四海, 感霜露而相思, 佇日月之相望也. 況以行路之人, 處多爭之地, 能無間者, 鮮矣. 所以然者, 以其當公務而執私情, 處重責而懷薄義也! 若能恕己而行, 換子而撫, 則此患不生矣.

3-5 옆집에 살아도 형제간의 예의를 지켜라

사람이 형을 섬김에 가히 아버지와 같이할 수 없으면서 어찌 아우를 사랑함이 그 아들을 사랑함만 같지 못하다고 원망하겠는가? 이는 자신을 돌이켜 비추어 보되 밝게 보지 않기 때문이다.
패국沛國(동한東漢 때의 지명. 지금의 안휘성安徽省 숙현宿縣 경내)의 유진劉璡은 일찍이 그의 형 유환劉瓛과 하나로 이어진 옆집에 살았다. 유환이 여러 차례 아우를 불렀으나 대답이 없다가 한참 후에야 대답하는 것이었다. 유환이 괴이하게 여겨 물었다. 이에 유진은 "방금은 아직 의모衣帽를 갖추어 입지 못하였기 때문입니다"라고 대답하였다. 이렇게 형을 섬긴다면 가히 이에 모든 원망을 면할 수 있으리라!

人之事兄, 不可同於事父, 何怨愛弟不及愛子乎? 是反照而不明也. 沛國劉璡, 嘗與兄瓛連棟隔壁, 瓛呼之數聲不應, 良久方答; 瓛怪問之, 乃曰: '向來未着衣帽故也.' 以此事兄, 可以免矣!

3-6 전쟁에 나가 함께 죽은 3형제

강릉江陵(춘추시대 초楚나라 도읍)의 왕현소王玄紹는 아우 효영孝英과 자민子敏과 함께 형제 세 사람이 서로가 아주 우애 있고 아껴 주었다. 맛있는 음식이나 신기한 것이 있을 때는 모두가 모이기 전에는 먼저 손을 대지 않았고, 누구도 먼저 맛보겠다는 경우가 없었다. 그 사랑하고 아껴 주는 얼굴색이 서로가 자신이 부족한 듯이 드러낼 정도였다.

서대西臺(강릉)가 함락될 때에 현소는 그 몸체가 크고 우람하여 병사들에게 둘러싸이고 말았다. 두 아우가 다투어 그 형을 감싸고 막아서 각기 대신 죽겠다고 나섰다. 그러나 끝내 풀려나지 못하고 결국 함께 목숨을 다하고 말았다.

江陵王玄紹, 弟孝英 · 子敏, 兄弟三人, 特相友愛, 所得甘旨新異, 非共聚食, 必不先嘗, 孜孜色貌, 相見如不足者. 及西臺陷沒, 玄紹以形體魁梧, 爲兵所圍; 二弟爭共抱持, 各求代死, 終不得解, 遂幷命爾.

4. 후취後娶

본 편은 후취의 문제에 특히 신중을 다할 것을 훈계하고 있다. 후취의 자녀와 자신의 전실 소생, 나아가 새로운 자녀로 인한 갈등 문제 등을 지적하였고, 이에 따라 애증의 문제, 자녀들의 장래 사회적 진출 문제까지를 현실감 있게 예증을 들어 거론하고 있다.

4-1 백기伯奇와 증삼曾參의 효행

길보吉甫(주선왕周宣王의 어진 신하 윤길보)는 어진 아버지였으며, 그 아들 백기伯奇는 효성스러운 아들이었다. 어진 아버지로서 효성스러운 아들을 키움에 그 합함이 천성대로 끝을 얻을 수 있었으련만, 후처가 이간질하자 백기는 끝내 쫓겨나고 말았다.

증삼曾參(효행으로 유명한 공자의 제자)이 자신의 아내가 죽자 아들들에게 이렇게 말했다.

"나는 길보에게 미치지 못하고 너희는 백기에게 미치지 못한다."

왕준王駿(한漢나라 때 어사대부를 지낸 유능한 신하)이 상처하자 역시 이렇게 말했다.

"나는 증삼에 미치지 못하고, 내 아들은 증화曾華나 증원曾元만 못하다."

이리하여 두 사람은 종신토록 새장가를 들지 않았으니 이런 예는 경계로 삼기에 족하다. 이 두 사람 이후에 그 어린아이들을 계속해서 참학慘虐하고 골육을 이간시켜 상심단장傷心斷腸(마음 아프고 창자가 끊어지는 듯함)하는 자들을 어찌 가히 헤아릴 수 있겠는가? 삼갈지니라! 삼갈지니라!

吉甫, 賢父也, 伯奇, 孝子也, 以賢父御孝子, 合得終於天性, 而後妻間之, 伯奇遂放. 曾參婦死, 謂其子曰: '吾不及吉甫, 汝不及伯奇.' 王駿喪妻, 亦謂人曰: '我不及曾參, 子不如華 · 元.' 並終身不娶, 此等足以爲誡. 其後, 假繼慘虐孤遺, 離間骨肉, 傷心斷腸者, 何可勝數, 愼之哉! 愼之哉!

4-2 서얼과 측실 출신

강좌江左(육조시대 강동江東) 사람들은 서얼庶孽이 가문을 잇는 것을 꺼리지 않아 정처가 죽은 후, 흔히 첩이나 잉처媵妻(귀부인이 시집갈 때 데리고 가는 몸종인 잉媵이

후처가 되는 경우)가 가사를 마무리 짓도록 한다. 마치 옴 · 모기 · 벌레는 피할 수 없는 것처럼 여기되, 큰 구분은 한계를 지어 놓는다. 그 때문에 서로 다투는 치욕이 적다.

하북河北 사람들은 측실側室 출신들을 비루하게 여겨 사람으로 대해 주지도 않는다. 이 때문에 상처한 후에는 반드시 새장가를 들며 심지어 세 번, 네 번 맞이하여 그 어미 된 자가 그 아들보다 어린 경우도 있다. 후모後母가 낳은 아우와 전부前婦의 형에게 있어서 의복과 음식은 물론 결혼과 벼슬에도 사서士庶와 귀천貴賤의 간격이 심하건만 풍속은 이를 당연한 것으로 여긴다. 그런데 그 남편 된 자가 죽은 후에는 소송이 공문公門에 가득하고, 비방이 도로의 사방에 드러나며 전처의 아들이 계모를 첩이라 욕하고, 아우는 그 형을 종놈이라 내쫓으며, 선인先人의 사적辭迹을 들춰내어 퍼뜨리고, 조고祖考(돌아가신 할아버지)의 장단長短을 폭로하고 다니며, 자신만이 곧다고 인정받으려 함이 왕왕 있어 왔다. 슬프도다. 자고로 간신과 영첩佞妾은 말 한마디로 사람을 함몰시킴이 많았도다. 하물며 부부 사이의 의義란 아침저녁으로 마음을 바뀌게 하는 법이요, 비복婢僕이 어여쁨 받으려 나서고, 서로 도와 달라고 유인한다. 이렇게 해가 쌓이고 달이 쌓이면 어찌 효자가 있을 수 있겠는가? 이는 가히 두렵게 여기지 않을 수 없는 것이로다.

江左不諱庶孽, 喪室之後, 多以妾媵終家事; 疥癬蚊蝱, 或未能免, 限以大分, 故稀鬪鬩之恥. 河北鄙於側出, 不預人流, 是以必須重娶, 至於三四, 母年有少於子者. 後母之弟, 與前婦之兄, 衣服飮食, 爰及婚宦, 至於士庶貴賤之隔, 俗以爲常. 身沒之後, 辭訟盈公門, 謗辱彰道路, 子誣母爲妾, 弟黜兄爲傭, 播揚先人之辭迹, 暴露祖考之長短, 以求直己者, 往往而有. 悲夫! 自古姦臣佞妾, 以一言陷人者衆矣! 況夫婦之義, 曉夕移之, 婢僕求容, 助相說引, 積年累月, 安有孝子乎? 此不可不畏.

4-3 전처와 전실 아이를 학대하지 말라

보통 사람의 성품이란 후부後夫는 대개 전부前夫의 어린아이를 사랑하게 되지만, 후처는 틀림없이 전처의 자식을 학대하게 되어 있다. 이는 부인들이 품고 있는 질투의 심정 때문만이 아니라 장부가 가진 침혹沈惑(깊이 빠지거나 혹함)의 편벽 때문이며, 역시 일의 형세가 그렇게 되도록 하기 때문이다.
아비의 입장에서는 후처가 데리고 온 전 남편의 어린아이는 감히 자기의 친아들과 집안을 다투지 못할 것이라 여겨, 이끌어 주고 길러 주느라 습관이 쌓여 사랑이 싹트게 된다. 그 때문에 총애하게 되는 것이다. 그러나 여자 입장에서 전처의 자식은 매번 자신이 낳은 아들 위에 거하면서 벼슬 · 공부 · 혼인에 있어 방해되지 않을 수 없다고 여겨, 그 때문에 이를 학대하게 되는 것이다. 서로 성씨姓氏가 다른데 총애하면, 친아들은 부모를 원망하게 되고 계모가 전처의 자식을 학대하면, 형제 사이가 원수로 변한다. 집안에 이러한 일이 있는 것은 모두가 가문의 화근이다.

凡庸之性, 後夫多寵前夫之孤, 後妻必虐前妻之子; 非唯婦人懷嫉妒之情, 丈夫有沈惑之僻, 亦事勢使之然也. 前夫之孤, 不敢與我子爭家, 提攜鞠養, 積習生愛, 故寵之; 前妻之子, 每居己生之上, 宦學婚嫁, 莫不爲防焉, 故虐之. 異姓寵則父母被怨, 繼親虐則兄弟爲讐, 家有此者, 皆門戶之禍也.

4-4 되돌아간 후취

사로思魯(안지추顔之推의 아들) 등의 종구從舅(어머니의 종형제, 즉 외삼촌뻘)인 은외신殷外臣은 박달博達한 선비이다. 그 아들에 은기殷基와 은심殷諶이 모두 이미 성인이 되어 자립하자, 다시 왕씨王氏 여인을 재취로 맞아들였다.

은기가 매번 후모後母를 찾아뵐 때면, 옛날 어머니가 그리워 오열하여 스스로 몸을 가누지 못하는 것이었다. 집사람들이 차마 쳐다볼 수 없을 정도였다. 왕씨 부인조차 오싹 소름이 끼쳐 어떻게 얼굴 표정을 지어야 할지 몰랐다. 그렇게 한 달이 지나자 그 여인은 친정으로 돌아가겠다고 하였으며, 은외신은 곧 예를 갖추어 돌려보내 주었다. 이 역시 회한悔恨스러운 일이다.

思魯等從舅殷外臣, 博達之士也. 有子基 · 諶, 皆已成立, 而再娶王氏. 基每拜見後母, 感慕嗚咽, 不能自持, 家人莫忍仰視. 王亦悽愴, 不知所容, 旬月求退, 便以禮遣, 此亦悔事也.

4-5 혼정신성昏定晨省에 감복한 아버지

《후한서後漢書》에 이러한 기록이 있다.

"안제安帝 때 여남(지금의 하남성河南省 여남현汝南縣)의 설포薛包는 자字가 맹상孟嘗으로 학문을 좋아하고 행동을 독실히 하였으며, 어머니를 잃고 지극한 효성으로 소문이 났었다. 그런데 그 아버지는 후처를 맞아들이고 나서 설포를 미워하여 그를 분가해 내보내게 되었다. 설포는 밤낮으로 목 놓아 울며 집을 떠나려 하지 않아 몽둥이로 맞는 지경에 이르게 되었다. 그는 어쩔 수 없어 집 밖에 따로 여막을 치고 아침이면 들어가 물 뿌리고 청소하는 일을 계속했다. 아버지가 노하여 다시금 내쫓자, 이번에는 마을 밖에 여막을 치고 살며 혼정신성昏定晨省을 그치지 않았다. 이렇게 한 해 남짓 되자, 부모는 그제야 부끄러이 여기고 그를 되돌아오게 했다.

뒤에 부모가 돌아가시자 6년 동안 상복을 입었으며, 그 상喪에 굉장히 애통이 넘치도록 했다.

얼마 지나 아우들이 재산을 나누어 따로 살기를 요구함에 설포는 저지할 수가 없어, 이에 그 재산을 고르게 나누어 주었다. 그리고 늙은 노비는 자신이 데리고 가겠다며 이렇게 말했다.

'나와 함께 오랫동안 일하였으니, 너희들은 부릴 수가 없으리라.'

그리고 다시 농토와 집에 대하여는, 그중 황폐한 것은 자신이 갖겠다며 이렇게 말했다.

'내가 어릴 때부터 관리하던 것으로 정들은 바이니라.'

다시 기물은, 낡고 깨어진 것을 갖겠다며 이렇게 말했다.

'내 평소 쓰고 먹던 것이니 몸과 입이 편히 여기는 것들이기 때문이다.'

아우들은 여러 차례 그 재산을 날렸지만, 그래도 다시 진급賑給해 주었다.

건광建光(동한東漢 안제安帝의 연호) 연간에 나라에서 공거公車를 보내 특별히 그를 찾아 시중侍中에 배임拜任했다. 그러나 설포는 성격이 염허恬虛(욕심 없이 맑고 조용함)하여, 병이 들어 일어설 수 없다고 하면서 죽음을 기다리겠노라 극구 관직의 사양을 걸구乞求했다. 황제도 어쩔 수 없이 조서를 내려 그의 귀가를 허락했다."

《後漢書》曰: '安帝時, 汝南薛包孟嘗, 好學篤行, 喪母, 以至孝聞. 及父娶後妻而憎包, 分出之. 包日夜號泣, 不能去, 至被毆杖. 不得已, 廬於舍外, 旦入而洒埽. 父怒, 又逐之, 乃廬於里門, 昏晨不廢. 積歲餘, 父母慚而還之. 後行六年服, 喪過乎哀. 旣而弟子求分財異居, 包不能止, 乃中分其財: 奴婢引其老者, 曰: "與我共事久, 若不能使也." 田廬取其荒頓者, 曰: "吾少時所理, 意所戀也." 器物取其朽敗者, 曰: "我素所服食, 身口所安也." 弟子數破其産, 還復賑給. 建光中, 公車特徵, 至拜侍中. 包性恬虛; 稱疾不起, 以死自乞. 有詔賜告歸也.'

5. 치가治家

본 편은 가정을 이끌어 나가면서 발생하는 각종 문제에 대하여 세심한 주의가 필요함을 가르치고 있다.
가족 구성원 간 각자의 의무와 역할을 바르게 수행하기 위하여 준칙을 세워야 함과 베풂과 인색의 차이까지 예증을 들어 바른 삶을 살도록 경계하고 있다.

5-1 천하의 흉민

무릇 풍화風化(풍속과 교화)라는 것은 위로부터 하여 아래로 실행되는 것이며, 먼저 하는 것으로써 뒷사람에게 베풀어지는 것이다. 이 까닭으로 아버지가 인자하지 못하면 자식이 효도할 수 없고, 형이 우애롭지 못하면 아우가 공손할 수가 없으며, 남편이 의롭지 못하면 아내가 순종할 수 없다.
아버지가 인자한데도 아들이 거역하거나, 형이 우애로운데도 아우가 오만하거나, 남편이 의로운데도 아내가 능멸한다면, 이는 천하의 흉민凶民으로 형륙刑戮이 무서운 줄 알게 해야 할 일이지, 훈도訓導하여 고칠 바가 아니다.

夫風化者, 自上而行於下者也, 自先而施於後者也. 是以父不慈則子不孝, 兄不友則弟不恭, 夫不義則婦不順矣. 父慈而子逆, 兄友而弟傲, 夫義而婦陵, 則天下兇民, 乃刑戮之所攝, 非訓導之所移也.

5-2 자녀 교육은 관대함과 엄격함을 함께하라

매와 노기를 집안에서 없애면 어린아이의 과실이 즉시 나타난다. 형벌이 적당하지 않으면 수족을 둘 곳이 없다. 집안 다스림의 관대함과 엄격함은 역시 나라 다스림과 같다.

笞怒廢於家, 則豎子之過立見; 刑罰不中, 則民無所措手足. 治家之寬猛, 亦猶國焉.

5-3 검소함과 인색함의 차이

공자孔子는 이렇게 말했다.
"사치를 부리게 되면 공손할 수 없고, 검약하기만 하면 고루하게 된다. 공손하지 못함보다 차라리 고루한 편이 낫다."
또 이렇게 말했다.
"주공周公과 같은 아름다운 재주를 가진 자라 해도, 남을 부림에 교만하고 게다가 인색하기까지 하다면 그 이외의 것은 더 볼 것도 없다."
그렇다면 검소한 것은 가하나 인색해서는 안 된다. 검소함이란 줄여서 예에 합당하게 함을 말함이요, 인색함이란 궁급窮急히 하여 남을 긍휼히 여길 줄 모르는 것을 말함이다.
세상에 지금 베푸는 자는 사치하게 굴고, 검소하다는 자는 인색하게 군다. 능히 베풀되 사치를 부리지 아니하고, 검소하되 인색하지 않게 해야 되느니라.

孔子曰: '奢則不孫, 儉則固; 與其不孫也, 寧固.' 又云: '如有周公之才之美, 使驕且吝, 其餘不足觀也已.' 然則可儉而不可吝已. 儉者, 省約爲禮之謂也; 吝者, 窮急不卹之謂也. 今有施則奢, 儉則吝; 如能施而不奢, 儉而不吝, 可矣.

5-4 가용을 절약하라

사람을 살게 하는 근본은 의당 농사지어 먹어야 하고, 상마桑麻(뽕나무와 삼)로써 옷을 해 입어야 하는 데에 있다. 채소와 과일의 비축은 숲과 농장에서 생산되는 바요, 닭과 돼지의 먹을거리는 닭장과 우리에서 생겨나는 것이다. 사는 집과 기물, 도구나 땔감과 불 밝히는 기름도 어느 것 하나 심고 가꾸는 물건에서 나지 않는 것이 없다. 능히 그 맡은 업을 잘 지켜 내는 자라면, 문을 닫고도 삶에 필요한 것이 갖추어져 있어 모두가 족하리라. 오직 집에 염정鹽井(소금을 얻기 위한 바닷물 웅덩이)만 없을 뿐인 정도이다.
지금 북방 사람들의 풍속은 능히 몸소 검약하고 절용함으로써 의식衣食을 풍족히 하고 있는데, 강남江南에서는 사치하여 태반이 북방 사람에 미치지 못하고 있다.

生民之本, 要當稼穡而食, 桑麻以衣. 蔬果之畜, 園場之所産; 雞豚之善, 塒圈之所生. 爰及棟宇器械, 樵蘇脂燭, 莫非種殖之物也. 至能守其業者, 閉門而爲生之具以足, 但家無鹽井耳. 今北土風俗, 率能躬儉節用, 以贍衣食; 江南奢侈, 多不逮焉.

5-5 집안 식구에게 너무 각박하게 굴지 말라

양梁나라 효원제孝元帝 시대에 어떤 중서사인中書舍人(기밀을 관장하며 재상의 직무를 대신하기도 하던 관리)이 있었다. 집안을 다스림에 지나치게 엄격하고 각박하여, 처첩들이 마침내 함께 자객을 고용하여 그가 술 취한 틈을 엿보아 죽여 버리고 말았다.

梁孝元世, 有中書舍人, 治家失度, 而過嚴刻, 妻妾遂共貨刺客, 伺醉而殺之.

5-6 집안의 좀 벌레

세간의 명사名士들은 다만 관대하고 인자하게 보이려고 힘쓴다. 그래서 손님 대접의 음식에 동복僮僕들이 이를 빼돌리기도 하며, 은혜를 베풀 일이나 이미 허락한 일에 처자가 그 양을 줄여 버리고, 손님을 마구 대하고 모욕을 주기도 하며, 향당鄕黨을 침벌하고 각박히 하기도 한다. 이것은 역시 집안의 큰 좀 벌레가 되고 만다.

世間名士, 但務寬仁; 至於飮食饟饋, 僮僕減損, 施惠然諾, 妻子節量, 狎侮賓客, 侵耗鄕黨: 此亦爲家之巨蠹矣.

5-7 화를 낸 적이 없는 방문열房文烈

제齊나라 이부시랑吏部侍郞 방문열房文烈은 일찍이 화를 낸 적이 없었다. 장마철을 맞아 식량이 떨어지자, 비녀婢女를 보내어 쌀을 사 오도록 했다. 그런데 노비는 그 틈을 타 도망쳐 숨고 말았다. 삼사일이 지나서 바야흐로 그가 다시 붙잡혀 오자 방문열은 천천히 이렇게 말했다.

"온 집안이 두루 굶고 있었는데 너는 어디에 있다가 왔느냐?"

그러고는 끝내 그에게 회초리를 대지 않았다.

또 한번은 자기 집을 남에게 살도록 빌려준 적이 있었다. 그런데 노비들이 그 집을 뜯어 땔감으로 때어 거의 다 없어지게 되었다. 이 소식을 듣고 그는 이마를 찡그릴 뿐, 끝내 한마디도 하지 않았다.

齊吏部侍郞房文烈, 未嘗嗔怒. 經霖雨絶糧, 遣婢糴米, 因爾逃竄, 三四許日, 方復擒之. 房徐曰: '擧家無食, 汝何處來?' 竟無捶撻. 嘗寄人宅, 奴婢徹屋爲薪略盡, 聞之顰蹙, 卒無一言.

5-8 사위에게 너무 인색했던 장인

배자야裴子野(남조 양梁나라 때 인물)는 멀고 가깝고 간에, 친속 중에 기한에 떨며 스스로 구제하지 못하는 자라면 모두 거두어 길러 주었다. 그 집안은 본디 청빈하였는 데다가, 그때 마침 수재와 가뭄을 만나 쌀 두 섬으로 멀건 죽을 쑤어 겨우 두루 먹일 수 있었다. 그런데 그 자신도 그들과 똑같이 하면서도 싫어하는 얼굴빛 한번 없었다.

그런가 하면 업하鄴下(춘추시대 제환공이 업성鄴城을 쌓았던 곳)에 하나의 영군領軍(관직명. 여기서는 북제 사람인 고적복련庫狄伏連을 이름) 벼슬이 있었다. 재물 쌓기에 심히 탐욕을 부렸다. 가동家童이 800이었지만 1000명으로 채우리라 서약하였고, 조석朝夕으로 사람마다 반찬은 15전을 비율로 했다. 우연히 손님이 있어도 결코 더 보태 줌이 없었다. 뒤에 그가 사건에 연좌되어 죽게 되었을 때, 그 집 재산을 모두 헤아려 보았더니 삼으로 짠 신발이 집안 하나 가득하였고, 낡은 옷이 몇 개의 곳간에 찰 정도였으며, 그 밖의 재산과 보물은 말로 다 할 수 없었다.

그리고 남양南陽의 어떤 사람은 삶이 널리 알려지지는 않았지만, 재산 모으는 재주는 남달랐다. 그러나 성품이 지나치게 검약하고 인색했다. 동지冬至 다음 날 사위가 문안드리러 찾아오자 이에 구리 술동이에 술을 담아 내어 오고, 몇 점의 저민 노루 고기뿐이었다. 사위는 장인이 그토록 단솔單率함을 분하게 여겨 단번에 다 먹어치워 버렸다. 장인은 크게 놀라, 위아래를 쳐다보며 더 가져오도록 명했다. 이렇게 하기를 두 차례, 그러고는 물러나 그 딸을 책망했다.

"너의 서방은 술을 좋아하는구나. 그 때문에 너는 늘 가난한 거야."

그 장인이 죽고 난 후에 그의 여러 아들은 재물을 두고 다툼이 벌어졌고, 형이 마침내 아우를 죽이는 일이 벌어지고 말았다.

裴子野有疏親故屬飢寒不能自濟者，皆收養之；家素清貧，時逢水旱，二石米爲薄粥，僅得遍焉, 躬自同之, 常無厭色. 鄴下有一領軍, 貪積已甚, 家童八百, 誓滿一千; 朝夕每人肴膳, 以十五錢爲率, 遇有客旅, 更無以兼. 後坐事伏法, 籍其家產, 麻鞋一屋, 弊衣數庫, 其餘財寶, 不可勝言. 南陽有人, 爲生奧博, 性殊儉吝, 冬至後女壻謁之, 乃設一銅甌酒, 數臠麞肉; 壻恨其單率, 一擧盡之. 主人愕然, 俯仰命益, 如此者再; 退而責其女曰: '某郎好酒, 故汝常貧.' 及其死後, 諸子爭財, 兄遂殺弟.

5-9 남편보다 똑똑한 아내

부인이 집에서 하는 일은 오직 주식酒食과 의복衣服 등의 예禮에 관한 일일 뿐이다. 국가의 일은 그들에게 참여시켜서는 안 되며, 가정의 일도 중요한 일은 시켜서는 안 된다. 만약 총명하며 재주와 지혜가 있으며, 고금에 통달하여 박식하다면 마땅히 군자君子(남편)을 보좌하여 그의 부족한 점을 도와야 할 것이다. 암탉이 새벽에 울어 화禍를 부르는 일이 있도록 해서는 안 된다.

婦主中饋, 惟事酒食衣服之禮耳, 國不可使預政, 家不可使幹蠱; 如有聰明才智, 識達古今, 正當輔佐君子, 助其不足, 必無牝雞晨鳴, 以致禍也.

5-10 남북 부인의 적극성 차이

강동江東의 부녀자들은 대체로 바깥과 교유함이 없어, 그 친척과 인척의 경우라도 혹 십수 년간 서로 알지 못하는 경우가 있다. 다만 사람을 보내어 안부를 묻거나 선물을 보내어 은근한 정을 표시할 뿐이다. 업하鄴下의 풍속은 오직 부인이 집안의 일을 전담한다. 그 여자들은 곡직曲直을 가리는 소송이나, 초청에 응하고 불러 맞이하는 일로 수레를 몰고 거리를 가득 메우며, 비단옷을 입은 여인들이 관청에 가득하고, 아들을 위해 대신 관직을 구하고, 남편을 위해 억울함을 하소연하기도 한다. 이는 바로 항주恒州와 대군代君의 이민족이 끼친 풍속이리라!

남방 사람들은 가난하고 보잘것없는 경우라도 모두가 겉치레에 힘쓴다. 수레와 의복은 반드시 비싸고 가지런한 것이어야 한다. 그런 사람의 집안 식구나 처자는 기한飢寒을 면하지 못한다.

하북河北의 사람들 사정은 주로 여자들이 집안일을 맡아 한다. 그 여자들을 위한 비단옷에 황금 비취의 수식은 없어서는 안 된다. 파리한 말과 병든 노비에 대해서는 그저 그 숫자만 채우면 될 뿐이다. 창화倡和의 예는 혹 서로 너라고 부를 정도로 깔보는 경향도 있다.

江東婦女, 略無交遊, 其婚姻之家, 或十數年間, 未相識者, 惟以信命贈遺, 致殷勤焉. 鄴下風俗, 專以婦持門戶, 爭訟曲直, 造請逢迎, 車乘塡街衢, 綺羅盈府寺, 代子求官, 爲夫訴屈. 此乃恆·代之遺風乎! 南間貧素, 皆事外飾, 車乘衣服, 必貴整齊; 家人妻子, 不免飢寒. 河北人事, 多由內政, 綺羅金翠, 不可廢闕, 羸馬頓奴, 僅充而已; 倡和之禮, 或爾汝之.

5-11 북방 부인들의 솜씨

하북河北의 부인은 길쌈·바느질·실잣기 등의 일과 보불黼黻(고대 의복에 수놓은 무늬), 비단 무늬 자수, 비단 짜기 등의 솜씨에 있어서 강동江東의 부인들보다 훨씬 뛰어나다.

河北婦人, 織紝組紃之事, 黼黻錦繡羅綺之工, 大優於江東也.

5-12 딸 많은 집에는 도둑도 들지 않는다

태공太公은 이렇게 말했다.

"너무 많은 딸을 기르려면 누구나 많은 비용이 든다."

그리고 진번陳蕃은 이렇게 말했다.

"딸 다섯인 집 앞은 도둑도 지나가지 않는다."

딸이 집안에 걱정거리가 됨은 역시 깊다. 그러나 하늘이 만민을 내림에 선대부터 사람들이 몸을 전하여 주었으니 어찌할 수 있겠는가? 세상 사람들은 흔히 딸을 거두어 기르려 하지 않아 골육에게 적행賊行을 한다. 그렇게 하고도 어찌 하늘의 복 받기를 바랄 수 있겠는가?

나에게 먼 친척이 있어 집안에 기녀와 잉첩媵妾이 많아 그들 중 누구라도 아이를 곧 낳을 시기가 되면 곧 사람을 보내어 선 채로 이를 지키게 했다. 산모의 몸이 태기가 있어 불안해지면 창문으로 엿보아 문 앞에 기다렸다가 만약 딸을 낳으면 곧바로 안고 달아나 아이를 버리도록 했다. 어머니가 뒤따르며 울고불고하여 차마 그 소리를 들을 수 없는 슬픈 일이다.

太公曰: '養女太多, 一費也.' 陳蕃曰: '盜不過五女之門.' 女之爲累, 亦以深矣. 然天生蒸民, 先人傳體, 其如之何? 世人多不擧女, 賊行骨肉, 豈當如此, 而望福於天乎? 吾有疏親, 家饒妓媵, 誕育將及, 便遣閽豎守之. 體有不安, 窺窗倚戶, 若生女者, 輒持將去; 母隨號泣, 使人不忍聞也.

5-13 장모의 사위 사랑

부인들의 본성은, 대체로 사위는 총애하되 며느리는 학대하게 마련이다. 사위를 사랑하게 되면 형제(처남)들이 그 사위를 원망함이 싹트고, 며느리를 학대하면 자매(시누이)들의 고자질이 횡행하게 된다. 그렇다면 여인들의 행동은 모두가 그 집안에 죄를 얻게 된다. 어머니는 사실 이를 저지르고 있는 자인 셈이 된다. 심지어 속담에 "늙은 시어미는 찬밥 신세"라 하였으니, 이는 바로 그에 상응한 보답이다. 가정마다 있는 폐단이니 가히 경계하지 않을 수 있으랴!

婦人之性, 率寵子壻而虐兒婦. 寵壻, 則兄弟之怨生焉; 虐婦, 則姊妹之讒行焉. 然則女之行留, 皆得罪於其家者, 母實爲之. 至有諺云: '落索阿姑餐.' 此其相報也. 家之常弊, 可不誡哉!

5-14 혼인은 엇비슷한 상대와 하라

혼인은 본디 엇비슷한 상대와 해야 한다. 우리 선조인 정후靖侯(안지추의 9대조인 안함顔含)께서 만들어 놓은 규범이다. 근세의 시집 장가 보내는 것을 보면, 끝내 딸을 팔아 재물을 얻고 며느리를 사려고 비단을 실어 보낸다. 아버지와 조부의 지위 권세를 비교하고, 재물의 과다를 눈금 단위조차 비교하여, 많은 것을 요구하고 줄 때에는 적게 하려 하니, 시정市井의 무리와 다를 바가 없다. 그 때문에 혹 비천한 사위를 맞이하기도 하고, 혹 오만한 며느리를 맞아 집안을 휘젓게 하기도 한다. 허영과 이익에 탐욕을 부리다가 도리어 수치를 불러들이는 것이니, 가히 삼가지 않을 수 있겠는가!

婚姻素對, 靖侯成規. 近世嫁娶, 遂有賣女納財, 買婦輸絹, 比量父祖, 許較錙銖, 責多還少, 市井無異. 或猥壻在門, 或傲婦擅室, 貪榮求利, 反招羞恥, 可不愼歟!

5-15 빌려 온 책은 더욱 소중히 다루어라

남에게 전적典籍(학업에 필요한 도서)을 빌렸을 때 모두가 모름지기 아끼고 잘 보관하여, 우선 먼저 찢어지거나 온전치 못한 부분이 있으면 이를 보수해야 하니, 이 역시 사대부로서 해야 할 백행百行(여러 가지 품덕) 중의 하나이다. 제양濟陽 사람 강록江祿은 독서를 하다가 아직 마치지 않았을 때는 비록 급한 일이 있어도 반드시 책을 잘 말아 묶고 가지런히 하기를 기다린 연후에야 일어나서 행동했다. 그 때문에 그 어떤 손패損敗도 없어, 그 누구도 책 빌려 달라는 그의 요구를 싫어하지 않았다.
간혹 책상 위에 낭자하게 흩트리고 부질部帙(종류별로 나누어 놓은 책)을 분산해 놓는 경우가 있다. 이렇게 되면 어린아이나 비첩이 더럽히거나, 비바람이나 벌레, 쥐 등에 의해 훼상을 입게 된다. 이는 사실 덕에 누累를 끼치게 되는 것이다. 나는 매번 성인의 글을 읽을 때면 숙연하고 공경하지 아니한 경우가 없었다. 그 고지故紙에 오경五經의 사의詞議와 현달賢達의 성명이 적혀 있으니, 감히 마구 더럽혀 쓸 수 없었던 것이다.

借人典籍, 皆須愛護, 先有缺壞, 就爲補治, 此亦士大夫百行之一也. 濟陽 江祿, 讀書未竟, 雖有急速, 必待卷束整齊, 然後得起, 故無損敗, 人不厭其求假焉. 或有狼籍几案, 分散部帙, 多爲童幼婢妾之所點汙, 風雨蟲鼠之所毀傷, 實爲累德. 吾每讀聖人之書, 未嘗不肅敬對之; 其故紙有五經詞義, 及賢達姓名, 不敢穢用也.

5-16 굿하지 말라

우리 집안에서 무격巫覡(무巫는 여자 무당, 격覡은 남자 무당)에게 빌고 청하는 일이란 절대로 논읫거리로 삼은 적도 없다. 서부書符(부적)·장초章醮(굿) 역시 그것을 통해 기원한 적이 없다. 이러한 일들은 너희들도 익히 보아 온 바이다. 요망한 것을 위해 낭비하는 일이 없도록 하라.

吾家巫覡禱請, 絶於言議; 符書章醮亦無祈焉, 並汝曹所見也. 勿爲妖妄之費.

6. 풍조風操

여기서는 사회생활의 풍조風操(풍도風度와 절조節操)의 문제를 다루고 있다. 사대부로서의 규범은 물론, 자신의 남북 유랑 중에 느꼈던 풍습의 차이를 들어 그 취사선택에 주의를 기울여야 함을 지적했다. 특히 본 편은 남북조 시대의 사회풍속과 예의 등을 연구하는 데에 아주 중요한 학술적 자료를 제공하고 있다.

6-1 삼밭에 쑥이 나면 저절로 곧게 자란다

내가 《예경禮經》을 보니 성인聖人의 가르침은 이러했다.

아내 된 자가 수저를 어떻게 준비하고, 기침하고 대답하는 태도, 그리고 촛불 들고 술자리 모시는 방법, 어른의 세숫물 준비하는 태도 등이 모두 절도와 갖춤이 있어, 역시 지극히 상세했다. 다만 고전이란 이미 잔결殘缺되어, 온전한 책은 아니다. 그 책에 기록되지 않은 것은 세태에 따라 바꾸거나 고칠 수 있는 것으로, 학문에 통달한 군자가 스스로 그 정도를 조절하여 계속 이어 오면서 실천한 것들이다. 그 때문에 세상에서는 이를 사대부의 풍조風操라 부르는 것이다. 그러나 가문마다 자못 다른 것이 있어 드러나는 바를 서로 그 장단에 따라 맞추고 있지만, 그 천맥阡陌(산기슭이나 밭 사이에 난 길. 남북으로 난 것이 천, 동서로 난 것이 맥)은 확연하여 저절로 알 수 있다.

지난날 내가 강남江南에 살 때에 눈으로 능히 의를 보았고, 귀로는 능히 이를 들을 수 있었다. 쑥이 삼밭에 나면 저절로 곧아지듯이, 또한 숙련된 일꾼은 한묵翰墨(먹줄과 도구, 즉 학문)의 노고를 들이지 않아도 저절로 곧게 그을 수 있는 것과 같았다. 너희들은 융마戎馬(전쟁터의 말. 전쟁을 상징)의 시대에 태어나 밝지 못한 것을 보고 들으니, 그 때문에 힘써 이를 기록하여 자손에게 전하여 보여 주고자 한다.

吾觀《禮經》, 聖人之敎: 箕帚匕箸, 咳唾唯諾, 執燭沃盥, 皆有節文, 亦爲至矣. 但旣殘缺, 非復全書; 其有所不載, 及世事變改者, 學達君子, 自爲節度, 相承行之, 故世號士大夫風操. 而家門頗有不同, 所見互稱長短; 然其阡陌, 亦自可知. 昔在江南, 目能視而見之, 耳能聽而聞之; 蓬生麻中, 不勞翰墨. 汝曹生於戎馬之閒, 視聽之所不曉, 故聊記錄, 以傳示子孫.

6-2 돌아가신 부모가 그립다고 삶을 폐할 수는 없다

《예기禮記》에 "돌아가신 부모와 비슷한 사람을 보게 되면 눈이 번쩍 뜨이고, 부모의 이름만 들어도 마음이 두근거린다"라고 했다. 이는 감촉한 바가 있어 그립고 안타까움에 마음과 눈이 그렇게 되는 것이다.

만약 조용히 평상대로 있는 경우라면 다행히 그 그리운 정을 펼 수 있겠지만, 반드시 불가피한 경우라면 역시 이를 참아 내야 한다. 이를테면 백숙伯叔이나 형제가, 돌아가신 선친과 아주 심하게 닮았다고 해서 종신토록 볼 때마다 애끊는다고 그와 절교할 수 있겠는가?

《예기》에 다시 이렇게 말했다.

"문장을 지을 때는 부모 이름을 휘諱하지 아니하며, 사당에서도 휘하지 아니하며 임금 앞에서도 사사로이 휘하지 아니한다."

이는 바로 부모님의 이름을 들었을 때는 모름지기 자신이 취할 태도를 짐작하여 반드시 까무러치고 달아나기까지는 기약하지 않는다는 것을 더욱 자세히 알려주는 것이다.

양梁나라 때 사거謝擧는 대단한 명성이 있었지만, 부모님 이름을 들으면 반드시 곡哭을 하여 세상의 놀림을 받았다. 또 장봉세臧逢世라는 사람은 장엄臧嚴의 아들이었는데 독실히 공부하고 행동을 닦아 가문의 풍조를 실추시키지 않은 인물이었다.

원효제元孝帝(양원제梁元帝 소역蕭繹)가 일찍이 강주江州(지금의 강서성江西省 구강현九江縣)를 다스릴 때, 장봉세를 건창建昌의 감독 업무를 맡겨 파견했다. 그곳 현민縣民들이 많아, 다투어 서류를 올렸는데 아침저녁으로 폭주하여 책상 위에 수북이 쌓였다. 그런데 그 서류 중에 아버지 이름이 들어 있는 '엄한嚴寒'이란 글자만 보면, 반드시 이를 대하여 눈물을 흘리느라 이를 처리하지도, 기록하여 살피지도 못하는 것이었다. 그 때문에 자주 공무公務를 그르치게 되어 실정에 물의가 일어나고 원망이 생기고 말았다. 그는 끝내 일 처리를 하지 못한다는 이유로 소환되고 말았다. 이상 두 가지 일은 지나친 경우의 사례이다.

《禮》云: '見似目瞿, 聞名心瞿.' 有所感觸, 惻愴心眼; 若在從容平常之地, 幸須申其情耳. 必不可避, 亦當忍之; 猶如伯叔兄弟, 酷類先人, 可得終身腸斷, 與之絶耶? 又: '臨文不諱, 廟中不諱, 君所無私諱.' 益知聞名, 須有消息, 不必期於顚沛而走也. 梁世謝擧, 甚有聲譽, 聞諱必哭, 爲世所譏. 又有臧逢世, 臧嚴之子也, 篤學修行, 不墜門風, 孝元經牧江州, 遣往建昌督事, 郡縣民庶, 競修箋書, 朝夕輻輳, 几案盈積, 書有稱'嚴寒'者, 必對之流涕, 不省取記, 多廢公事, 物情怨駭, 竟以不辦而退. 此並過事也.

6-3 피휘避諱는 실정에 맞게 하라

근래 양도揚都의 어떤 선비는 심審 자를 휘했다. 그래서 같은 음인 심씨沈氏와 사귐이 아주 두터웠다. 그 심씨 친구는 그에게 편지를 보낼 때에는 이름만 쓰고 성씨는 쓰지 않았다. 이는 인정人情에 어긋난 것이다.

近在揚都, 有一士人諱審, 而與沈氏交結周厚, 沈與其書, 名而不姓, 此非人情也.

6-4 피휘로 바뀐 명칭들

무릇 피휘避諱라 하는 것은 모두가 모름지기 같은 뜻을 가진 글자로 이름을 바꾸는 것이다. 환공桓公의 이름이 백白이다. 그래서 박희博戲에서 오백五白을 오호五皓(바둑이나 장기의 기구 이름)라 부르게 되었고, 여왕厲王의 이름이 장長이었기에 거문고 금琴에서 장단長短은 수단修短이라는 명목名目이 있는 것이다. 그러나 포백布帛(베와 비단)을 포호布皓라 하거나 신장腎腸을 신수腎修라 부르는 경우는 듣지 못했다. 양무제梁武帝의 어릴 때 이름은 아련阿練이었다. 이 때문에 자손들은 모두 련練을 견絹이라 불러 소련물銷鍊物을 소견물銷絹物이라 하였으니, 그 뜻을 잘못되게 하는 것이 아닌가 한다. 혹 어떤 이는 운雲 자를 휘하여 분운紛紜(떠들썩해 복잡하고 어지러움)을 분연紛煙이라 하고, 또는 동桐 자를 휘하여 오동수梧桐樹를 백철수白鐵樹라 하니, 이는 곧 우스개 놀이와 같을 뿐이다.

凡避諱者, 皆須得其同訓以代換之: 桓公名白, 博有五皓之稱; 厲王名長, 琴有修短之目. 不聞謂布帛爲布皓, 呼腎腸爲腎修也. 梁武小名阿練, 子孫皆呼練爲絹; 乃謂銷鍊物爲銷絹物, 恐乖其義. 或有諱雲者, 呼紛紜爲紛煙; 有諱桐者, 呼梧桐樹爲白鐵樹, 便似戲笑耳.

6-5 자녀를 개돼지로 부르지 말라

주공周公(문왕의 아들이며 무왕의 아우)은 그 아들 이름을 금禽이라 하였고, 공자孔子는 아들 이름을 이鯉(잉어)라 하되, 이는 부모 형제와 연계되지 않고 그 자신에게 그치고 마는 것으로, 금하지 않아도 저절로 된다. 그러나 위후衛侯 · 위공자魏公子(한공자韓公子의 오기) · 초태자楚太子는 이름이 기슬蟣蝨이었다. 그리고 장경長卿(한漢나라 대문장가 사마상여司馬相如)은 이름이 견자犬子였고, 왕수王修(진晉나라 왕몽王濛의 아들)의 이름은 구자狗子였으니, 이는 위로 그 부모 형제에 연관되어 이치로 보아 통용될 수 없다.

옛날 통용되던 바가 지금은 웃음거리가 된다. 북쪽 풍토는 흔히 아이의 이름을 여구驢駒(나귀, 망아지), 돈자豚子(돼지 새끼)라 지으니, 스스로 이름을 말하거나 형제들이 그의 이름 부르는 것을 어찌 견뎌 낼 수 있겠는가? 전한前漢 때에 윤옹귀尹翁歸가 있었는데 후한後漢 때에는 정옹귀鄭翁歸가 있었고, 양梁나라 때에는 공옹귀孔翁歸가 있었다. 그리고 고옹총顧翁寵이란 이름도 있었다. 진晉나라 때에는 허사비許思妣, 맹소고孟少孤라는 이름도 있었다. 이와 같은 이름은 마땅히 피해야 할 것이다.

周公名子曰禽, 孔子名兒曰鯉, 止在其身, 自可無禁. 至若衛侯 · 魏公子 · 楚太子, 皆名蟣蝨; 長卿名犬子, 王修名狗子, 上有連及, 理未爲通, 古之所行, 今之所笑也. 北土多有名兒爲驢駒 · 豚子者, 使其自稱及兄弟所名, 亦何忍哉? 前漢有尹翁歸, 後漢有鄭翁歸, 梁家亦有孔翁歸, 又有顧翁寵; 晉代有許思妣 · 孟少孤: 如此名字, 幸當避之.

6-6 이름을 지어 줄 때는 그의 삶을 생각하라

오늘날 사람들의 피휘하는 태도는 옛사람보다 더욱 급절히 군다. 무릇 아들에게 이름을 지어 줄 때는 그 후손들 생각도 해야 한다. 나와 친하고 면식이 있는 이들 중에는 양襄·우友·동同·청淸·화和·우禹 등의 글자를 피휘하는 이들이 있어, 교류가 소원한 상태에 갑자기 만나게 되면 한자리에서 100번 휘를 범하게 된다. 듣는 자도 고생일뿐더러 어디 기댈 데도 없다.

今人避諱, 更急於古. 凡名子者, 當爲孫地. 吾親識中有諱襄·諱友·諱同·諱淸·諱和·諱禹, 交疏造次, 一座百犯, 聞者辛苦, 無憀賴焉.

6-7 훌륭한 선인을 흠모한다고 이름까지 같게 해서야

옛날 사마장경司馬長卿은 인상여藺相如(전국시대 조趙나라 대부)를 사모하여 그 때문에 이름을 상여相如라 하였고, 고원탄顧元歎은 채옹蔡邕을 흠모하여 이름을 옹雍이라 했다. 그리고 후한後漢의 주창朱倀은 자를 손경孫卿(순자荀子)라 하였고, 허섬許暹은 자를 안회顔回라 하였으며, 양梁나라 때에는 유안영庾晏嬰(춘추시대 제나라 명재상 안영의 이름을 사용)과 조손등祖孫登(삼국시대 위나라의 이름난 은사인 손등의 이름을 사용) 등이 있어 옛사람의 성씨조차 이름이나 자로 삼았으니 이 역시 비루한 일이다.

昔司馬長卿慕藺相如, 故名相如, 顧元歎慕蔡邕, 故名雍, 而後漢有朱倀字孫卿, 許暹字顔回, 梁世有庾晏嬰 · 祖孫登, 連古人姓爲名字, 亦鄙事也.

6-8 개돼지로 불리는 사람의 심정

옛날 유문요劉文饒(유관劉寬)란 사람은 노예에게조차 차마 축산畜産이라 꾸짖지 못하였는데, 지금의 어리석은 사람들은 서로 놀릴 때 이렇게 말하고, 혹 그 이름을 가리켜 돈독豚犢(돼지와 송아지)이라 하기도 한다. 식자가 그 곁에서 보면 오히려 귀를 막고 싶을 정도인데 하물며 그 당사자에게 있어서랴?

昔劉文饒不忍罵奴爲畜産, 今世愚人遂以相戱, 或有指名爲豚犢者: 有識傍觀, 猶欲掩耳, 況當之者乎?

6-9 백대의 표준이 될 선례

근래 의조議曹(의안 심의 기관)에서 함께 모여 백관의 질서와 봉록을 평장平章할 때였다. 어떤 한 현귀顯貴하고 게다가 당세 명신인 자가 그 봉록을 지나치게 후하게 하려는 논의에 혐의를 두었다. 그때 제齊나라 시절 사족士族이었던 한 두 사람이 이 사람을 보고 이렇게 말했다.
“지금 천하가 통일되어 모름지기 이번 결정은 백대百代의 표준이 될 것입니다. 아직도 통일 전 관중關中의 옛 생각에 얽매여 있소? 명공明公께서 정하고자 하는 것은 도주공陶朱公(춘추시대 월越나라 대부 범려范蠡)의 큰아들과 같구려!”
서로가 즐겁게 웃었으며, 불쾌하게 여기지는 않았다.

近在議曹, 共平章百官秩祿, 有一顯貴, 當世名臣, 意嫌所議過厚. 齊朝有一兩士族文學之人, 謂此貴曰: ‘今日天下大同, 須爲百代典式, 豈得尙作關中舊意? 明公定是陶朱公大兒耳!’ 彼此歡笑, 不以爲嫌.

6-10 시대에 따라 바뀌는 호칭

지난날 후패侯霸(동한東漢 때 학자)의 자손들은 그 조부祖父를 가공家公이라 불렀고, 진사왕陳思王(삼국시대 조조曹操의 셋째 아들 조식曹植)은 그 아버지를 가부家父로, 그 어머니를 가모家母라 불렀다. 그리고 반니潘尼(서진西晋시대 문학가)는 그 할아버지를 가조家祖라 칭했다. 이처럼 옛사람에게는 통행되던 것이 지금 사람에게 웃음거리가 된다.
지금 남북의 풍속은 그 할아버지와 양친을 말할 때 가家를 쓰지 않는다. 그러나 궁벽한 농촌의 비천한 사람들에게는 아직도 이러한 말이 남아 있다. 무릇 남과의 대화 중에 자신의 세부世父(백부伯父)를 말할 때는 그 차례 항렬에 의해 칭하며 가家를 쓰지 않는 것이다. 고모 자매의 딸들은 이미 출가하였으면 그 남편의 성씨를 따라 칭하고, 아직 출가하지 않았다면 그 차례에 따라 칭한다. 이는 다른 족씨에게 예를 이루는 것이므로 가家를 칭할 수 없기 때문이다. 채옹蔡邕의 문집에는 그 고모와 누이를 가고家姑와 가자家姊라 하였고, 반고班固

(《한서》·《백호통의》를 지은 동한 때 학자)의 문집에도 역시 가손家孫이라 말한 것이 있으나, 지금은 모두 그렇게 부르지 않는다.

昔侯霸之子孫, 稱其祖父曰家公; 陳思王稱其父爲家父, 母爲家母; 潘尼稱其祖曰家祖: 古人之所行, 今人之所笑也. 今南北風俗, 言其祖及二親, 無云家者; 田里猥人, 方有此言耳. 凡與人言, 言己世父, 以次第稱之, 不云家者, 以尊於父, 不敢家也. 凡言姑姊妹女子子: 已嫁, 則以夫氏稱之; 在室, 則以次第稱之. 言禮成他族, 不得云家也. 子孫不得稱家者, 輕略之也. 蔡邕書集, 呼其姑姊爲家姑家姊; 班固書集, 亦云家孫: 今並不行也.

6-11 호칭에 오류가 없도록 하라

무릇 남과의 대화 중에 상대의 조부모와 세부모世父母(백부모伯父母), 부모, 장고모長姑母 등을 칭할 때는 모두가 존尊 자를 덧붙인다. 그리고 숙부모叔父母 이하라면 현賢 자를 덧붙여 존비의 차등을 둔다. 왕희지王羲之(서성書聖으로 칭해지는 동진東晉 때 서예가)의 글에 상대의 어머니를 칭함에 스스로 자신의 어머니와 같이 부르면서도 존尊 자를 쓰지 않았으나, 지금으로 보면 그릇된 것이다.

凡與人言, 稱彼祖父母 · 世父母 · 父母及長姑, 皆加尊字, 自叔父母已下, 則加賢字, 尊卑之差也. 王羲之書, 稱彼之母與自稱己母同, 不云尊字, 今所非也.

6-12 남북의 손님맞이 풍습

남쪽 사람들은 동지冬至와 세수歲首(설)에 초상집에 가지 않는다. 만약 편지도 보낼 수 없을 경우라면 명절을 쇠고 나서 속대束帶하고 직접 가서 위로의 뜻을 밝힌다. 북쪽 사람들은 동지나 세수 때에 조문하는 예를 중히 여긴다. 예禮에 글로 기록된 것이 아니라면 나는 이를 찬동하지 않는다. 남쪽 사람들은 손님이 찾아와도 맞이하지 아니하고, 서로 만날 때에도 손을 모으기만 할 뿐 읍하지 않으며, 손님을 보낼 때에도 자리에서 내려올 뿐이다. 북쪽 사람들은 손님을 맞이하고 배웅할 때 모두 대문에까지 이르며 서로 만나면 읍한다. 모두가 옛날의 도道다. 나는 맞이하고 읍하는 것을 훌륭하다 여긴다.

南人冬至歲首, 不詣喪家; 若不修書, 則過節束帶以申慰. 北人至歲之日, 重行弔禮; 禮無明文, 則吾不取. 南人賓至不迎, 相見捧手而不揖, 送客下席而已; 北人迎送並至門, 相見則揖, 皆古之道也, 吾善其迎揖.

6-13 호칭의 남북 차이

옛날 왕후王侯는 스스로를 고孤 · 과寡 · 불곡不穀이라 불러 이후로부터 비록 공자孔子 같은 성사聖師라 해도 문인들과 말을 나눌 때에는 모두가 이름을 칭했다. 그 뒤 비록 신臣이니 복僕이니 하는 칭호가 있었으나 이를 실행하는 자가 대체로 적었다.

강남江南에서는 경중輕重에 관계없이 각각 부르는 호號가 있어 《서의書儀》(사가私家에서 편찬한 의례서儀禮書)라는 책에 구체적으로 기록되어 있다. 북쪽 사람들이 흔히 이름을 부르는 것은 바로 옛날의 유풍遺風이다. 나는 그 이름을 칭하는 것이 옳다고 여긴다.

昔者, 王侯自稱孤 · 寡 · 不穀, 自玆以降, 雖孔子聖師, 與門人言皆稱名也. 後雖有臣僕之稱, 行者蓋亦寡焉. 江南輕重, 各有謂號, 具諸書儀; 北人多稱名者, 乃古之遺風,吾善其稱名焉.

6-14 사는 곳의 언어와 풍습에 주의하라

선친을 언급하게 되면 이치로 보아 당연히 감모感慕하게 된다. 그러나 옛사람이 쉽게 여기던 바가 지금 사람으로서는 어려운 것이 있다.

강남江南 사람들은 인사에서 제대로 처리되지 못하면 모름지기 문벌을 이야기하며, 반드시 편지로써 하고 얼굴을 맞대고 부탁하는 경우는 드물다.

북쪽 사람들은 아무런 연고가 없어도 쉽게 말을 걸며, 서로 방문하여 해결한다. 이와 같은 일은 남에게 부담을 주지 않는 것이다. 남이 자신에게 부담을 주면 당장 피해 버린다.

이름이나 지위가 높지 않으면서 만약 권세 있는 이에게 핍박을 받는다면 참고 쉬운 쪽으로 처리해야 하며, 서둘러 그 일을 끝마치도록 해야 한다. 그리고 번거롭게 일을 중복시켜 조상이나 아비에게 욕이 되도록 하지 말아야 한다. 만약 조부가 이미 죽고 없을 때 대화 속에 반드시 그 조부를 언급해야 한다면 용모를 가다듬고 정숙히 앉아 대문중大門中이라 칭하여야 하며, 세부世父와 숙부叔父라면 종형제문중從兄弟門中이라 하여야 하며, 각기 그 존비와 경중으로써 용색容色의 절도를 삼되 모두가 평상시와 달라야 한다. 만약 임금과 이야기할 때라면 비록 태도에 변화가 있더라도 오히려 망조亡祖·망백亡伯·망숙亡叔이라 말해야 한다. 내가 명사들을 보건대 임금 앞에서 말하면서 자신의 죽은 형이나 아우를 형자문중兄子門中과 제자문중弟子門中이라 부르는 자가 있는데 역시 타당하다고 들리지 않는다.

북방의 풍속은 모두가 이렇게 하지 않는다. 태산泰山 사람 양간羊侃은 양梁나라 초기에 남으로 내려왔다. 내가 최근에 업鄴에 갈 일이 있었는데 양간 형의 아들인 양숙羊肅이 나를 찾아왔다. 그가 양간의 근황을 묻는 데에 이르자, 나는 그에게 이렇게 일러 주었다.

"그대 종문중從門中은 양梁나라 때에 이러이러했다."

그러자 양숙은 "이분은 나의 친제칠망숙親第七亡叔이십니다. 종질從姪 사이가 아닙니다"라고 하는 것이었다. 마침 조효징祖孝徵이 곁에 있었다. 그는 강남의 풍속을 먼저 알고 있었다. 이에 양숙에게 이렇게 일러 주었다.

"현종제문중賢從弟門中이란 말을 어찌 알아듣지 못하는가?"

言及先人, 理當感慕, 古者之所易, 今人之所難. 江南人事不獲已, 須言閥閱, 必以文翰, 罕有面論者. 北人無何便爾話說, 及相訪問. 如此之事, 不可加於人也. 人加諸己, 則當避之. 名位未高, 如爲勳貴所逼, 隱忍方便, 速報取了; 勿使煩重, 感辱祖父. 若沒, 言須及者, 則斂容肅坐, 稱大門中, 世父 · 叔父則稱從兄弟門中, 兄弟則稱亡者子某門中, 各以其尊卑輕重爲容色之節, 皆變於常. 若與君言, 雖變於色, 猶云亡祖亡伯亡叔也. 吾見名士, 亦有呼其亡兄弟爲兄子弟子門中者, 亦未爲安貼也. 北土風俗, 都不行此. 太山羊侃, 梁初入南; 吾近至鄴, 其兄子肅訪侃委曲, 吾答之云: '卿從門中在梁, 如此如此.' 肅曰: '是我親第七亡叔, 非從也.' 祖孝徵在坐, 先知江南風俗, 乃謂之云: '賢從弟門中, 何故不解?'

6-15 질姪의 호칭

옛사람들은 모두가 백부伯父와 숙부叔父라 칭하였으나, 지금 세대에는 흔히 단칭單稱으로 그저 백伯과 숙叔이라 부른다. 종부從父의 형제자매가 이미 그 어버이가 들아가신 뒤라면 그 면전에서 대할 때 그 어머니를 백모伯母와 숙모叔母라 부르게 된다. 이는 불가피해서 그런 것이다. 형제의 아이들이 이미 그 어머니가 돌아가신 뒤라면 남과 이야기할 때 고아가 된 자의 면전에서 형자兄子와 제자弟子라 하는 것은 자못 차마 그럴 수 없다.

북쪽에서는 흔히 질姪이라 부른다. 《이아爾雅》·《상복경喪服經》·《좌전左傳》을 상고해 보건대 질姪은 비록 남녀가 함께 쓰는 것이지만 모두 고모가 부를 때 쓰는 칭호이다.
진晉나라 이래로 비로소 숙질叔姪이란 칭호가 시작되었다. 지금 질姪이라 부르는 것은 이치로 보아 타당한 것이다.

古人皆呼伯父叔父, 而今世多單呼伯叔. 從父兄弟姊妹已孤, 而對其前, 呼其母爲伯叔母, 此不可避者也. 兄弟之子已孤, 與他人言, 對孤者前, 呼爲兄子弟子, 頗爲不忍; 北土人多呼爲姪. 案: 《爾雅》·《喪服經》·《左傳》, 姪雖名通男女, 並是對姑之稱. 晉世已來, 始呼叔姪; 今呼爲姪, 於理爲勝也.

6-16 북방은 이별을 대수롭게 여기지 않는다

사람이란 헤어지기는 쉬워도 만나기는 어렵다. 그래서 옛사람들은 이를 중히 여겼다. 강남 사람들은 전송餞送에 눈물을 흘리며 이별을 나눈다.
어떤 왕자후王子侯 중에 양무제梁武帝의 아우가 동군東郡으로 출임出任하게 되어 무제와 이별하게 되었다.
무제가 "이미 나이가 많은데 너와 헤어지게 되니 심히 안타깝도다"라고 하며 눈물을 흘렸다.
그런데 왕자후는 눈물을 흘리지 못하고 얼굴만 붉힌 채 떠났다. 그는 이 일로 질책을 받아 배를 타고 내리지 못한 채, 100여 일을 묶였다가 끝내 임지로 가지 못했다.
북쪽 사람들의 풍속은 이별을 대수롭게 여기지 않는다. 서로 헤어지게 되면 이별의 말을 나누고는 웃으면서 머리를 돌린다. 그러나 사람의 성품에는 눈물이 적게 나오는 자가 있다. 창자가 비록 끊어질 듯해도 눈으로는 오히려 태연할 수가 있다. 이러한 사람에게 억지로 눈물을 책임 지우는 것은 옳지 못하다.

別易會難, 古人所重; 江南餞送, 下泣言離. 有王子侯, 梁武帝弟, 出爲東郡, 與武帝別, 帝曰: '我年已老, 與汝分張, 甚以惻愴.' 數行淚下. 侯遂密雲, 赧然而出. 坐此被責, 飄颻舟渚, 一百許日, 卒不得去. 北間風俗, 不屑此事, 岐路言離, 歡笑分首. 然人性自有少涕淚者, 腸雖欲絶, 目猶爛然; 如此之人, 不可强責.

6-17 외조부와 외조모의 호칭

무릇 친속에 대한 명칭은 모두가 분식粉飾이 있어야 하지만 남용해서는 안 된다. 풍교風教(풍속 교화)가 없는 자는 그 조부모가 돌아가 자신이 고孤가 되었는데 외조부와 외조모를 조부 · 조모와 똑같이 불러 사람으로 하여금 귀에 거슬리게 하는 경우가 있다.

비록 외조부와 외조모의 얼굴 앞이라 해도 모두가 마땅히 외外 자는 덧붙여 구별하여야 한다. 부모의 세부世父(백부伯父) · 숙부叔父는 모두가 그 차례 항렬에 따라 구별해야 하며, 부모의 여러 종세모·종세부·종숙부·종숙모·종조부·종조모도 모두가 의당 그 작위爵位나 성씨 같은 것을 덧붙여서 이를 구별하여야 한다.

하북河北의 사인士人들은 모두가 외조부와 외조모를 가공家公과 가모家母라 부르며, 강남江南의 편벽한 농촌에서도 역시 이렇게 부른다. 그러나 가家를 외外로 바꾸어야 하는데 왜 그렇게 되었는지 나는 알지 못하겠다.

凡親屬名稱, 皆須粉墨, 不可濫也. 無風教者, 其父已孤, 呼外祖父母與祖父母同, 使人爲其不喜聞也. 雖質於面, 皆當加外以別之; 父母之世叔父, 皆當加其次第以別之; 父母之世叔母, 皆當加其姓以別之; 父母之羣從世叔父母及從祖父母, 皆當加其爵位若姓以別之. 河北士人, 皆呼外祖父母爲家公家母; 江南田里間亦言之. 以家代外, 非吾所識.

6-18 족인族人이라는 호칭

무릇 종친宗親의 세수世數에는 종부 · 종조 · 족조가 있다. 강남의 풍속은 이로부터 오랜 시간이 지나면 관직이 높은 선조는 통칭하여 존조尊祖라 한다. 소목昭穆(같은 조상을 두고 있음)의 경우에는 비록 100세대가 지났어도 그대로 형제라 하며, 만약 남에게 자신의 종족을 칭할 때에는 모두가 족인族人이라 소개한다. 하북의 사인들은 비록 20~30세대가 지나도 오히려 종백과 종숙이라 부른다. 양무제梁武帝가 일찍이 중원中原 출신의 어떤 사인에게 "그대는 북쪽 사람인데 어찌하여 족인族人이라는 말을 모르는가?"라고 물었다. 그는 이렇게 대답했다.
"골육 사이도 쉽게 멀어지니 차마 족인이란 말을 쓰지 못합니다."
때맞추어 민첩하게 대답했다고는 여길 수 있으나, 예禮에 있어서는 통할 수 없는 일이다.

凡宗親世數, 有從父, 有從祖, 有族祖. 江南風俗, 自茲已往, 高秩者, 通呼爲尊, 同昭穆者, 雖百世猶稱兄弟; 若對他人稱之, 皆云族人. 河北士人, 雖三二十世, 猶呼爲從伯從叔. 梁武帝嘗問一中土人曰: '卿北人, 何故不知有族?' 答云: '骨肉易疎, 不忍言族耳.' 當時雖爲敏對, 於禮未通.

6-19 장인丈人의 명칭 유래

내 일찍이 주홍양周弘讓(주홍정周弘正의 아우로, 박학다식했음)에게 물었다.
"부모의 중외中外(안과 밖) 자매를 어떻게 칭합니까?"

그러자 주홍양은 이렇게 대답했다.

"역시 장인丈人이라 부르지요."

자고로 장인이라는 칭호는 부녀자에게 쓰는 경우는 보지 못했다. 나의 친외사촌 댁의 항렬에 아버지와 같은 자가 있으면 이는 모성某姓의 고모라 부르고, 어머니와 같은 항렬은 모성某姓의 이모라 부른다. 중외中外 장인의 부인은 세속에 장모丈母라 부르며, 사대부의 아내일 경우 이를 왕모王母와 사모謝母라 부른다.

그런데 《육기집陸機集》(육기는 진晉나라 때 유명한 문인)에는 〈여장사고모서與長沙顧母書〉라는 글이 있는데, 여기서의 고모顧母는 종숙모從叔母와 당숙모堂叔母로서 지금은 통용되지 않는 명칭이다.

吾嘗問周弘讓曰: '父母中外姊妹, 何以稱之?' 周曰: '亦呼爲丈人.' 自古未見丈人之稱施於婦人也. 吾親表所行, 若父屬者, 爲某姓姑; 母屬者, 爲某姓姨. 中外丈人之婦, 猥俗呼爲丈母, 士大夫謂之王母 · 謝母云. 而《陸機集》有〈與長沙顧母書〉, 乃其從叔母也, 今所不行.

6-20 복야僕射와 공公

제齊나라 관리들은 모두가 조복야祖僕射(북제인北齊人 조정祖珽. 복야는 관직명)를 조공祖公이라 불러 그와 관련된 일(할아버지의 호칭과 혼동되는 것)을 전혀 꺼리끼지 않았다. 이에 대면하여 서로 놀리는 경우가 생긴 것이다.

齊朝士子, 皆呼祖僕射爲祖公, 全不嫌有所涉也, 乃有對面以相戲者.

6-21 이름과 자字

옛날에 이름은 그 사람의 몸을 바로 지칭하는 것이요, 자字는 그 사람의 덕을 드러내는 것으로, 그 사람이 죽고 나면 이름을 휘하였으나, 자는 이에 그 자손의 성씨로도 쓸 수 있었다.

공자孔子의 제자들이 기록한 것에 모두가 공자는 중니仲尼라 썼으며 여후呂后가 황후가 되기 전에는 일찍이 고조高祖(한고조 유방)를 계季라고 자를 불렀다. 한漢나라에 이르러 원종爰種(원앙爰盎의 조카)은 그 숙부의 자를 사絲(제상齊相, 오상吳相을 지낸 전한 때의 명신인 원앙)라 불렀고, 왕단王丹과 후패侯霸의 아들이 이야기를 나눌 때면 후패를 군방君房이라고 자를 불렀다.

강남에서는 지금에 이르도록 자를 휘하지 않는다. 그러나 하북河北의 사인士人들은 완전히 이를 변별하지 않고 모두 휘한다. 이름 대신 자字로도 부르되 다만 자는 언제나 자로 부른다.

상서尙書 벼슬을 지낸 왕원경王元景의 형제는 모두가 이름이 널리 알려진 인물이다. 그 아버지 이름은 운雲이요, 자는 나한羅漢이었다. 그런데 한결같이 이름과 자를 모두 휘했다. 그러니 그 나머지 일반 사람은 괴이히 여길 바가 아니다.

古者, 名以正體, 字以表德, 名終則諱之, 字乃可以爲孫氏. 孔子弟子記事者, 皆稱仲尼; 呂后微時, 嘗字高祖爲季; 至漢爰種, 字其叔父曰絲; 王丹與侯霸子語, 字霸爲君房; 江南至今不諱字也. 河北士人全不辨之, 名亦呼爲字, 字固呼爲字. 尙書王元景兄弟, 皆號名人, 其父名雲, 字羅漢, 一皆諱之, 其餘不足怪也.

6-22 오복五服에서의 호號와 곡哭

《예기禮記》〈간전間傳〉에는 이렇게 기록되어 있다.

“참최斬縗(고대 다섯 종류의 상복喪服 중에 가장 무거운 것으로 삼년상에 입음)의 곡은 마치 떠나서 다시 돌아올 수 없을 듯이 애절히 하고, 자최齊縗(삼베로 만들며 1년상에 입는 상복)의 곡은 떠나되 다시 돌아올 수 있을 정도로만 한다. 대공大功(9개월 기한의 상에 입는 상복)의 곡은 세 번을 꺾어 여음을 남기고, 소공小功(5개월 기한의 상에 입는 상복)과 시마緦麻(3개월 기한의 상에 입는 상복) 때에는 슬퍼하는 모습으로도 가하다. 이것은 애통함이 성음聲音에서 발發하는 방식이다.”

《효경孝經》에는 “곡하되 여음을 남기지 않는다”라고 했다. 이는 모두가 곡에도 경중과 질문質文(본질과 형식)의 서로 다른 소리가 있음을 논한 것이다.

예에는 곡하면서 말도 하는 것을 호號라 한다. 그렇다면 곡에는 역시 말이 있는 것이다.

강남의 상곡喪哭에는 때때로 애소哀訴하는 말을 한다. 그리고 산동山東(지금의 하북河北 지역)에서는 중상重喪일 때면 오직 창천蒼天을 부르짖으며, 기공期功 이하는 오직 통심痛深한 소리만 낼 뿐이다. 이것이 호號하되 곡하지는 않는다는 것이다.

《禮》間傳云: ‘斬縗之哭, 若往而不反; 齊縗之哭, 若往而反; 大功之哭, 三曲而偯; 小功緦麻, 哀容可也, 此哀之發於聲音也.’《孝經》云: ‘哭不偯.’ 皆論哭有輕重質文之聲也. 禮以哭有言者爲號; 然則哭亦有辭也. 江南喪哭, 時有哀訴之言耳; 山東重喪, 則唯呼蒼天, 期功以下, 則唯呼痛深, 便是號而不哭.

6-23 문상을 가지 못할 경우

강남江南에서는 무릇 중상重喪(부모·조부모 등 집안의 친상親喪)을 당하였을 때 서로 아는 사이이고, 같은 성읍에 살기까지 하면서 사흘 안에 조문을 오지 않으면 절교한다. 상이 끝나고 나서 비록 길에서 만나도 이를 피해 버리며 자신을 불쌍히 여기지 않았음을 원망한다.

만약 사정이 있거나 길이 멀어 문상하지 못할 경우, 편지로 보내는 것은 가하다. 편지까지 없으면 역시 그와 같이 된다.

북쪽의 풍속은 그렇지 않다. 강남에서는 조문하는 자는 주인 이외의 알지 못하는 자에게는 악수하지 않는다. 아는 사람의 경복輕服이 있음을 알기는 하나 그 상주를 모른다면 그 장소에까지 모여서 조문하지는 않는다. 다만 뒷날 명함을 그 집에 보낸다.

江南凡遭重喪, 若相知者, 同在城邑, 三日不弔則絶之; 除喪, 雖相遇則避之, 怨其不己憫也. 有故及道遙者, 致書可也; 無書亦如之. 北俗則不爾. 江南凡弔者, 主人之外, 不識者不執手; 識輕服而不識主人, 則不於會所而弔, 他日修名詣其家.

6-24 내 삶이 아깝다고 울지 않으랴

《음양설陰陽說》에 "진일辰日에 상이 나면 수묘水墓가 되며, 다시 토묘土墓가 된다. 그러므로 곡哭해서는 안 된다"라고 하였고, 왕충王充(반표班彪의 제자이며 동한東漢 때의 뛰어난 학술가)의 《논형論衡》에는 "진일에는 곡하지 않는다. 곡하면 거듭 상을 당한다"라고 했다. 그래서 지금 배우지 못한 자는 진일에 상이 나면 경중을 묻지 않고, 온 집안을 조용히 하여 감히 울음소리를 내지 않고 조문객조차 사절한다.

도서道書(도가의 책)에는 다시 이렇게 말했다.
"그믐날 노래하거나 초하룻날 곡하는 것은 모두 죄에 해당한다. 하늘이 그의 수명을 빼앗을 것이다."
상을 당한 집은 초하루나 보름이면 슬픈 감정이 더욱 깊어진다. 어찌 수명이 아깝다고 울지 않을 수 있겠는가? 이 역시 사리에 맞지 않는 것이다.

《陰陽說》云: '辰爲水墓, 又爲土墓, 故不得哭.' 王充《論衡》云: '辰日不哭, 哭則重喪.' 今無敎者, 辰日有喪, 不問輕重, 擧家淸謐, 不敢發聲, 以辭弔客. 道書又曰: '晦歌朔哭, 皆當有罪, 天奪其算.' 喪家朔望, 哀感彌深, 寧當惜壽, 又不哭也? 亦不諭.

6-25 조상귀신이 괴롭힌다는 속설을 믿지 말라

옳지 못한 편방偏傍(정서正書가 아닌 것)의 책에 "사람은 죽고 나서 반드시 살던 집에 한 번 찾아온다"라고 했다. 자손들은 겁을 내어 도망하고 숨어, 누구 하나 집에 있으려 하지 않는다. 그리고 기와에 귀신을 그리고 부적을 만들며 여러 가지 염승厭勝(주술로 사람을 제압하고 굴복시킴)을 만들기도 한다. 그리고 상여가 나가는 날에는 문 앞에 불을 피우고 집 밖에 재를 뿌린다. 그리하여 집 안의 귀신을 모두 내쫓으며 전염을 끊어 달라 귀신에게 글을 올린다.
물론 이와 같은 여러 가지 일은 인정에도 가깝지 않을뿐더러 유학의 정통에도 죄를 짓는 사람의 짓이다. 탄핵과 의논을 거쳐 마땅히 제재를 가해야 할 것이다.

偏傍之書, 死有歸殺. 子孫逃竄, 莫肯在家; 畫瓦書符, 作諸厭勝; 喪出之日, 門前然火, 戶外列灰. 祓送家鬼, 章斷注連: 凡如此比, 不近有情, 乃儒雅之罪人, 彈議所當加也.

6-26 부모 중 남은 한 분을 모실 때

부모 중에 한 분이 돌아가셔서 홀로 남겨졌을 경우, 세수歲首나 동짓날에 아버지가 없는 경우, 어머니·조부모·세숙부모·고모·형·누이에게 인사할 때는 반드시 읍해야 한다.

그리고 어머니가 없는 경우, 아버지·외조부모·외삼촌·이모·형·누이에게 인사할 때에도 역시 이같이 한다. 이것이 사람의 정이다.

己孤, 而履歲及長至之節, 無父, 拜母 · 祖父母 · 世叔父母 · 姑 · 兄 · 姊, 則皆泣; 無母, 拜父 · 外祖父母 · 舅 · 姨 · 兄 · 姊, 亦如之: 此人情也.

6-27 상복을 벗을 때

강좌江左의 조신朝臣들은 죽고 나서 그 자손들이 상복을 벗을 때 이궁二宮(황제와 태자)에게 알현하면서 모두가 당연히 울고 눈물을 흘렸다. 이궁은 이들을 위해 용모를 고쳐 숙연히 했다. 그런데 피부색이 자못 충택充澤하고 애감의 태도가 없는 자에 대하여 양무제梁武帝는 그 사람됨을 야박하다고 여겨 퇴출시키곤 했다.

배정裴政(배지례의 아들)이 상복을 벗게 되어 무제를 뵈러 갔을 때, 수척하고 마르기가 이를 데 없었고 눈물이 뒤범벅되어 있었다. 이에 무제는 목례로써 그를 보내며 이렇게 말했다.

"그대의 부친 배지례裴之禮는 영원히 살아 계시리라."

江左朝臣, 子孫初釋服, 朝見二宮, 皆當泣涕; 二宮爲之改容. 頗有膚色充澤, 無哀感者, 梁武薄其爲人, 多被抑退. 裴政出服, 問訊武帝, 貶瘦枯槁, 涕泗滂沱, 武帝目送

之曰: '裴之禮不死也.'

6-28 부모가 지내던 재실과 침실

양친이 이미 돌아가시고 난 뒤에는 그 지내던 재실齋室(독서·휴식·명상·재계하는 학자의 방)과 침실을 아들이나 며느리가 차마 들어가 살지 못한다. 북조北朝 돈구頓丘(지금의 하북성河北省 청풍현淸豐縣)의 이구李構(북제北齊 때의 인물로 무읍군공武邑郡公을 지냄)는 어머니가 유씨劉氏였다. 어머니가 돌아가신 후, 어머니가 살던 집을 종신토록 닫아 놓고 차마 열고 들어가지 못했다.

그의 어머니는 남조 송宋나라 때 광주자사廣州刺史를 지낸 유찬劉纂의 손녀였다. 그 때문에 이구는 강남의 풍교를 받았던 것이다.

그의 아버지 이장李奬은 양주자사揚州刺史가 되어 수춘壽春(지금의 안휘성安徽省 수현壽縣)을 진수하다가 해를 입어 죽고 말았다.

이구가 일찍이 왕송년王松年(북제北齊 때 왕준업王遵業의 아들)과 조효징祖孝徵 등 몇 사람과 함께 모여 담연談讌을 하게 되었다. 조효징은 그림을 잘 그렸는데 마침 지필이 있어 인물화를 그려 내었다. 잠시 후 사슴 꼬리의 좋은 음식이 나와 이를 자르게 되자, 그는 장난삼아 인물화 그림을 잘라 이구에게 보여 주었다. 그러나 별 뜻은 없었다. 그런데 이구가 슬픈 빛으로 얼굴색이 변하더니 곧바로 일어나 말을 타고 가 버리는 것이었다.

앉았던 사람이 모두 놀랐지만, 그 이유를 알 수 없었다. 그러나 조효징은 이를 깨닫고, 깊이 반측反側하며 어찌할 바를 몰랐다. 당시 이를 감지한 자는 매우 적었다.

오군吳郡의 육양陸襄은 그 부친 육한陸閑이 사형을 당하자, 종신토록 포의布衣에 거친 밥을 먹으며, 생강이나 채소조차도 절단하여 자른 것은 차마 먹지 못했다. 집에서도 오직 손으로 뜯거나 딴 것만 부엌에서 끓여 먹었다.

또 강녕江寧의 요자독姚子篤은 어머니가 불에 타 죽자 종신토록 구운 고기는 차마 먹지 못하였고, 예장豫章(지금의 강서성江西省 남창시南昌市)의 웅강熊康은 아버지가 술에 취해 노비에게 살해당하자, 종신토록 다시는 술을 입에 대지 않았다. 그러나 예禮란 인정人情에 인연하는 것이며, 은혜란 의義에 의해서만 좇을 수는 없다. 어버이가 목에 음식이 메어 죽었다고 해서 먹는 것을 끊을 수야 없지 않겠는가.

二親既沒, 所居齋寢, 子與婦弗忍入焉. 北朝頓丘李構, 母劉氏, 夫人亡後, 所住之堂, 終身鏁閉, 弗忍開入也. 夫人, 宋廣州刺史纂之孫女, 故構猶染江南風教. 其父獎, 爲揚州刺史, 鎭壽春, 遇害. 構嘗與王松年 · 祖孝徵數人同集談讌. 孝徵善畫, 遇有紙筆, 圖寫爲人. 頃之, 因割鹿尾, 戲截畫人以示構, 而無他意. 構愴然動色, 便起就馬而去. 擧坐驚駭, 莫測其情. 祖君尋悟, 方深反側, 當時罕有能感此者. 吳郡陸襄, 父閑被刑, 襄終身布衣蔬飯, 雖薑菜有切割, 皆不忍食; 居家惟以掐摘供廚. 江寧姚子篤, 母以燒死, 終身不忍噉炙. 豫章熊康父以醉而爲奴所殺, 終身不復嘗酒. 然禮緣人情, 恩由義斷, 親以噎死, 亦當不可絶食也.

6-29 부모가 남긴 집기들

《예경禮經》에 이렇게 되어 있다.
"아버지의 쓰던 책이나 어머니가 쓰던 그릇은, 그 손과 입의 유택에 마음이 아파 감히 읽거나 사용하지 못한다."
이는 바로 부모가 평상시 강습하고 고치고 다듬으며 베껴 적어 사용하던 것으로, 흔적이 있어 가히 그리움을 자아내는 것일 따름이다. 만약 일상 쓰던 분전墳典(삼분三墳과 오전五典의 줄임말로 전적典籍 · 문헌을 총칭)이라거나 생활을 위한 집기들이라면 어찌 모두 폐할 수 있겠는가? 어차피 읽지도 사용하지도 않을 것이라면 흩어지거나 사라지지 않도록 의당 이를 묶어 보관하여 후세에 남겨 주면 되는 것이다.

《禮經》: '父之遺書, 母之杯圈, 感其手口之澤, 不忍讀用.' 政爲常所講習, 讐校繕寫, 及偏加服用, 有迹可思者耳. 若尋常墳典, 爲生什物, 安可悉廢之乎? 旣不讀用, 無容散逸, 惟當緘保, 以留後世耳.

6-30 창자가 끊어진 어린아이

사로思魯(안지추顔之推의 장자) 등의 넷째 외숙모는 오군吳郡 장건張建의 딸이다. 그녀의 다섯째 여동생이 세 살 때에 어머니를 잃고 말았다. 당시 영상靈牀(영위靈位를 모셔 놓은 자리) 위에 놓인 병풍은 평소 쓰던 옛 물건이었다. 그날 마침 집에 비가 새어 젖게 되자 이를 꺼내어 말리게 되었다. 그 어린 세 살짜리 딸이 이를 보고 영상에 엎드려 눈물을 흘리는 것이었다. 집안사람들이 그가 끝내 일어나지 않는 것을 괴이히 여겨 다가가 안아 올렸다. 그랬더니 그 자리가 흥건히 젖어 있었고 정신이 상달하여 음식도 먹지 못하는 것이었다. 이에 의원에게 물었더니 진맥을 본 후 "창자가 끊어졌습니다!"라는 것이었다. 이어서 그 아이는 곧바로 피를 토하고 며칠 만에 죽고 말았다. 안팎이 모두 불쌍히 여겨 비탄해하지 않은 이가 없었다.

思魯等第四舅母, 親吳郡張建女也, 有第五妹, 三歲喪母. 靈牀上屛風, 平生舊物, 屋漏沾溼, 出曝曬之, 女子一見, 伏牀流涕. 家人怪其不起, 乃往抱持; 薦席淹漬, 精神傷怛, 不能飮食. 將以問醫, 醫診脈云: '腸斷矣!' 因爾便吐血, 數日而亡. 中外憐之, 莫不悲歎.

6-31 기일에 삼갈 일들

《예禮》에 이렇게 기록되어 있다.

"기일忌日에는 즐길 일을 하지 않는다."

죽은 이에 대한 감모感慕가 망극하고 슬픔 때문에 애오라지 마음을 쏟을 일이 없기 때문이다. 그 때문에 외빈을 접대하지도 않고 여러 업무를 처리하지도 않는다. 그러나 반드시 능히 슬프고 참담한 마음으로 지내야 한다고 해서 어찌 깊은 방 안을 한계로 해야 하는가?

세인은 혹 깊은 방에 단정히 앉아, 도리어 떠들고 웃는 데에 거리낌이 없이 맛있는 음식을 가득 준비하여 재식齋食을 넉넉히 차려 놓고 먹으면서, 급하고 갑작스러운 일이 생기거나 지극히 가까운 친구가 찾아와도 끝내 만나 줄 수 없다고 하니, 이는 아마 예의 본뜻을 모르는 것이리라!

《禮》云: '忌日不樂.' 正以感慕罔極, 惻愴無聊, 故不接外賓, 不理衆務耳. 必能悲慘自居, 何限於深藏也? 世人或端坐奧室, 不妨言笑, 盛營甘美, 厚供齋食; 迫有急卒, 密戚至交, 盡無相見之理: 蓋不知禮意乎!

6-32 사일社日 행사까지 취소된 예

위魏나라 때 왕수王修의 어머니가 마침 사일社日(토지신에게 제사 지내는 날)에 죽었다. 이듬해 사일, 왕수는 어머니를 그리워 애달파했다. 이웃 사람들이 이를 듣고 이를 위해 사일의 행사를 취소해 버렸다.

지금 양친이 돌아가신 날이 우연히 복제伏祭·납제臘祭·춘분·추분·동지·하지와 같은 경우 월소회月小晦에는 기일 당일 이외에는 이러한 날은 보내면서 오히려 추모의 정으로 다른 날과는 달리 보낸다. 즉 잔치에 참여하지 않고 음악을 듣는 일이나 놀이에도 나서지 않는다.

魏世王修母以社日亡; 來歲社日, 修感念哀甚, 鄰里聞之, 爲之罷社. 今二親喪亡, 偶値伏臘分至之節, 及月小晦後, 忌之外, 所經此日, 猶應感慕, 異於餘辰, 不預飮讌 · 聞聲樂及行遊也.

6-33 피휘避諱의 비현실성

유도劉滔·유완劉緩·유수劉綏 3형제는 모두가 훌륭한 인물로 널리 알려져 있었으며, 그 아버지의 이름은 유소劉昭였다. 그 때문에 아들들은 일생을 두고 조照 자를 쓰지 않고 단지 《이아爾雅》에 의해 '화火' 방旁에 소召를 써서 소炤 자를 썼다.

그러나 대체로 문장에는 그 아버지의 휘와 같은 경우라면 범할 수밖에 없으므로 의당 이를 피해야 하는 것이지, 동음이자同音異字를 모두 그렇게 해야 하는 것은 아니다.

유劉 자 아랫부분은 소釗로서 소昭의 음과 같다.

그리고 여상呂尙(강태공)의 아들이라 해서 상上 자를 쓸 수 없고, 조일趙壹의 아들이라 해서 일一 자를 쓰지 못한다면 이는 곧 글을 쓸 때마다 걸려들어 이런 글은 모두가 피휘에 저촉되고 말 것이다.

劉縚 · 緩 · 綏, 兄弟並爲名器, 其父名昭, 一生不爲照字, 惟依《爾雅》火旁作召耳. 然凡文與正諱相犯, 當自可避; 其有同音異字, 不可悉然. 劉字之下, 卽有昭音. 呂尙之兒, 如不爲上; 趙壹之子, 儻不作一: 便是下筆卽妨, 是書皆觸也.

6-34 말의 혼동

일찍이 어떤 갑甲이라는 사람이 잔치 자리를 마련해 놓고 을乙이라는 사람을 손님으로 맞으려 했다. 그런데 그날 아침에 관청에서 을의 아들을 만나 이렇게 물었다.

"존후尊侯께서 어느 때나 우리 집에 오실 수 있겠는가?"

을의 아들은 자신의 아버지는 이미 돌아가셨다고 대답하여 당시의 웃음거리가 되었다. 이러한 사례에 비추어 볼 때 이렇게 저촉되는 경우가 있으니 조심하여 경솔함에 빠져서는 안 된다.

嘗有甲設讌席, 請乙爲賓; 而旦於公庭見乙之子, 問之曰: '尊侯早晩顧宅?' 乙子稱其父已往. 時以爲笑. 如此比例, 觸類愼之, 不可陷於輕脫.

6-35 돌잔치 풍속

강남의 풍속은 아이가 태어나 돌이 되면 새 옷을 해 입히고, 세수와 목욕 그릇 및 장신구를 준비한다. 사내아이라면 활 · 화살 · 종이 · 붓을 준비한다. 그리고 계집아이라면 칼 · 자 · 바늘 · 실을 갖추고, 아울러 음식물과 진귀한 보물과 놀잇감을 아이 앞에 차려 놓고 그 아이가 무엇을 잡으려 하는가를 보고, 그 아이의 탐貪 · 염廉 · 우愚 · 지智를 헤아리려 한다. 이런 행사를 일러 시아試兒(오늘날의 돌잡이)라 한다.

이날엔 친척과 외사촌들이 모두 모여 잔치를 벌인다. 이로부터 이후에 양친이 살아 계신 때에만 매번 생일날이 오면 술과 음식을 마련하여 이같이 할 뿐이다. 그런데 배우지 못한 무리는 그 아이가 이미 고아가 되었어도 생일이 되면 모두가 이렇게 한바탕 잔치를 벌여 실컷 마시고 노래 부르고 하니, 이는 그 아이가 부모를 그리워 가슴 아픈 바를 알지 못하는 것이다.

양梁나라 효원제孝元帝는 소년 시절에 매년 8월 6일 자신의 생일날이면 항상 재실齋室에서 글을 읽었다. 그러나 어머니인 완수용阮修容(양무제의 비妃인 석씨石氏)이 죽고 나서는 이것조차 하지 않았다.

江南風俗, 兒生一期, 爲製新衣, 盥浴裝飾, 男則用弓矢紙筆, 女則刀尺鍼縷, 並加飮食之物, 及珍寶服玩, 置之兒前, 觀其發意所取, 以驗貪廉愚智, 名之爲試兒. 親表聚集, 致讌享焉. 自玆已後, 二親若在, 每至此日, 嘗有酒食之事耳. 無教之徒, 雖已孤露, 其日皆爲供頓, 酣暢聲樂, 不知有所感傷. 梁孝元年少之時, 每八月六日載誕之辰, 常設齋講; 自阮修容薨歿之後, 此事亦絶.

6-36 고통스러우면 어머니를 부른다

사람이 근심이나 병이 있으면, 천지나 부모를 부르짖는 것은 예부터 그래 왔다. 지금 세상에는 피휘 때문에 하는 일마다 이에 절박히 위배된다. 그런데 강동江東의 사서士庶들은 애통하면 녜禰라 한다. 녜禰는 아버지 사당을 일컫는 말로 아버지가 살아 계시면 사당을 부르는 것이 용납되지 않는다. 그렇다면 아버지가 돌아가셨다고 해서 어찌 문득 그렇게 부르는 것이 허용되는가?

《창힐편蒼頡篇》(진秦나라 때 이사李斯가 한자를 창제했다고 전해지는 창힐을 취명해 쓴 것)에 효侑 자가 있다. 이를 이렇게 풀이했다.

"애통하여 부르짖는 소리이다. 음은 '우죄반羽罪反(외·요·효)'이다."

지금 북방 사람들은 고통스러울 때면 이같이 부르짖는다.

《성류聲類》(중국 최초의 운서韻書)에는 음이 '우뢰반于耒反(외)'라 하여 지금 남방 사람 중에 혹 이렇게 부르짖기도 한다. 이 두 가지의 음은 그 향속鄕俗에 따른 것으로 두 가지 모두 가히 통행될 수 있다.

人有憂疾，則呼天地父母，自古而然．今世諱避，觸途急切．而江東士庶，痛則稱禰．禰是父之廟號，父在無容稱廟，父歿何容輒呼？《蒼頡篇》有倄字，訓詁云：‘痛而謼也，音羽罪反.’ 今北人痛則呼之.《聲類》音于耒反，今南人痛或呼之．此二音隨其鄉俗，並可行也.

6-37 부모의 죄를 비는 방법

양梁나라 때 탄핵에 걸린 사람은 그 아들·손자·아우·조카 모두 궁궐에 찾아가 사흘 동안 관을 벗고 맨발로 죄를 빌었다. 그리고 아들은 짚신에 거친 옷을 입고 쑥대머리에 더러운 얼굴로 도로를 헤매며, 그 일을 맡은 집사를 기다렸다가 머리를 조아려 피를 흘리면서 아버지의 억울함을 호소한다. 만약 노예의 무리로 판결이 나면 여러 아들은 함께 아버지의 일하던 관서의 문 앞에 초암草庵을 짓고 감히 편안한 자기 집에서 살지 못한 채, 이렇게 행동하기를 열흘, 관사官司에 의해 쫓김을 당한 연후에야 비로소 물러났다.

강남江南의 여러 헌사憲司는 인사人事를 탄핵할 때에 사안이 비록 중대하지 않아 교의敎義로서 오욕을 당한 경우와 혹은 가벼운 죄인데도 옥중에서 죽게 되는 경우가 있으면, 서로가 모두 원수가 되어 자손 삼대에 이르기까지 서로 교통하지 않는다.

도흡到洽(양梁나라 때 인물로 시중侍中을 추증받음)이란 사람이 어사중승御史中丞이 되어 처음 유효작劉孝綽(어릴 때부터 문재文才가 뛰어나 신동이라 불렸던 유영劉冉)을 탄핵하고자 했다. 그런데 도흡의 형 도개到漑는 마침 유효작과 친한 사이였다. 이에 고간苦諫하였지만 뜻을 이루지 못하자, 유효작을 찾아가 울면서 결별을 고하고 떠날 수밖에 없었다.

梁世被繫劾者，子孫弟姪，皆詣闕三日，露跣陳謝；子孫有官，自陳解職．子則草屩麤衣, 蓬頭垢面, 周章道路, 要候執事, 叩頭流血, 申訴寃枉. 若配徒隷, 諸子並立草庵於所署門, 不敢寧宅, 動經旬日, 官司驅遣, 然後始退. 江南諸憲司彈人事, 事雖不重, 而以教義見辱者, 或被輕繫而身死獄戶者, 皆爲怨讎, 子孫三世不交通矣. 到洽爲御史中丞, 初欲彈劉孝綽, 其兄溉先與劉善, 苦諫不得, 乃詣劉涕泣告別而去.

6-38 가족이 전쟁에 나갔을 때

병기는 흉한 것이며 전쟁은 위험한 것으로, 안전을 위한 도리는 아니다. 옛날 천자는 전쟁이 나면 상복을 입고 군대를 사열하였으며, 장군은 장례가 지나는 문인 북문을 통하여 출정했다. 아버지나 할아버지, 백부, 숙부가 만약 진중에 있다면 남은 가족은 일상생활에서 줄이고 깎아, 결코 주악 · 연회 · 관혼 등 길경사의 일은 벌이지 않았다. 만약 포위된 성안에서 싸우고 있다면 초췌한 얼굴색에 장신구나 놀잇감도 모두 제거하여 항상 임심이박臨深履薄(조심하고 두려워함)의 상태로 했다.

그리고 부모의 병환이 심하면 치료해 주는 의사가 비록 천하고 어리다고 해도 눈물을 흘리면서 절을 하여 불쌍히 여겨 줄 것을 바랬다.

양梁 효원제孝元齊가 강주江州에 있을 때 일찍이 생각지 못하였던 병에 걸리자, 세자世子 소방등蕭方等은 친히 중병참군中兵參軍 이유李猷에게 배례했다.

兵凶戰危, 非安全之道. 古者, 天子喪服以臨師, 將軍鑿凶門而出. 父祖伯叔, 若在軍陣, 貶損自居, 不宜奏樂讌會及婚冠吉慶事也. 若居圍城之中, 憔悴容色, 除去飾玩, 常爲臨深履薄之狀焉. 父母疾篤, 醫雖賤雖少, 則涕泣而拜之, 以求哀也. 梁孝元在江州, 嘗有不豫; 世子方等親拜中兵參軍李猷焉.

6-39 사람을 사귈 때는 예를 갖추어라

사해四海의 사람과 형제를 맺는다는 것이 어찌 쉬운 일이겠는가? 반드시 뜻이 같고 의義가 맞설 만하여 끝이 처음과 같을 수 있어야 비로소 가히 이를 의논하여 결정할 수 있다. 일단 같이한 후라면 아들에게 명하여 배복拜伏하게 하고 장인丈人(연장자)이라 부르게 하여, 아버지의 친구를 공경하도록 밝혀 주며, 자신도 상대의 어버이를 섬김에 역시 응당 예를 갖추어야 한다.

그런데 북쪽 사람들을 보면 이런 예절을 심히 가볍게 여겨, 길 가다가 서로 만나도 곧바로 형 아우로 정하되 나이나 생긴 모습만 볼 뿐, 옳고 그름은 가리지 않는다. 그래서 아버지뻘을 형으로 삼고 아들뻘을 동생으로 삼게 되는 경우도 생긴다.

四海之人, 結爲兄弟, 亦何容易? 必有志均義敵, 令終如始者, 方可議之. 一爾之後, 命子拜伏, 呼爲丈人, 申父友之敬; 身事彼親, 亦宜加禮. 比見北人, 甚輕此節, 行路相逢, 便定昆季, 望年觀貌, 不擇是非, 至有結父爲兄, 託子爲弟者.

6-40 손님이 문 앞에서 기다리게 해서는 안 된다

옛날 주공周公은 한 번 머리 감는 동안 세 번이나 감던 머리를 움켜쥐었고, 한 번 밥 먹는 사이 세 번이나 먹던 밥을 뱉어 놓고 하찮은 선비일지라도 만나느라 바빴다. 이리하여 하루에 만나 본 선비가 70여 명이나 되었다.

진문공晉文公은 머리를 감다가 수두수豎頭須로부터 머리 감느라 심장이 거꾸로 되어 도모함이 거꾸로 되었다는 꾸짖음을 들었다.

문 앞에 손님이 멈추어 기다리지 않도록 하는 것은 예로부터 귀히 여기던 바이다. 그런데 가르침을 놓친 집안에서는 혼시閽寺(문지기)가 무례하여 주인이 잠자는 중이라느니, 밥 먹는 중이라느니, 화가 나 있다느니 하면서 손님을 막아 만날 수 없도록 한다. 강남에서는 이런 경우를 아주 깊이 부끄러움으로 여긴다.

황문시랑黃門侍郞 배지례裴之禮는 사대부들에게 매우 잘했다. 만약 이런 못된 무리가 있으면 손님이 보는 앞에서 매질했다. 그 때문에 그 집의 문생門生이나 동복僮僕은 남을 모실 때 절선부앙折旋俯仰(허리 굽히고, 돌아서고, 내려다보고, 쳐다보는 등의 행동거지)과 사색응대辭色應對(말하기, 낯빛, 응하고 대하는 등의 태도)가 숙경肅敬하지 않음이 없어 주인을 모실 때와 차별이 없었다.

昔者, 周公一沐三握髮, 一飯三吐餐, 以接白屋之士, 一日所見者七十餘人. 晉文公以沐辭豎頭須, 致有圖反之誚. 門不停賓, 古所貴也. 失教之家, 閽寺無禮, 或以主君寢食嗔怒, 拒客未通, 江南深以爲恥. 黃門侍郞裴之禮, 號善爲士大夫, 有如此輩, 對賓杖之; 其門生僮僕, 接於他人, 折旋俯仰, 辭色應對. 莫不肅敬, 與主無別也.

7. 모현慕賢

본 편은 인재人才의 문제를 집중적으로 거론하고 있다. 세상에 훌륭한 인물이 역사와 인류에게 미치는 영향은 실로 지대하며, 이를 바르게 파악하고 어진 이를 선모羨慕하여 따라 배우기를 힘쓰도록 면려勉勵한 것이다.

특히 역사적인 고사는 물론, 당시 혼란한 사회상과 변화를 이 인재의 역할 문제와 연계하여 풀이하고 있다.

7-1 친구 사귐에 유의하라

옛사람은 이렇게 말했다.
"1000년에 한 번 성인을 만나도 이는 아침저녁 사이의 시간만큼 잦은 것이며, 500년에 한 번 어진 이를 만나도 이는 어깨를 나란히 하는 것만큼 바쁜 것이다."
이는 선현을 만나 보기가 어렵고 멀기가 이와 같음을 말한 것이다. 그러니 만약 불세명달不世明達(세상에서 보기 힘든)의 군자를 만났다면 어찌 그에게 매달리고 경앙하지 아니할 수가 있겠는가?
나는 난세에 태어나 전쟁 속에 자라면서 유리파월流離播越(정처 없이 떠돌고 피난다님)하느라 견문이 많았다. 그래서 명현을 만나면 심취하고 혼미하여 향모向慕하지 않은 적이 없었다. 사람은 어린 시절에는 신정神情이 아직 고정되지 않아 관심 가지고 사랑하는 바에 물들게 마련이다. 그리하여 말소리 · 웃음 · 행동거지 모두 배우겠다고 마음을 두지 않아도 자신도 모르게 스며들고 암암리에 교화되어 자연스럽게 닮아 가는 것이다. 하물며 조리操履(품행)와 예능藝能처럼 비교적 명확하고 쉽게 습관이 될 수 있는 것들임에랴?
이 까닭으로 훌륭한 사람과 함께 거하면 마치 난초 향내 나는 방에 들어가 오래 있으면 저절로 향내가 나는 것과 같고, 악한 사람과 함께 있으면 마치 생선가게에 들어가 오래 있으면 저절로 비린내가 나는 것과 같다. 묵자墨子가 실을 물들이는 것을 보고 슬퍼했다는 것은 이를 두고 말한 것이다. 그러니 군자는 모름지기 교유交遊에 신중해야 한다.
공자孔子는 이렇게 말했다.
"자기와 같지 못한 자와는 벗하지 말라."
안연顔淵과 민자건閔子騫 같은 이를 어찌 세상에서 쉽게 만날 수 있겠는가? 다만 나보다 나은 자라면 곧 그를 귀하게 여길 만한 것이다.

古人云:'千載一聖, 猶旦暮也; 五百年一賢, 猶比髆也.' 言聖賢之難得, 疏闊如此. 儻遭不世明達君子, 安可不攀附景仰之乎? 吾生於亂世, 長於戎馬, 流離播越, 聞見已多; 所値名賢, 未嘗不心醉魂迷向慕之也. 人在年少, 神情未定, 所與款狎, 熏漬陶染, 言笑擧動, 無心於學, 潛移暗化, 自然似之; 何況操履藝能, 較明易習者也? 是以與善人居, 如入芝蘭之室, 久而自芳也; 與惡人居, 如入鮑魚之肆, 久而自臭也. 墨子悲於染絲, 是之謂矣. 君子必愼交遊焉. 孔子曰:'無友不如己者.' 顏·閔之徒, 何可世得! 但優於我, 便足貴之.

7-2 공자孔子는 그저 옆집에 사는 늙은이

세상 사람의 흔한 병폐는, 귀로 들은 것은 귀히 여기고, 눈으로 직접 본 것을 천히 여기며, 멀리 있는 것을 중히 여기고 가까이 있는 것을 가벼이 여긴다는 점이다.
어려서부터 함께 자라 주선하는 사이에, 그들 중에는 어질고 명철한 사람도 있으려니와 그런데도 매양 서로 친압親狎하고 모욕하여, 예와 공경을 보태지 않는 경우가 있다. 다른 고을이나 다른 현에 사는 사람으로 조그만 명성의 풍문만 있다 해도 목을 매고 발돋움하여 목마를 때보다 심하다. 그 장단을 따져보고 그 정추精麤(정밀한 것과 거친 것)를 살펴보면 간혹 그런 자들이 오히려 자신과 함께 자란 이만 못한 경우가 있다. 그래서 노魯나라 사람들은 공자를 동가구東家丘라 불렀고, 옛날 우虞나라 궁지기宮之奇(진나라 대부 순식의 예물을 거절할 것을 간언함)는 어려서 임금과 함께 자라, 임금이 그를 친압하기만 하여 그의 간언을 듣지 않았다가 나라를 망치는 지경에 이르게 되었다. 그러니 가히 마음에 담아 두지 않을 수 없다.

世人多蔽, 貴耳賤目, 重遙輕近. 少長周旋, 如有賢哲, 每相狎侮, 不加禮敬; 他鄉異縣, 微藉風聲, 延頸企踵, 甚於飢渴. 校其長短, 覈其精麤, 或彼不能如此矣. 所以魯人謂孔子爲東家丘, 昔虞國宮之奇, 少長於君, 君狎之, 不納其諫, 以至亡國, 不可不留心也.

7-3 남의 미덕을 훔치지 말라

그 사람의 말을 신용하면서 그를 채용하지 않고 버려두는 것을 옛사람들은 부끄럽게 여겼다. 무릇 말 한마디, 행동 하나라도 남에게 도움을 얻은 것은 모두가 드러내어 칭찬해야 할 일이지, 남의 아름다움을 몰래 훔쳐 자신의 공력功力인 양 여겨서는 안 될 것이다. 상대가 비록 경박하고 천한 자라 해도 반드시 그 공을 돌려주어야 한다.
남의 재산을 훔치면 형벽刑辟의 처벌을 만날 것이요, 남의 미덕美德을 훔치면 귀신의 책망을 받게 될 것이다.

用其言, 棄其身, 古人所恥. 凡有一言一行, 取於人者, 皆顯稱之, 不可竊人之美, 以爲己力; 雖輕雖賤者, 必歸功焉. 竊人之財, 刑辟之所處; 竊人之美, 鬼神之所責.

7-4 실력이 알려지지 않은 예술가

양梁나라 효원제孝元帝가 전에 형주荊州에 있을 때 정점丁覘이란 자가 있었다. 홍정洪亭의 평민 신분일 뿐이었지만 자못 문장을 잘 지었고, 특히 초서草書와 예서隷書에 뛰어났다. 원효제의 서기書記로서 모든 일이 한결같이 그에게 맡겨졌다. 군부軍府의 사람들은 그가 천한 신분이라 하여 훌륭하다 여기지 않았다. 더구나 자신의 자제子弟들에게 글씨를 잘 쓰도록 가르치면서도 그의 글씨를 교본으로 삼는 것은 도리어 치욕으로 여겼다. 당시에는 "정점의 글씨가 열 장이라도 왕포王褒의 몇 글자만 못하다"라고 했다.

그러나 나는 그의 수적手迹을 훌륭하다고 여겨 늘 보배로 삼아 가지고 있다.

원효제가 일찍이 전첨典籤(문서 관리 담당) 벼슬의 혜편惠編을 보내어 소좨주蕭祭酒(소자운蕭子雲)에게 문장을 보여 준 적이 있었다. 소좨주가 이렇게 말했다.

"군왕께서 근래에 내려 주신 서한書翰과 시필詩筆을 받아 베낀 글씨는 아주 뛰어난 솜씨입니다. 그의 성명이 무엇입니까? 어찌하여 도대체 아직도 명성이 없는 것입니까?"

혜편이 사실대로 대답하자 소자운은 이렇게 탄식했다.

"이 사람은 후생後生 중에 그 누구도 따를 수 없는데도 세상에 알려지지 않았으니 역시 기이한 일입니다."

이에 소문을 들은 자들이 조금씩 다시 괄목하게 되었다. 얼마 후 그는 벼슬이 상서의조랑尙書儀曹郎에 올랐고, 마지막에는 진안왕晉安王(양梁나라 간문제簡文帝 소강蕭綱)의 시독侍讀(여러 왕의 경서를 가르치고 일러주는 관직)이 되어 왕을 따라 동쪽으로 옮겨 오게 되었다. 그 뒤 서대西臺(강릉의 별칭)가 함락당할 때에 그의 간독簡牘은 인멸湮滅되어 흩어졌고, 정점 역시 양주揚州에서 소문 없이 죽고 말았다. 전에 그를 경솔히 여기던 자들이 종이 한 장이라도 얻고 싶어 하였지만 결국 불가능하게 되고 말았다.

梁孝元前在荊州, 有丁覘者, 洪亭民耳, 頗善屬文, 殊工草隸; 孝元書記, 一皆使之. 軍府輕賤, 多未之重, 恥令子弟以爲楷法, 時云: '丁君十紙, 不敵王褒數字.' 吾雅愛其手迹, 常所寶持. 孝元嘗遣典籤惠編送文章示蕭祭酒, 祭酒問云: '君王比賜書翰, 及寫詩筆, 殊爲佳手, 姓名爲誰? 那得都無聲問?' 編以實答. 子雲歎曰: '此人後生無比, 遂不爲世所稱, 亦是奇事.' 於是聞者稍復刮目. 稍仕至尙書儀曹郎, 末爲晉安王侍讀, 隨王東下. 及西臺陷殁, 簡牘湮散, 丁亦尋卒於揚州; 前所輕者, 後思一紙, 不可得矣.

7-5 천하 양보와 한 푼의 이익 다툼

후경後景(북위에서 벼슬하다 양무제에게 투항했으나 후에 반역한 장군)이 막 건업建業을 공격하여 들어왔을 때였다. 대문臺門이 비록 굳게 잠겨 있었으나, 성안의 관리와 백성들은 놀라 허둥대면서 각기 스스로 안전하다 여기지 못하고 있었다.
이때 태자좌위솔太子左衛率 벼슬이었던 양간羊侃이 동액문東掖門(궁궐 대문의 곁문)을 버티고 막아 부서를 나누고 경략經略하여 하룻밤 사이에 모두 처리, 드디어 100여 일간 그 흉역兇逆에 맞서 항거할 수 있었다.
이때 성안에는 4만 명이 있었고, 왕공과 조정의 선비도 100여 명 이하는 아니었건만, 곧 이 양간 한 사람을 믿고 안녕을 얻었으니, 그들 서로의 차이가 이와 같았던 것이다.
옛사람은 이렇게 말했다.
"소부巢父와 허유許由는 천하를 두고 양보하였으나, 시정 길가의 소인들은 한 푼의 이익을 두고 다툰다."
역시 차이가 그렇게 현격한 것이다.

侯景初入建業, 臺門雖閉, 公私草擾, 各不自全. 太子左衛率羊侃坐東掖門, 部分經略, 一宿皆辦, 遂得百餘日抗拒兇逆. 於時, 城內四萬許人, 王公朝士, 不下一百, 便是恃侃一人安之, 其相去如此. 古人云: '巢父 · 許由, 讓於天下; 市道小人, 爭一錢之利.' 亦已懸矣.

7-6 나라의 존망이 이러한 사람에게

제齊 문선제文宣帝(북제北齊의 첫 황제 고양高洋)는 즉위한 지 몇 년이 되도록 주색에 침면沈湎하여, 방자하게 굴어 도대체 기강이란 없었다.

그럼에도 그나마 상서령尙書令 양준언楊遵彦(양음楊愔)에게 정치를 맡겼던 덕분에 내외가 조용하고 조야朝野가 편안하였으며, 각기 그 적소를 얻어 사물의 처리에 이의가 없이 천보天保 연간의 시대를 마칠 수 있었다.

그런데 뒤에 양준언이 효소제孝昭帝에게 죽임을 당하자, 형정刑政이 이로써 쇠락하기 시작했다.

곡률명월斛律明月(곡률금斛律金의 아들로 이름은 광光)은 제齊나라 조정의 절충折衝의 신하였으나, 죄 없이 주살을 당하여 그가 거느린 선비는 흩어지고 말았다. 북주北周 사람들이 이로써 제나라를 병탄할 뜻을 갖게 되었다.

관중關中 지역 사람들은 지금도 그를 기리고 있다. 이 사람의 용병이 만부萬夫가 바라는 정도에 그칠 따름이었겠는가? 나라의 존망은 이런 사람의 생사에 달려 있다.

齊文宣帝卽位數年, 便沈湎縱恣, 略無綱紀; 尙能委政尙書令楊遵彦, 內外淸謐, 朝野晏如, 各得其所, 物無異議, 終天保之朝. 遵彦後爲孝昭所戮, 刑政於是衰矣. 斛律明月 齊朝折衝之臣, 無罪被誅, 將士解體, 周人始有呑齊之志, 關中至今譽之. 此人用兵, 豈止萬夫之望而已也! 國之存亡, 係其生死.

7-7 제齊나라가 망한 이유

장연준張延雋이 진주晉州(지금의 산서성山西省 임분현臨汾縣) 행대行臺(외지 군대의 감독을 위한 현지 관서)의 좌승左丞이 되어 장수를 보필하고 기강을 세워 강역疆埸을 진무했다. 그는 기물과 비용을 저축하고 백성들이 살 수 있도록 아껴 적국이 있는 것처럼 위엄을 세워 놓았다. 그러나 여러 소인배가 자신의 뜻을 펼 수 없게 되자, 힘을 합해 그를 좌절시키고 말았다. 그리고 그들이 그를 대신하고 나자, 공사公私 간에 소요와 혼란이 일어 주周나라 군대가 일거에 공격하여 이

진鎭이 제일 먼저 평정되고 말았다.
제齊나라가 망한 발자취는 바로 여기에서부터 비롯되었다.

張延雋之爲晉州行臺左丞, 匡維主將, 鎭撫疆埸, 儲積器用, 愛活黎民, 隱若敵國矣. 羣小不得行志, 同力遷之; 旣代之後, 公私擾亂, 周師一擧, 此鎭先平. 齊亡之迹, 啓於是矣.

8. 면학勉學

본 편은 학문과 학습의 문제를 다루고 있다. 배움은 모든 학문의 기초가 됨은 물론, 실제 인격 형성이라는 큰 목표의 가장 중요한 단계임을 강조하고 있다. 원론적인 주장을 넘어 당시 귀족 자제의 폐학廢學의 모습까지 예로 들었고, 나아가 자신의 학문적 소양을 내세워 언어와 문자 교육도 거론하고 있다.

8-1 공부는 때가 있다

예부터 명왕성제明王聖帝라 해도 오히려 부지런히 공부하였는데 하물며 평범한 서민임에랴! 이러한 일은 경사經史에 두루 있으니 나 역시 번거롭게 거듭 예를 들지 않겠다. 애오라지 근세의 절요切要한 사례를 들어 너희들을 깨우치고자 할 뿐이다.

사대부의 자제들은 몇 살 이상만 되면 교육을 받지 않는 자가 없다. 많게는 《예기禮記》와 《삼전三傳》(춘추삼전) 등을 배우고, 적어도 《시詩》와 《논어論語》 정도는 빠뜨리지 않는다. 그리고 관례와 혼례의 나이쯤에 이르러 체성體性(체질)이 조금씩 안정되면 이러한 자연의 기회를 이용해 두 배로 훈육하고 일깨워주어야 한다. 그들 중에 뜻이 고상한 자는 드디어 갈고 닦아 소업素業(구업舊業)을 이루게 되며, 이립履立이 없는 경우, 스스로 이에 태만하여 범인凡人이 되고 마는 것이다.

사람이 이 세상에 태어나 마땅히 해야 할 일이 있으니, 농민이라면 농사짓는 일을 계량計量하고, 장사꾼이라면 화회貨賄(재물)를 토론하며, 물건 만드는 자라면 그 기용器用을 정밀하게 함이다. 그리고 기예伎藝를 하는 자라면 법술法術을 깊이 생각하고, 무사라면 궁마弓馬를 익히고 연습하며, 문사文士라면 경서經書를 강의講議한다. 흔히 사대부라는 자들은 농상農商에 관여하는 일을 치욕으로 여기고, 공기工伎에 힘쓰는 일을 수치로 여기며, 활을 쏘면서 찰札(갑옷의 갑편)을 뚫지도 못하고, 글을 쓴다면서 겨우 성명만 쓸 줄 알면서 배불리 먹고 술에 취하여 홀홀忽忽히, 하는 일 없이 이로써 세월을 녹이고, 이로써 생애를 마친다.

간혹 가세家世의 여서餘緖(집안 대대로 벼슬을 한) 덕분에 하나의 반 푼짜리 벼슬이라도 얻으면 문득 스스로 족하다 여겨 공부할 생각을 모두 잊어버린다. 그러다가 길흉이나 대사를 만나 득실을 의논할 때면, 멍하니 입을 벌린 채 마치 운무雲霧 속에 앉은 듯 답답하다.

그리고 공사公私의 연회 모임에 옛일이나 시부詩賦를 담론할 때면 꽉 막혀 머리를 떨군 채 하품과 기지개만 할 뿐이다. 유식한 자가 곁에서 보면, 그런 자를 대신하여 땅속으로라도 기어들어 가고 싶다. 그러니 어찌 몇 년의 근학勤學을 시간 아깝다고 아니하다가 그 긴 일생의 부끄러움과 모욕을 받을 수 있겠는가?

自古明王聖帝, 猶須勤學, 況凡庶乎! 此事徧於經史, 吾亦不能鄭重, 聊擧近世切要, 以啓寤汝耳. 士大夫子弟, 數歲已上, 莫不被教, 多者或至《禮》·《傳》, 少者不失《詩》·《論》. 及至冠婚, 體性稍定; 因此天機, 倍須訓誘. 有志尚者, 遂能磨礪, 以就素業; 無履立者, 自玆墮慢, 便爲凡人. 人生在世, 會當有業: 農民則計量耕稼, 商賈則討論貨賄, 工巧則致精器用, 伎藝則沈思法術, 武夫則慣習弓馬, 文士則講議經書. 多見士大夫恥涉農商, 差務工伎, 射則不能穿札, 筆則纔記姓名, 飽食醉酒, 忽忽無事, 以此銷日, 以此終年. 或因家世餘緖, 得一階半級, 便自爲足, 全忘修學; 及有吉凶大事, 議論得失, 蒙然張口, 如坐雲霧; 公私宴集, 談古賦詩, 塞默低頭, 欠伸而已. 有識旁觀, 代其入地. 何惜數年勤學, 長受一生愧辱哉!

8-2 수레에서 굴러떨어지지만 않아도 저작랑

양梁나라 전성 시기 귀유자제貴遊子弟(관직 없는 왕공 귀족 자제)들은 거의 학술이 없어, 심지어 속담에 이렇게 말하기까지 했다.
"수레에서 굴러떨어지지만 않아도 저작랑著作郞(문서 초안을 맡던 벼슬)이요, 요사이 옥체 별일 없습니까 정도만 써도 비서랑祕書郞은 된다."
그들이 외출할 때는 옷에 향기를 뿌리고 얼굴은 면도하고 분 바르고 연지 화장하고, 긴 장막을 친 좋은 수레 타고, 굽 높은 이빨 장식의 신발을 신고, 바둑판무늬 수놓은 방석에 앉아, 반점 무늬 넣은 실로 된 은낭隱囊(부드러운 속을 채운

주머니 허리받이)에 기대어 좌우에는 각종 놀이 기구를 진열해 놓고, 조용히 출입하니 멀리서 보면 마치 신선 같다. 그들이 명경과明經科에 급제하고 싶으면 사람을 고용하여 답책答策을 대신 지어 바치고, 삼공구경三公九卿의 잔치라면 남의 손을 빌려 가짜 부시賦詩를 내놓는다.

그러한 시대에는 역시 그렇게 하는 것이 훌륭한 선비였다. 그러나 전란 후에 조정에는 변혁이 있었다. 선거選擧로 전형하게 되어 지난날의 친고親故로는 소용이 없게 된 것이다.

중요한 길목의 권세를 잡은 이는 지난날의 아는 무리라고 해서 마음 놓고 방문할 수는 없게 되었다. 이때 자신에게서 능력을 찾아보았으나 가진 것이 없었고, 세상의 쓰임에 나서 보고자 하나 쓸모가 없었다. 거친 옷을 입고 집안의 보존을 잃게 되었으며, 지난날의 화려하였던 겉모습을 잃고 그 본래의 못난 바탕이 드러나 쓸쓸하기가 고목 같고, 얕은 물이 더 이상 흐를 수 없는 지경에 이른 것 같았다. 사슴이 홀로 융마戎馬 속에 죄인 모습으로 휩싸여 죽은 채 구렁텅이에 나뒹구는 신세였다. 이러한 때에 당해서는 진실로 노둔한 재목에 불과했다.

그러나 학술이 있고 기예가 있는 자는 밟는 땅이 곧 편안한 자리였다. 황란荒亂 이후 포로가 된 많은 사람을 보니 비록 대대로 평범한 소인이었지만 《논어論語》와 《효경孝經》만 읽었더라도 그나마 남의 스승이 될 수 있었다. 그러나 비록 천년을 두고 관면冠冕하였던 귀족 집안 자제라도 서기書記 정도의 일도 모른다면, 농사짓고 말 먹이는 일 외에는 쓰일 수가 없었다.

이로써 보건대 어찌 가히 스스로 힘쓰지 않을 수가 있겠는가? 만약 능히 평소에 수백 권의 책 읽기를 계속한다면 천년이 지나도 끝내 소인으로 전락하지는 않을 것이다.

梁朝全盛之時, 貴遊子弟, 多無學術, 至於諺云; '上車不落則著作, 體中何如則祕書.' 無不熏衣剃面, 傅粉施朱, 駕長簷車, 跟高齒屐, 坐棊子方褥, 憑斑絲隱囊, 列器玩於左右, 從容出入, 望若神仙. 明經求第, 則顧人答策; 三九公讌, 則假手賦詩. 當爾之時, 亦快士也. 及離亂之後, 朝市遷革, 銓衡選擧, 非復曩者之親; 當路秉權, 不見昔時之黨. 求諸身而無所得, 施之世而無所用. 被褐而喪珠, 失皮而露質, 兀若枯木, 泊若窮流, 鹿獨戎馬之間, 轉死溝壑之際. 當爾之時, 誠駑材也. 有學藝者, 觸地而安. 自荒亂已來, 諸見俘虜. 雖百世小人, 知讀《論語》·《孝經》者, 尙爲人師; 雖千載冠冕, 不曉書記者, 莫不耕田養馬. 以此觀之, 安可不自勉耶? 若能常保數百卷書, 千載終不爲小人也.

8-3 귀신도 숨길 수 없는 기록들

무릇 육경六經의 가르침을 밝히 알고 백가百家의 책을 섭렵하기는 하였으나, 비록 능히 덕행을 증익시키거나 풍속을 돈려敦厲하게 하지 못한다 할지라도 오히려 하나의 기예技藝를 가지고 살면서 자신의 자질로 삼을 수는 있다.

부형이 있다 해도 언제나 의지할 수 있는 것은 아니며, 고을이나 나라라는 것도 언제나 보호해 주는 것은 아니다. 하루아침에 유리되어 누구 하나 보호해 줄 수 없게 되면, 의당 자기 자신에게서 찾아야 할 따름이다. 속담에 "재산을 천만금 쌓아 놓는다 해도, 자기 몸에 하찮은 기능 하나 있느니만 못하다"라고 했다. 그 기능 중에 쉽게 익힐 수 있으면서도 가히 귀한 것으로, 독서를 넘어서는 것이 없다.

세상 사람들은 우지愚智를 불문하고 많은 사람을 알고 일에 대한 견문을 넓히겠다고 하면서 도리어 독서는 즐겨 하지 않으니, 이는 배부르기를 바라면서 음식 만들기에 게으르고, 따뜻하기를 바라면서 옷 짓는 데 게으른 것과 같다.

무릇 독서하는 사람은 복희伏羲와 신농神農 이래 온 우주 아래 그들이 사귀어 알았던 몇 사람이건, 그들이 보았던 몇 가지 사건이건, 모두 알 수 있다. 일반 백성들의 성패와 호오好惡 등은 새삼 말할 필요도 없다. 천지가 능히 감출 수 있는 바가 아니며 귀신이 능히 숨길 수 있는 바가 아니다.

夫明六經之指, 涉百家之書, 縱不能增益德行, 敦厲風俗, 猶爲一藝, 得以自資. 父兄不可常依, 鄕國不可常保, 一旦流離, 無人庇廕, 當自求諸身耳. 諺曰: '積財千萬, 不如薄伎在身.' 伎之易習而可貴者, 無過讀書也. 世人不問愚智, 皆欲識人之多, 見事之廣, 而不肯讀書, 是猶求飽而嬾營饌, 欲暖而惰裁衣也. 夫讀書之人, 自羲 · 農已來, 宇宙之下, 凡識幾人, 凡見幾事, 生民之成敗好惡, 固不足論, 天地所不能藏, 鬼神所不能隱也.

8-4 옛사람을 스승으로 삼아라

어떤 자가 나에게 이렇게 힐난하여 물었다.

"나는 강한 활과 긴 창을 들고 죄 있는 자를 주벌하여 백성들을 평안히 해 준 공로로 공후公侯의 벼슬을 얻은 자가 있음을 보았습니다. 그리고 도의를 해석하고 관리의 일을 익혀 시대를 바로잡고 나라를 부강하게 했다는 공로로 경상卿相의 벼슬을 얻은 자가 있음도 보았습니다. 그런데 학문은 고금을 갖추었고 재주는 문무를 겸비하였건만, 자신은 봉록이나 지위가 없고 처자는 굶주림에 떨고 있는 자가 헤아릴 수 없을 정도이니, 어찌 족히 배움을 귀한 것이라 할 수 있습니까?"

나는 이렇게 대답했다.

"운명의 궁하고 달함은 금옥金玉이나 목석木石과 같은 것입니다. 이를 학예로써 수양함은 금옥을 갈고, 목석을 조각하는 것과 같습니다. 금옥을 가는 것은 자연히 그것이 갈기 전의 광물보다 아름다워지고, 나무를 그냥 자르거나 토막채로 두면 이는 그것을 조각해 놓았을 때와 비교해 아름답지 못합니다. 그러나 어찌 목석의 조각이 금옥의 광물 그대로일 때보다 낫다고 하겠습니까? 배웠으나 빈천한 경우는 배우지 않았는데도 부귀한 것과는 비교할 수 없는 것입니다. 하물며 무기를 둘러메고 병사가 된 자나, 붓을 입에 물고 낮은 벼슬아치가 된 그런 자들로서 몸이 죽은 후 이름이 사라지는 경우는 쇠털만큼이나 많습니다.

그러나 뿔처럼 우뚝 솟아 걸출한 자는 마치 난초처럼 드물지만, 대신 비단에 글을 쓰고 황권黃卷(책을 이르는 말. 좀을 막기 위해 종이를 황벽나무 잎으로 물들인 데서 유래)을 뒤적이며 도와 덕을 읊조리고 노래하며 고생하는데도 이익을 보지 못하는 자는 마치 일식처럼 적습니다. 그런가 하면 명예와 이익에 편히 즐기는 자는 가을 씀바귀처럼 흔합니다. 그러니 어찌 같은 반열에 놓고 논할 수 있겠습니까? 또 내가 듣기로 태어나면서 아는 자는 최상이요, 배워서 아는 자는 그 다음이라 하였습니다. 따라서 배움이란 많이 알아 밝히 통달하고자 함일 뿐입니다.

반드시 하늘이 내려 준 재능이 있어 무리에 뛰어나고 같은 부류 중에 솟아난다면, 장수 중에는 손무孫武나 오기吳起처럼 저절로 같은 전술이 나올 것이요, 정치를 집행한다면 관중管仲이나 자산子産(춘추시대 정나라 대부. 성은 공손公孫, 이름은 교僑. 정목공의 손자)의 교화를 매달아 놓은 것처럼 널리 퍼뜨릴 것입니다. 이런 경우 비록 글을 읽지 않았다 해도 나는 역시 배운 자라 말할 것입니다. 그런데 지금 그대는 그렇게 하지 못하면서 옛사람의 발자취를 스승 삼지 않는다면 이는 이불을 뒤집어쓰고 누워 있는 것과 같습니다."

有客難主人曰: '吾見彊弩長戟, 誅罪安民, 以取公侯者有矣; 文義習吏, 匡時富國, 以取卿相者有矣; 學備古今, 才兼文武, 身無祿位, 妻子飢寒者, 不可勝數, 安足貴學乎?' 主人對曰: '夫命之窮達, 猶金玉木石也; 脩以學藝, 猶磨瑩雕刻也. 金玉之磨瑩, 自美其鑛璞, 木石之段塊, 自醜其雕刻; 安可言木石之雕刻, 乃勝金玉之鑛璞哉? 不得以有學之貧賤, 比於無學之富貴也. 且負甲爲兵, 咋筆爲吏, 身死名滅者如牛毛, 角立傑出者如芝草; 握素披黃, 吟道咏德, 苦辛無益者如日蝕, 逸樂名利者如秋荼, 豈得同年而語矣? 且又聞之: 生而知之者上, 學而知之者次. 所以學者, 欲其多知明達耳. 必有天才, 拔羣出類, 爲將則闇與孫武 · 吳起同術, 執政則懸得管仲 · 子産之敎, 雖未讀書, 吾亦謂之學矣. 今子卽不能然, 不師古之蹤跡, 猶蒙被而臥耳.'

8-5 성공한 자는 나름대로의 이유가 있다

사람은 이웃의 친척 중에 뛰어나고 총명한 자를 보게 되면, 자기 자제에게 앙모하며 따라 배우도록 하면서도 옛사람을 따라 배우게 해야 함은 모르고 있으니, 그 폐단이 어찌 이렇게 되었는가?

세상 사람들은 단지 말 타고 갑옷 입고 긴 창에 강한 활을 든 사람만 보아도 곧바로 나도 능히 장수가 될 수 있다 한다. 그러나 장수란 천도에 밝고 지리에 변별력이 있으며, 역리逆理와 순리順理를 비교하여 헤아릴 줄 알며, 흥망의 오묘함을 감달鑒達할 수 있어야 함은 알지 못하고 있다.

그리고 다만 윗사람의 뜻을 이어받고 아랫사람의 요구를 접수하며 재물을 모으고 식량을 모으는 것만을 보고는, 곧바로 나도 재상이 될 수 있다고 한다. 그러나 재상이란 귀신을 공경하여 모시고 풍속을 고쳐 바로잡으며, 음양을 조절하고 어진 이와 성스러운 이를 천거해야 하는 데에 지극해야 함을 알지 못하고 있다.

그리고 다만 사사로운 재물을 받지 않으며 공사公事를 이른 새벽부터 처리하는 것만을 보고는, 곧 나도 능히 백성을 다스릴 수 있다고 한다. 그러나 그러한 관리가 자신에게 성실히 하고 사물에는 냉정하며 고삐를 잡되 두 마리 말을 조절해야 하고 풍우를 그쳐 재앙을 없애며, 올빼미 같은 흉조 대신 봉황새 같은 길조가 나타나게 하는 통치술이 있어야 함은 알지 못하고 있다.

그리고 단지 명령과 법률을 잡고서 아침에는 형벌을 내리고 저녁에는 이들을 풀어 주는 것을 보고, 곧 나도 재판관이 될 수 있다고 한다. 그러나 이는 같은 수레를 타고 가면서도 누가 죄가 있는지 가려낼 줄 알며 유언으로 남긴 칼 하나 보고도 그 재물을 추적하는 능력이 있어야 하며, 거짓말 속에 간사함이 드러남을 살필 수 있어야 하며, 묻지 않고도 실정을 알아낼 수 있는 살핌이 있어야 함은 알지 못하고 있다.

농상공고農商工賈(농부, 상인, 장인匠人, 좌상坐商)나 외양간에서 일하는 노예, 고기 잡는 이, 도살하는 백정, 소모는 이, 양치기 같은 천한 일을 하던 사람 중에도 모두 먼저 통달하는 자가 있으면, 가히 사표師表로 삼아 널리 배워 이를 찾는다면 사리에 이롭지 않은 것이 없다.

人見鄰里親戚有佳快者, 使子弟慕而學之, 不知使學古人, 何其蔽也哉? 世人但見跨馬被甲, 長稍彊弓, 便云我能爲將; 不知明乎天道, 辨乎地利, 比量逆順, 鑒達興亡之妙也. 但知承上接下, 積財聚穀, 便云我能爲相; 不知敬鬼事神, 移風易俗, 調節陰陽, 薦擧賢聖之至也. 但知私財不入, 公事夙辦, 便云我能治民; 不知誠己刑物, 執轡如組, 反風滅火, 化鴟爲鳳之術也. 但知抱令守律, 早刑晩捨, 便云我能平獄; 不知同轅觀罪, 分劍追財, 假言而姦露, 不問而情得之察也. 爰及農商工賈, 廝役奴隸, 釣魚屠肉, 飯牛牧羊, 皆有先達, 可爲師表, 博學求之, 無不利於事也.

8-6 독서하면 이렇게 변한다

무릇 독서하고 학문하는 이유는 본래 마음을 열고 눈을 밝혀 행동에 이익이 되고자 함에 있을 뿐이다. 어버이를 봉양할 줄 모르던 자가, 옛사람이 먼저 부모 뜻을 살펴 그 얼굴빛에 의해 행하며, 부드러운 소리로 기를 낮추고, 힘들고 어려움을 꺼리지 않으며, 맛있는 육식으로 대접하면서도 안타깝게 여겨 부끄러워하고, 두려워하였음을 보게 되면 일어나 이를 실행하려 할 것이다. 또 임금을 섬길 줄 모르던 자가, 옛사람이 직무를 지켜 남의 일을 침범함이 없고 위험을 보면 목숨을 내놓으며 성실한 간언은 잊지 않아 사직에 이로움을 주면서도 모자란다고 여겨 스스로 염려하였음을 보게 되면, 이를 본받고자 하는 생각을 하게 될 것이다.

그런가 하면 평소 거만하고 사치하는 자가, 옛사람이 공검恭儉하고 절용하며 스스로 낮추어 자신을 수양하며 예禮를 가르침의 근본으로 하고 공경을 자신의 기본으로 삼으면서도 혹시 과실이 있을까 두려워하였음을 보게 되면, 용모를 여미고 뜻을 억제하려 할 것이다.

그리고 평소 비루하고 인색한 자가, 옛사람이 의를 귀히 여기고 재물을 가벼이 여기며 자신은 적게 갖고 욕심을 줄이며 가득 찬 것을 꺼리고 싫어하며 궁한 사람, 없는 자를 구휼하면서도 얼굴이 붉도록 후회하고 부끄러워하였음을 보게 되면, 모아서 이를 능히 흩어 쓰려고 하게 될 것이다.

그리고 평소 포악하고 못된 짓 하는 자가, 옛사람이 조심하여 자신을 낮추고 이가 부러져도 혀가 있으면 된다 하고, 더러운 때를 머금고 병을 지닌 채 어진 이를 존경하고 무리를 용납하면서도 의기가 모자랐다고 상심하였음을 보게 되면, 스스로도 마치 옷의 무게를 이겨 낼 수 없을 듯하게 될 것이다.

평소 겁 많고 나약한 자라면 옛사람이 삶에 통달하여 목숨을 맡기고, 강의정직彊毅正直하여 약속한 말은 반드시 지키며, 복을 구하겠다고 되돌아옴이 없음에도 발연히 분려하였음을 보게 되면 두려워하거나 겁냄이란 없이 하고자 할 것이다.

이상의 여러 가지 외에 100가지 행동이 모두 그런 것이니, 비록 능히 온전히 그렇게는 못 한다 해도 지나침이나 심한 것은 없앨 수 있다. 배워서 아는 바는 베풂에 통달하지 못할 것이 없다. 세상 사람 중에 독서하는 자로서 단지 말로만 능히 그렇게 할 뿐, 이를 능히 실행하지 못하는 자가 있다. 그 때문에 충효도 들리는 소문이 없고, 인의에 대한 태도도 족하지 못하다. 그 때문에 어떤 한 가지 송사를 판단함에도 반드시 그 법리法理를 모두 터득했다고 할 수 없으며, 그에게 1000호의 현縣을 다스리게 하면 그 백성을 이치대로 다스렸다고 할 수 없으며, 그에게 집 짓는 일을 물으면 문미門楣(도리)는 가로로, 기둥은 세로로 세워야 함을 다 아는 것은 아니며, 그에게 농사일을 물으면 피는 일찍 자라고 기장은 느리게 자람을 다 아는 것은 아니다.

이러한 사람은 그저 읊조리고 휘파람 불며 헛된 말장난이나 하여 사부辭賦를 외우고 읊으며, 일에는 나 몰라라 한가히 하며 한갓 우탄憂歎한 언론이나 증가시킬 뿐, 군국軍國의 경륜經綸에는 대체로 써먹을 데가 없다.

그러므로 무인武人이나 속리俗吏들에게조차 한결같이 비웃음을 사는 것은 진실로 여기에서 말미암은 것이다.

夫所以讀書學問, 本欲開心明目, 利於行耳. 未知養親者, 欲其觀古人之先意承顔, 怡聲下氣, 不憚劬勞, 以致甘腝, 惕然慙懼, 起而行之也; 未知事君者, 欲其觀古人之守職無侵, 見危授命, 不忘誠諫, 以利社稷, 惻然自念, 思欲效之也; 素驕奢者, 欲其觀古人之恭儉節用, 卑以自牧, 禮爲教本, 敬者身基, 瞿然自失, 斂容抑志也; 素鄙吝者, 欲其觀古人之貴義輕財, 少私寡慾, 忌盈惡滿, 賙窮卹匱, 赧然悔恥, 積而能散也; 素暴悍者, 欲其觀古人之小心黜己, 齒弊舌存, 含垢藏疾, 尊賢容衆, 苶然沮喪, 若不勝衣也; 素怯懦者, 欲其觀古人之達生委命, 彊毅正直, 立言必信, 求福不回, 勃然奮厲, 不可恐慴也: 歷玆以往, 百行皆然. 縱不能淳, 去泰去甚. 學之所知, 施無不達. 世人讀書者, 但能言之, 不能行之, 忠孝無聞, 仁義不足; 加以斷一條訟, 不必得其理; 宰千戶縣, 不必理其民; 問其造屋, 不必知楣橫而梲豎也; 問其爲田, 不必知稷早而黍遲也; 吟嘯談謔, 諷咏辭賦, 事旣優閑, 材增迂誕, 軍國經綸, 略無施用: 故爲武人俗吏所共嗤詆, 良由是乎!

8-7 배우지 아니함만 못한 공부

무릇 배움이란 이익됨을 찾기 위한 것이다. 그런데 수십 권의 책을 읽기만 해도 문득 스스로 높고 위대하다 여겨, 어른을 능멸하며 같은 등급을 경시하고 거만하게 구는 경우를 볼 수 있다. 그래서 남이 그런 자를 질시하기를 원수처럼 여기며 미워하기를 부엉이나 올빼미처럼 여긴다. 만약 이렇게 배움을 가진 것이 도리어 자신을 손상시키는 일이라면 이는 배우지 아니함만 못하다.

夫學者所以求益耳. 見人讀數十卷書, 便自高大, 凌忽長者, 輕慢同列; 人疾之如讎敵, 惡之如鴟梟. 如此以學自損, 不如無學也.

8-8 배움이란 나무를 심는 것과 같다

옛날의 배우는 자는 자신을 위하되 부족한 바를 보충하였으나, 오늘날의 배우는 자는 남에게 보이려고 하여, 다만 입으로 떠드는 데에만 능하다. 옛날의 배우는 자가 남을 위해 배웠다 함은, 도를 행하여 세상을 이롭게 함이다. 오늘날 배우는 자가 자신을 위한다 함은, 제 몸을 닦아 세상에 나가 현달하고자 함이다.
무릇 배움이란 나무 심는 것과 같으니, 봄에는 그 꽃을 즐기고 가을에는 그 열매를 얻을 수 있다. 문장을 강론하는 것이 봄꽃이요, 자신을 수양하여 행동에 이롭게 함이 가을 열매이다.

古之學者爲己, 以補不足也; 今人學者爲人, 但能說之也. 古之學者爲人, 行道以利世也; 今人學者爲己, 脩身以求進也. 夫學者猶種樹也, 春玩其華, 秋登其實, 講論文章, 春華也, 脩身利行, 秋實也.

8-9 어릴 때 외운 것은 지금도 입에 붙어 있다

사람이 태어나 어릴 때에는 정신을 오로지하여 날카롭지만, 장성한 이후에는 사려가 산일한다. 진실로 모름지기 일찍부터 가르쳐 그 기회를 놓치지 말아야 한다. 나는 일곱 살 때에 〈영광전부靈光殿賦〉를 외워 오늘에 이르도록 10년에 한 번만 보아도 아직 잊지 않고 있다. 그러나 스무 살이 넘어서 외운 바의 경서經書는 한 달만 던져두어도 곧바로 황무荒無한 지경에 이르고 만다. 사람 중에는 곤궁함에 빠져 한창때 배움을 잃는 경우도 있다. 그래도 오히려 늦게라도 배워야 하며 스스로 포기해서는 안 된다.

공자孔子는 "50에 《역易》을 배워 가히 큰 과실은 없었다"라고 했다. 위무제魏武帝와 원유袁遺는 늙어서도 더욱 독실히 하였으니, 이는 모두가 어려서부터 배웠으면서도 늙어서도 싫증을 느끼지 않은 예이다. 증자曾子는 70에 배움을 시작하여 천하에 이름을 날려 석유碩儒(존경받는 이름난 유학자)가 되었으며, 공손홍公孫弘(한대漢代의 대학자)은 40 넘어 비로소 《춘추》를 배워 이로써 드디어 승상의 지위에 올랐다. 주운朱雲(한대漢代 인물로 젊어서 임협任俠을 좋아했음) 역시 40에 비로소 《역》과 《논어》를 배우기 시작하였으며, 황보밀皇甫謐(진晉나라 때 제자백가에 통달한 학자)은 20에 비로소 《효경》과 《논어》를 배웠다. 그런데 이들 모두 마침내 대유大儒가 되었으니, 이는 어려서는 미혹하였으나 만년에 깨닫게 된 이들이다.

세상 사람들은 관례나 혼례의 나이가 되도록 아직 배우지 않았다가 이미 늦었다고 말하면서 그런 인습에 젖어 담장을 마주하고 무식한 채 살고 있으니, 역시 어리석은 일이다. 어려서 배우는 것은 마치 해가 났을 때의 빛과 같으나, 늙어서 배우는 것은 마치 촛불을 잡고 밤에 걷는 것과 같다. 그렇다 해도 까막눈에 아무것도 볼 수 없는 것보다는 나으리라.

人生小幼, 精神專利, 長成已後, 思慮散逸, 固須早敎, 勿失機也. 吾七歲時, 誦〈靈光殿賦〉, 至於今日, 十年一理, 猶不遺忘; 二十之外, 所誦經書, 一月廢置, 便至荒蕪矣. 然人有坎壈, 失於盛年, 猶當晚學, 不可自棄. 孔子云: '五十以學《易》, 可以無大過矣.' 魏武 · 袁遺, 老而彌篤, 此皆少學而至老不倦也. 曾子七十乃學, 名聞天下; 荀卿五十, 始來遊學, 猶爲碩儒; 公孫弘四十餘, 方讀《春秋》, 以此遂登丞相; 朱雲亦四十, 始學《易》·《論語》; 皇甫謐二十, 始受《孝經》·《論語》; 皆終成大儒, 此並早迷而晚寤也. 世人婚冠未學, 便稱遲暮, 因循面牆, 亦爲愚耳. 幼而學者, 如日出之光, 老而學者, 如秉燭夜行, 猶賢乎瞑目而無見者也.

8-10 박사가 나귀를 사면서 나귀 려驢 자도 모른다

배움의 흥폐는 시대에 따라 경중이 있다. 한漢나라 때의 훌륭한 학자들은 모두가 하나의 경經으로써 성인의 도를 넓혀, 위로는 천시天時에 통하고 아래로는 인사人事를 포함하여, 이를 써서 경상卿相에 이른 자가 많았다.

그러나 말속末俗 이래로 다시 그러한 풍조는 부흥되지 못했다. 한갓 장구章句만을 고집하고 그저 스승의 말만 외워 이를 세상의 업무에 베풀었으나, 거의 한 가지도 쓸 만한 것이 없었다. 그 때문에 사대부의 자제는 모두가 널리 섭렵하는 것을 귀히 여겨, 한 가지만 전일專一하는 선비는 되지 않으려 했다. 양梁나라는 황손皇孫 이하 머리를 묶은 총관總丱의 나이가 되면 반드시 먼저 학문에 들어가 그가 뜻 둔 바를 관찰하여, 출사出仕한 이후에도 곧 관리의 일을 익히게 하였으나, 대체로 끝까지 마친 자가 없었다. 사대부 중에 이를 해낸 자는 하윤何胤·유환劉瓛·명산빈明山賓·주사周捨·주이朱异·주홍정周弘正·하침賀琛·하혁賀革·소자정蕭子正·유도劉縚 등으로, 이들은 문장과 관리官吏로서의 능력을 겸통하여 한갓 강설講說로만 한 것이 아니었다.

낙양洛陽에도 최호崔浩 · 장위張偉 · 유방劉芳 등이 이름이 났었고, 업하鄴下에는 다시 형자재邢子才가 드러났으니, 이 네 사람의 선비는 비록 경술經術을 좋아하였으나 역시 재주가 넓은 것으로도 이름을 떨쳤다.

이와 같은 여러 선비는 그 때문에 상품上品이 될 수 있었으나 그 밖에는 거의 농촌의 편벽한 사람들로, 음사音辭가 비루하고 풍조風操가 치졸하여, 서로 더불어 독단적이고 고집이 심해 견뎌 낼 수가 없었다. 한마디를 물으면 문득 수백 마디를 하고, 그 뜻의 귀결점을 파고들면 혹 설명을 해내지 못한다.

업하의 속담에 "박사란 자가 나귀 한 마리 사겠다고 계약서 세 장 쓰면서 나귀 려驢 자는 찾아볼 수 없다"라고 했다. 너희들에게 이런 사람을 스승으로 삼게 했다면 사람이 숨조차 막히고 말게 되었을 것이다.

공자孔子는 "배움에는 그 가운데에 녹祿이 있다"라고 했다. 지금 무익한 일에 힘쓴다면 이는 아마 공자가 말한 그 본업이 될 수 없을 듯하다. 무릇 성인의 글이란 가르침을 설정한 것이다. 단지 경문經文을 밝혀 익히고, 주석注釋은 대략 통하여 일상생활 내의 언행에 터득함이 있도록 하면, 역시 사람 되기에 족한 것이다. 어찌 반드시 '중니거仲尼居'를 두고 두 장이나 되는 소의疏義를 지어내어 '거居' 자를 연침燕寢이니 강당講堂이니 하며, 그곳이 어디를 뜻하는 것이라고 거듭 떠들 필요가 있겠는가? 시간은 가히 아껴야 할 것이니, 비유컨대 흐르는 물과 같다. 마땅히 그 기틀의 중요함을 널리 보아 이로써 공과 업적을 이루어야 한다. 필히 이 두 가지를 겸하여 함께 갖추어 훌륭히 할 수 있다면 나는 더 할 말이 없을 것이다.

學之興廢, 隨世輕重. 漢時賢俊, 皆以一經弘聖人之道, 上明天時, 下該人事, 用此致卿相者多矣. 末俗已來不復爾, 空守章句, 但誦師言, 施之世務, 殆無一可. 故士大夫子弟, 皆以博涉爲貴, 不肯專儒. 梁朝皇孫以下, 總丱之年, 必先入學, 觀其志尙, 出身已後, 便從文史, 略無卒業者. 冠冕爲此者, 則有何胤 · 劉瓛 · 明山賓 · 周捨 · 朱异 · 周弘正 · 賀琛 · 賀革 · 蕭子政 · 劉縚等, 兼通文史, 不徒講說也. 洛陽亦聞崔浩 · 張偉 · 劉芳, 鄴下又見邢子才: 此四儒者, 雖好經術, 亦以才博擅名. 如此諸賢, 故爲上品, 以外率多田野閒人, 音辭鄙陋, 風操蚩拙, 相與專固, 無所堪能, 問一言輒酬數百, 責其指歸, 或無要會. 鄴下諺云: '博士買驢, 書券三紙, 未有驢字.' 使汝以此爲師, 令人氣塞. 孔子曰: '學也, 祿在其中矣.' 今勤無益之事, 恐非業也. 夫聖人之書, 所以設敎, 但明練經文, 粗通注義, 常使言行有得, 亦足爲人; 何必'仲尼居'卽須兩紙疏義, 燕寢講堂, 亦復何在? 以此得勝, 寧有益乎? 光陰可惜, 譬諸逝水. 當博覽機要, 以濟功業; 必能兼美, 吾無閒焉.

8-11 모르면서 남을 비방하지 말라

세속의 선비들은 여러 책을 두루 섭렵하지 않고 그저 경서經書와 위서緯書 이외에 의소義疏(문자나 문장의 뜻과 내용 풀이)만을 볼 뿐이다. 내가 처음 업鄴에 들어와 박릉博陵(지금의 하북성河北省 안평현安平縣)의 최문언崔文彦과 교유하게 되었을 때, 《왕찬집王粲集》(왕찬은 삼국시대 문학가로 단부短賦에 능했음)에 있는 정현鄭玄(경학과 수학에 뛰어났던 동한東漢의 대학자)의 《상서尙書》 주를 힐난함에 대한 토론을 벌이게 되었다.

최문언이 여러 선비에게 이를 차례로 설명하자, 다른 사람들은 장차 그가 입을 열려고 하면 그 의견을 꼬집어 배척하면서 이렇게 말했다.

"문집이란 다만 시부詩賦와 명뢰銘誄(명銘은 공적과 미덕을 찬양하는 글이며, 뢰誄는 생존 시의 행적을 나열한 글)만을 싣는 것인데 어찌 경서를 논한 것이 있겠는가? 게다가 선유先儒 중에 왕찬이란 학자는 들어 보지도 못했다."

최문언은 이를 듣고 웃으면서 물러서되 끝내 《왕찬집》을 펴서 보여 주지 않는 것이었다.

또 위수魏收(《위서魏書》를 지은 북제北齊의 사학자)란 사람이 의조議曹에 재직할 때 여러 박사와 종묘宗廟에 관한 일을 의논하면서 "《한서漢書》를 근거로 인용했다"라고 했다. 그러자 박사들이 웃으면서 "《한서》를 근거로 경술經術을 증거한다는 말은 듣지 못하였소"라고 했다. 위수는 분노하여 더 이상 말을 하지 않고, 《한서》의 〈위현성전韋玄成傳〉을 찾아 이를 집어 던지고 일어섰다. 박사들이 밤새 서로 책을 뒤져 찾아내기 시작했다. 이튿날 날이 밝자 그제야 위수에게 찾아와 이렇게 사과했다.

"위현성(위현韋賢의 막내아들로 한원제 때 승상)이 이와 같은 학문을 가졌는지 미처 몰랐습니다."

俗間儒士, 不涉羣書, 經緯之外, 義疏而已. 吾初入鄴, 與博陵崔文彦交遊, 嘗說《王粲集》中難鄭玄《尙書》事. 崔轉爲諸儒道之, 始將發口, 懸見排蹙, 云: '文集只有詩賦銘誄, 豈當論經書事乎? 且先儒之中, 未聞有王粲也.' 崔笑而退, 竟不以《粲集》示之. 魏收之在議曹, 與諸博士議宗廟事, 引據《漢書》, 博士笑曰: '未聞《漢書》得證經術.' 收便忿怒, 都不復言, 取〈韋玄成傳〉, 擲之而起. 博士一夜共披尋之, 達明, 乃來謝曰: '不謂玄成如此學也.'

8-12 나는 현학을 좋아하지 않는다

무릇 《노자老子》와 《장자莊子》의 책은 대체로 전진양성全眞養性(천성을 온전히 하고 진성을 보전하여 그 신체를 손상시키지 않음)하여 외물이 자신을 얽어매는 것을 싫어하는 내용이다. 그 때문에 노자는 주사柱史(어사御史나 시랑侍郞 등의 조정 관리)라는 이름으로 자신을 숨겼다가 끝내는 유사流砂(아주 먼 곳)로 사라져 버렸다. 그런가 하면 장자는 칠원漆園에 종적을 숨겨 끝내 초楚나라 재상 자리를 사양했다. 이들은 임종任縱(멋대로 방종하는)의 무리일 뿐이다.

하안何晏과 왕필王弼(하안과 왕필 모두 삼국시대 위나라 사람)은 이러한 현학玄學을 조종祖宗으로 삼아 서술하여 서로 이어가며 과장하고 숭상하여, 마치 경부초미景附草靡(그림자가 붙어 다니고, 바람이 불면 풀이 눕듯이 영향 받음)하듯 했다. 모두가 신농神農과 황제黃帝의 교화가 자신의 몸에 있다고 여겼으며, 주공周公과 공자의 업은 도외시하여 버리고자 했다.

게다가 하평숙何平叔(하안)은 당을 짓다가 조상曹爽(삼국시대 위나라 사람이며 조조의 족손)에게 죽임을 당하였으니, 이는 권세의 법망에 걸려 죽음을 맞은 것이다.

왕필王弼은 남 비웃기를 잘하여 사람들로부터 질시를 받았으니, 이는 남 이기기를 좋아하는 함정에 빠진 것이다.

산도山濤는 재물 모으기에 힘써 비난을 입었으니, 이는 많이 모으면 많이 잃는다는 옛글을 위배한 것이다.

하후현夏侯玄은 재능과 명망 때문에 죽임을 당하였으니, 이는 《장자》가 말한 지리옹종支離擁腫(뒤틀리고 혹이 불거진 것들, 즉 무용지용無用之用의 가르침)의 감계鑑戒가 없었기 때문이다.

순봉천荀奉倩(순찬荀粲)은 아내를 잃고 상심한 끝에 죽었으니, 이는 《장자》의 고부지정鼓缶之情(동이를 두드리는 심정)과 차이가 있다.

왕이보王夷甫(왕연王衍)는 죽은 아들을 애도하다가 그 슬픔을 스스로 이겨 내지 못하였으니, 이는 《열자》의 동문오東門吳와는 다르다.

혜숙야嵇叔夜(혜강嵇康)는 풍속을 거슬렀다가 화를 당하였으니, 어찌 《노자》의 화광동진和光同塵(광채를 거두어 머금은 채 세속과 함께하고자 했던)의 유파라 할 수 있겠는가?

곽자현郭子玄(곽상郭象)은 행동이 지나쳤고 권세를 전횡하였으니, 이것이 어찌 후신외기後身外己(제 몸을 낮추어 뒤에 두고 자신의 생사를 도외시함)할 줄 아는 겸양의 모습이겠는가?

완사종阮嗣宗(완적阮籍)은 술에 절어 황미荒迷하였으니, 외도상계畏途相誡(위태로운 길에서 서로 조심을 시키라던)의 비유를 어그러뜨린 것이다.

사유여謝幼輿(사곤謝鯤)는 뇌물을 받다가 쫓겨났으니, 《회남자》 여어餘魚(여분의 물고기조차 도로 놓아주었던)의 본뜻을 저버린 것이다.

저들 여러 사람은 모두가 그 영수領首로서 현종玄宗이 귀의하는 바였다. 그 밖의 질곡桎梏과 진재塵滓 속에 묻혀 명리名利 아래에 엎어져 살던 이들이야 어찌 가히 갖추어 언급하겠는가?

곧바로 그 청담아론清談雅論만을 취하고 현미玄微함만을 부석剖析하여 빈주賓主 사이에 주고받으면서 마음과 귀의 오락으로 삼는 것일 뿐, 세상을 구제하고 풍속을 이루는 요체는 아니다.

양梁나라 때에 이르러 이러한 풍조가 다시 드러나 《장자》·《노자》·《주역》을 묶어 '삼현三玄'이라 했다. 양나라 무황제武皇帝와 간문제簡文帝가 몸소 스스로 강론하자, 주홍정周弘正이 이를 받들어 대유大猷(굉장히 큰 계획, 치국의 대도)를 찬술했다. 이러한 풍조가 도읍마다 행해져 배우는 무리가 1000여 명이나 되었으니 정말로 대단했다.

원제元帝는 강릉江陵과 형주荊州에 있을 때에도 다시 이를 익히기를 즐겨했다. 그리하여 학생을 불러 모아 친히 교수가 되었으며, 잠자는 것과 먹는 것조차 잊고 밤이 새벽이 되도록 열성이었다. 심지어 피곤이 극에 달하거나 근심으로 울적할 때면 문득 강의로써 스스로 풀기도 했다.

나는 당시 거의 그 말석末席에 참여하여 친히 그 음성과 요지를 들었으나 타고난 성격이 이미 완고하고 노둔하였던 터라 역시 좋아하지는 않았다.

夫《老》·《莊》之書, 蓋全眞養性, 不肯以物累己也. 故藏名柱史, 終蹈流沙; 匿跡漆園, 卒辭楚相, 此任縱之徒耳. 何晏·王弼, 祖述玄宗, 遞相誇尙, 景附草靡, 皆以農·黃之化, 在乎己身, 周·孔之業, 棄之度外. 而平叔以黨曹爽見誅, 觸死權之網也; 輔嗣以多笑人被疾, 陷好勝之穽也; 山巨源以蓄積取譏, 背多藏厚亡之文也; 夏侯玄以才望被戮, 無支離擁腫之鑒也; 荀奉倩喪妻, 神傷而卒, 非鼓缶之情也; 王夷甫悼子, 悲不自勝, 異東門之達也; 嵇叔夜排俗取禍, 豈和光同塵之流也? 郭子玄以傾動專勢, 寧後身外己之風也? 阮嗣宗沈酒荒迷, 乖畏途相誡之譬也; 謝幼輿贓賄黜削, 違棄其餘魚之旨也; 彼諸人者, 並其領袖, 玄宗所歸. 其餘桎梏塵滓之中, 顚仆名利之下者, 豈可備言乎! 直取其淸談雅論, 剖玄析微, 賓主往復, 娛心悅耳, 非濟世成俗之要也. 洎於梁世, 玆風復闡, 《莊》·《老》·《周易》, 總謂三玄. 武皇·簡文, 躬自講論. 周弘正奉贊大猷, 化行都邑, 學徒千餘, 實爲盛美. 元帝在江 · 荊間, 復所愛習, 召置學生, 親爲教授, 廢寢忘食, 以夜繼朝, 至乃倦劇愁憤, 輒以講自釋. 吾時頗預末筵, 親承音旨, 性既頑魯, 亦所不好云.

8-13 황후의 병간호로 죽은 황제

제齊나라 효소제孝昭帝(제5대 황제 고연高演)는 어머니인 누태후婁太后의 병을 간호하느라 용색이 초췌해지고 먹는 것도 줄어들었다. 서지재徐之才(북제 때 의술이 뛰어났던 인물)가 태후에게 두 곳의 뜸을 놓을 때 황제가 어머니의 손을 잡고 그 통증을 대신하려 했다. 그런데 어머니의 손톱이 손바닥 안을 파고들어 황제의 손에 피가 가득했다.

태후는 나았지만, 황제가 도리어 병이 들어 붕어하고 말았다. 그때 황제는 산릉지사山陵之事(천자의 능묘의 일, 즉 장례)를 보지 못하고 죽는 것이 한스럽다고 유조遺詔를 남겼다.

그는 천성이 지효至孝함이 이와 같았지만 삼가고 꺼려야 할 일을 몰랐으니 이는 배우지 못하였기 때문에 생긴 것이다.

만약 옛사람이 "그 어머니가 일찍 죽어 이를 슬피 울자"라고 한 것을 두고 비웃었다는 고사를 보았다면, 이러한 유조를 말하지는 않았을 것이다. 효란 백행의 으뜸이다. 그렇건만 모름지기 배워서 이를 잘 다듬어야 하거늘 하물며 그 나머지 다른 일에 있어서랴!

齊孝昭帝侍婁太后疾, 容色顦悴, 服膳減損. 徐之才爲灸兩穴, 帝握拳代痛, 爪入掌心, 血流滿手. 后既痊愈, 帝尋疾崩, 遺詔恨不見山陵之事. 其天性至孝如彼, 不識忌諱如此, 良由無學所爲. 若見古人之譏欲母早死而悲哭之, 則不發此言也. 孝爲百行之首, 猶須學以脩飾之, 況餘事乎!

8-14 옴으로 고생하면서 독서로 이를 극복한 황제

양원제梁元帝가 일찍이 나에게 이런 말을 해 준 적이 있다.

"지난날 내가 회계會稽에 있을 때 나이 열두 살에 곧 배움을 좋아하였지요. 그때 마침 옴이 올라 손으로는 주먹을 쥘 수 없었고, 무릎으로는 굴신할 수도 없었다오. 그래서 조용한 재실齋室에 칡으로 만든 휘장을 치고 파리를 막으면서, 혼자 앉아 은 항아리에 산음山陰의 첨주甛酒를 담아 놓고 때때로 이를 마시며 통증을 줄였지요. 그러면서 보고 싶은 대로 혼자 사서史書를 읽었는데 하루에 스무 권씩이나 보았소. 그러나 스승의 가르침이 없어 혹 한 글자를 모르거나, 혹 한 구절을 풀지 못하면 오직 스스로 거듭 읽으면서도 싫증은커녕 권태도 몰랐다오."

황제의 아들 같은 높은 지위에다가 놀기 좋아하는 어린아이 시절임에도 오히려 능히 이와 같았거늘 하물며 흔한 선비로서 스스로 통달하기를 바라는 자임에랴?

梁元帝嘗爲吾說: '昔在會稽, 年始十二, 便已好學. 時又患疥, 手不得拳, 膝不得屈. 閑齋張葛幃避蠅獨坐, 銀甌貯山陰甛酒, 時復進之, 以自寬痛. 率意自讀史書, 一日二十卷, 旣未師受, 或不識一字, 或不解一語, 要自重之, 不知厭倦.' 帝子之尊, 童稚之逸, 尙能如此, 況其庶士, 冀以自達者哉?

8-15 가난을 이겨 낸 고학苦學들

옛사람은 배움에 부지런히 하여 송곳으로 찌르기도 하고, 도끼를 던져 점을 치기도 하였고, 흰 눈에 책을 비추어 읽고, 반딧불이를 모아 공부한 사람이 있으며, 김매면서도 경經을 휴대하고, 양을 치면서도 부들을 간편簡編으로 만들어 글씨를 쓴 사람도 있으니, 역시 부지런하고 독실하였던 사례이다.
양梁나라 때 팽성彭城의 유기劉綺는 교주자사交州刺史 유발劉勃의 손자였는데 어려 고아가 되어 집이 가난했다.
촛불조차 구하기 어려워 늘 갈대 줄기를 사서 이를 마디마디 끊어 태워 밝히며 밤에 글을 읽었다.
효원제孝元帝가 회계會稽 태수로 출임出任하여 관리를 가려 뽑을 때, 유기는 재능이 훌륭하다 하여 나라의 상시겸기실常侍兼記室의 벼슬이 되어 특별히 예우를 입었으며, 금자광록金紫光祿으로 벼슬을 마치게 되었다.
그리고 의양義陽(지금의 하남성河南省 동백현桐柏縣)의 주첨朱詹은 대대로 강릉江陵에 살다가 뒤에 양도揚都(지금의 남경시南京市)로 나온 자로서, 배움을 좋아하였으나 집이 가난하여 먹을 것이 없었다. 며칠을 밥 지을 불도 지피지 못한 채 때때로 종이를 삼켜 배를 채우곤 했다. 겨울에는 깔고 덮을 것도 없어 개를 껴안고 자기도 했다. 개 역시 춥고 허기가 지자 밖으로 나가 훔쳐 먹기에 이르고 말았다. 주첨이 소리쳐 불렀지만, 그 개는 돌아오지 않아 슬피 부르는 소리가 이웃을 감동시켰다. 그러나 끝내 학업을 그만두지 않아 마침내 학사學士가 되어 벼슬이 진남록사참군鎭南祿事參軍에 올라 효원제孝元帝의 예우를 받았다. 이는 가히 해낼 수 없는 일이었으니, 역시 부지런히 공부한 사람 중의 하나이다.
동완東莞(지금의 산동성山東省 거현莒縣)의 장봉세臧逢世는 나이 스물이 넘어 반고班固의 《한서漢書》를 읽고 싶었지만, 남에게 빌린 책을 오래 가지고 있을 수 없었다. 이에 매형 유완劉緩에게 남으로부터 받은 명함이나 편지의 빈자리가 있는 종이를 구걸하여 손으로 그 책 한 권을 모두 베꼈다. 군부軍府에서 그 뜻의 고상함에 감복하였고, 마침내 《한서》의 대가로 이름을 날리게 되었다.

古人勤學, 有握錐投斧, 照雪聚螢, 鋤則帶經, 牧則編簡, 亦爲勤篤. 梁世彭城劉綺, 交州刺史勃之孫, 早孤家貧, 燈燭難辦, 常買荻尺寸折之, 然明夜讀. 孝元初出會稽, 精選寮寀, 綺以才華, 爲國常侍兼記室, 殊蒙禮遇, 終於金紫光祿. 義陽朱詹, 世居江陵, 後出揚都, 好學, 家貧無資, 累日不爨, 乃時呑紙以實腹. 寒無氈被, 抱犬而臥. 犬亦飢虛, 起行盜食, 呼之不至, 哀聲動鄰, 猶不廢業, 卒成學士, 官至鎭南錄事參軍, 爲孝元所禮. 此乃不可爲之事, 亦是勤學之一人. 東莞臧逢世, 年二十餘, 欲讀班固《漢書》, 苦假借不久, 乃就姊夫劉緩乞丐客刺書翰紙末, 手寫一本, 軍府服其志尙, 卒以《漢書》聞.

8-16 오랑캐 출신이면서 학업을 이룬 인물

제齊나라 때 환관 벼슬의 내참內參에 전붕란田鵬鸞이란 자가 있었는데 본래 오랑캐 출신이었다. 나이 열다섯에 처음 혼시閽寺(혼인閽人은 궁궐의 문지기, 시인寺人은 내시와 궁녀를 관리하는 직책)가 되었으며 학문을 좋아하여 품에 책을 가지고 다니며 아침저녁으로 외우곤 했다. 그는 지위가 낮고 말단이었기 때문에 고생이 심하였지만 때때로 틈을 엿보아 두루 돌아다니며 묻고 가르침을 청했다. 매번 문림관文林館(문인을 모아 대조待詔를 담당하던 곳)에 이르면 숨이 차고 땀을 흘리면서 책의 내용을 묻는 것 외에는 다른 잡담을 할 겨를이 없었다. 옛사람의 절의지사節義之事를 볼 때마다 감격하여 오랫동안 침잠하여 읊지 않은 적이 없었다.

나는 그를 매우 아끼고 불쌍히 여겨 더욱더 깨우쳐 주고 격려해 주었다. 뒤에 그는 임금의 상으로 경선敬宣이란 이름을 하사받았고, 지위가 시중개부侍中開府에까지 올랐다.

후주後主(북제의 황제 고위高緯)가 청주靑州로 피신할 때, 그를 서쪽으로 보내어 주周나라의 동정을 살피는 임무를 맡게 되었다. 그러나 그때 그만 주나라 군대에 잡히고 말았다. 그들이 "제나라 임금이 어디 있느냐?"라고 묻자 그는 거짓으로 "이미 멀리 떠났소. 계산해 보면 지금쯤 의당 국경을 넘었을 것이오"라고 했다. 주나라 군대는 그의 말을 믿을 수 없다고 의심하여 구타해서 그를 굴복시키려 했다. 그는 매번 사지 하나가 부러질 때마다 말씨와 얼굴색이 더욱 굳건하였고, 결국 사지가 절단당한 뒤 죽고 말았다. 만이蠻夷 출신의 어린 총각도 오히려 능히 학문으로써 충성을 이루었는데, 제나라의 장상將相은 경선의 노비에 비해도 그만 못했다.

齊有宦者內參田鵬鸞, 本蠻人也. 年十四五, 初爲閽寺, 便知好學, 懷袖握書, 曉夕諷誦. 所居卑末, 使彼苦辛, 時伺閒隙, 周章詢請. 每至文林館, 氣喘汗流, 問書之外, 不暇他語. 及覩古人節義之事, 未嘗不感激沈吟久之. 吾甚憐愛, 倍加開獎. 後被賞遇, 賜名敬宣, 位至侍中開府. 後主之奔青州, 遣其西出, 參伺動靜, 爲周軍所獲. 問齊主何在, 紿云: '已去, 計當出境.' 疑其不信, 歐捶服之, 每折一支, 辭色愈厲, 竟斷四體而卒. 蠻夷童丱, 猶能以學成忠, 齊之將相, 比敬宣之奴不若也.

8-17 나를 모신다고 너희들 학문을 폐할 수야

업鄴이 평정된 후 북제北齊의 왕실이 모두 관중關中으로 붙들려 가게 되었다. 그때 나의 맏이 사로思魯가 나에게 이렇게 말했다.

"우리는 조정에 아무런 직위를 가진 것이 없고, 집안에는 쌓아 놓은 재물이 없으니 의당 근력을 다하여 아버님을 봉양해 드리고자 합니다. 그러나 매번 과거에 쫓기어 힘써 경사經史를 공부해야 하니, 모르겠습니다. 아들 된 자가 가히 편안한 마음으로 해낼 수 있을지?"

그때 나는 이렇게 명했다.

"아들 된 자는 의당 봉양하는 일을 마음으로 삼아야 하고, 아비 된 자는 의당 학문으로써 가르침 삼아야 한다. 너로 하여금 학문을 버리고 재물을 좇게 한다면 나에게 의식을 풍족하게 해 준들 먹는 것이 어찌 달겠으며 입는 것이 어찌 따뜻하겠느냐? 만약 선왕先王의 도에 힘써 우리 집안을 대대로 이어 준다면 여갱藜羹(명아주로 끓인 국. 맛없고 거친 음식의 비유)을 먹고 온갈縕褐(낡은 옷)을 입더라도 나는 스스로 그렇게 하고자 한다."

鄴平之後, 見徙入關. 思魯嘗謂吾曰: '朝無祿位, 家無積財, 當肆筋力, 以申供養. 每被課篤, 勤勞經史, 未知爲子, 可得安乎?' 吾命之曰: '子當以養爲心, 父當以學爲教. 使汝棄學徇財, 豐吾衣食, 食之安得甘? 衣之安得暖? 若務先王之道, 紹家世之, 藜羹縕褐, 我自欲之.'

8-18 남에게 묻기를 좋아하면 부자가 된다

《서書》에는 "남에게 묻기를 좋아하면 부유해진다"라고 하였고, 《예禮》에는 "홀로 배워 친구가 없으면 고루하여 들음이 적게 된다"라고 했다. 대체로 모름지기 절차切磋하여 서로 명철함을 일으켜 주어야 한다. 내 보건대 문을 닫고 독서하여 자기 마음 가는 것이 곧 스승이라 옳게 여기다가, 사람이 모여 둘러앉아 토론할 때 오류와 차실差失을 드러내는 자가 많다.

《곡량전穀梁傳》에 공자우公子友와 거나莒挐가 서로 싸우자, 좌우가 '맹로孟勞'라는 말을 들어 공자우에게 일러 주었다. '맹로'란 노魯나라의 보도寶刀 이름으로 《광아廣雅》에도 보인다. 그런데 근래 제齊나라 때에 강중악姜仲岳이란 사람은 "'맹로'란 공자를 모시고 있는 측근으로 성은 맹씨요 이름은 노勞이다. 힘이 센 인물로 나라의 보배로 여겨졌다"라고 하여, 나와 괴로운 논쟁을 벌였다. 당시 청하군수淸河郡守 형치邢峙가 있었는데 당대의 석학으로 나를 도와 이를 증명해 주자, 그는 얼굴이 붉어진 채 굴복했다.

다시 《삼보결록三輔決錄》에 "한漢나라 영제靈帝가 궁전 기둥에 '당당하다. 자장子張이여, 경조京兆(수도를 지칭. 여기서는 장안)의 전랑田郎(동한東漢 때 인물인 전봉田鳳)이 그와 같도다'라고 썼다"라는 기록이 있다. 대체로 《논어》를 인용하여 사언四言으로 짝을 맞추어 경조 사람 전봉田鳳을 품평한 것이다. 그런데 어떤 한 재사才士가 이를 두고 “당시 장경조張京兆와 전랑田郞 두 사람만이 모두 당당할 뿐이다”라고 말했다. 그런데 그가 나의 풀이를 듣고 처음에는 크게 놀라더니 나중에는 부끄러움을 금치 못했다.

강남江南에 어떤 권세 있는 귀족이 잘못된 판본의 〈촉도부蜀都賦〉 주석注釋을 읽어 “준치蹲鴟는 토란(芋)이다”라는 해석에서 우芋를 양羊 자인 줄 알았다. 그래서 어떤 이가 그에게 양고기를 보내오자 답장에 “준치를 나누어 주신 은혜”라고 썼다. 온 조정이 모두 놀랐지만, 그 뜻을 알 수가 없었다. 한참 후에 그 일의 내용을 찾아보고서야 비로소 이와 같았음을 알게 되었다.

북위北魏시대 낙양洛陽에 있을 때 하나의 재학才學 중신重臣이 새로이 《사기음史記音》이라는 책을 얻었는데 자못 오류가 많았다. 그래서 '전욱顓頊'이라는 글자 중에 욱頊 자는 의당 '허록반許錄反(혹)'이어야 하는데 잘못하여 '허연반許緣反(현)'이라 되어 있었다. 이에 드디어 조정의 선비들은 “종래 잘못하여 '전욱專旭'으로 읽어 왔으나 의당 '전현專翾'으로 읽어야 한다”라고 했다. 이 사람은 원래부터 높은 명성이 있어 모두들 흡연洽然히 믿고 따르게 되었다. 1년 후 또 다른 석유碩儒가 고심하여 연구해 본 결과 비로소 오류였음을 알게 되었다.

《한서漢書》 〈왕망전王莽傳〉 찬贊에 “자색을 정색正色으로 삼고, 음성淫聲을 정성正聲으로 삼았으며 윤달을 정위正位로 삼았다”라고 하여 거짓으로써 진실을 어지럽힐 뿐임을 말했다. 옛날 내가 여러 사람과 이 책을 논하면서 이야기하다가 왕망의 생김새까지 언급하게 되었다. 그때 하나의 준사俊士가 스스로 사학史學에 대하여 자신 있고 명성도 심히 높았는데 “왕망은 생김새가 치목호문鴟目虎吻(올빼미 눈에 범의 입술)의 모습일 뿐만 아니라 보랏빛 피부에 개구리울음 같은 목소리였다”라고 풀이했다.

또 《예악지禮樂志》에 “급태관동마주給太官挏馬酒”라는 구절에 이기李奇는 “말의 젖으로 만든 술이다. 종동揰挏하여 만든다”라고 주注를 달았다.

여기서 종동揰挏 두 글자는 모두가 수手를 따르고 있다. 종동이란 당도정동撞

擣挺挏(위아래로 흔드는)하는 작업을 말하며 지금 낙주酪酒를 만들 때 역시 이같이 한다.
지난날 학사들은 오동나무를 심을 때 태관太官이 마주馬酒를 담가 이에 숙성시키는 것이라 여겼다. 그 고루함이 드디어 여기에까지 이르게 된 것이다.
태산太山 사람 양숙羊肅도 역시 학문으로 이름이 난 자로서, 반악潘岳의 〈한거부閑居賦〉의 "주문약지지조周文弱枝之棗"의 지枝를 장책杖策의 장杖으로 읽었으며, 《세본世本》의 "용객조력容成造歷"의 력歷을 대마碓磨의 마磨 자로 잘못 읽었다.

《書》曰: '好問則裕.' 《禮》云: '獨學而無友, 則孤陋而寡聞.' 蓋須切磋相起明也. 見有閉門讀書, 師心自是, 稠人廣坐, 謬誤差失者多矣. 《穀梁傳》稱公子友與莒挐相搏, 左右呼曰'孟勞'. '孟勞'者, 魯之寶刀名, 亦見《廣雅》. 近在齊時, 有姜仲岳謂: '"孟勞"者, 公子左右, 姓孟名勞, 多力之人, 爲國所寶.' 與吾苦諍. 時清河郡守邢峙, 當世碩儒, 助吾證之, 赧然而伏. 又《三輔決錄》云: '靈帝殿柱題曰: "堂堂乎張, 京兆田郎."' 蓋引《論語》, 偶以四言, 目京兆人田鳳也. 有一才士, 乃言: '時張京兆及田郎二人皆堂堂耳.' 聞吾此說, 初大驚駭, 其後尋愧悔焉. 江南有一權貴, 讀誤本〈蜀都賦〉注, 解'蹲鴟, 芋也', 乃爲'羊'字; 人饋羊肉, 答書云: '損惠蹲鴟.' 擧朝驚駭, 不解事義, 久後尋迹, 方知如此. 元氏之世, 在洛京時, 有一才學重臣, 新得《史記音》, 而頗紕繆, 誤反'顓頊'字, 頊當爲許錄反, 錯作許緣反, 遂謂朝士言: '從來謬音"專旭", 當音"專翾"耳.' 此人先有高名, 翕然信行; 期年之後, 更有碩儒, 苦相究討, 方知誤焉. 《漢書》王莽贊云: '紫色蠅聲, 餘分閏位.' 謂以僞亂眞耳. 昔吾嘗共人談書, 言及王莽形狀, 有一俊士, 自許史學, 名價甚高, 乃云: '王莽非直鴟目虎吻, 亦紫色蛙聲.' 又《禮樂志》云: '給太官挏馬酒.' 李奇注: '以馬乳爲酒也, 揰挏乃成.' 二字並從手. 揰挏, 此謂撞擣挺挏之, 今爲酪酒亦然. 向學士又以爲種桐時, 太官釀馬酒乃熟. 其孤陋遂至於此. 太山羊肅, 亦稱學問, 讀〈潘岳賦〉: '周文弱枝之棗', 爲杖策之杖; 《世本》: '容成造歷.' 以歷爲碓磨之磨.

8-19 귀로 들은 것은 믿지 말라

이야기를 나누거나 문장에서 옛일을 끌어들여 인용하고자 할 때는 반드시 눈으로 직접 본 것이어야 한다. 귀로 들은 것을 믿지 않도록 하라. 강남江南의 향리에서는 사대부라도 학문을 제대로 하지 못하였으면서 비루하고 질박한 말을 한다면 이를 부끄럽게 여긴다. 그런데도 도청도설道聽塗說한 것을 억지로 수식하여 말 맞추기를 좋아하는 사람이 있다. 전당 잡히거나 인질이 되는 것을 주정周鄭이라 하고, 곽란霍亂을 박륙博陸이라 하고, 형주荊州에 가는 것을 섬서陝西에 간다고 하고, 양주揚州에 가는 것을 해군海郡에 간다고 하고, 밥을 말할 때면 호구餬口라 하고, 동전을 말할 때면 공방孔方이라 하고, 이사 가는 사람을 위문할 때 초구楚丘라 하고, 혼인을 논할 때는 연이宴爾라 하며, 왕씨王氏라면 중선仲宣이라 하지 않는 경우가 없고, 유씨劉氏라면 무조건 공간公幹이라 말한다.
이런 예가 무릇 100~200건이나 되며 계속 전해져 이어 오되, 그 이유를 물으면 원래의 유래는 모른 채 인용할 때마다 거듭 잘못을 저지른다.
《장자莊子》의

때를 만나 까치처럼 날아오르다 乘時鵲起

라는 말이 있다. 이에 사조謝朓의 시에

까치가 날아 오대에 오르다 鵲起登吳臺

라는 것이 있다. 외사촌 중에 한 분이 〈칠석七夕〉이라는 시에

오늘 밤 오대의 까치도 역시 함께 은하수에 다리 놓으러 갔구나
今夜吳臺鵲, 亦共往塡河

라는 시가 있다. 〈나부산기羅浮山記〉에는

평지의 나무들이 마치 냉이풀처럼 작게 보이네　　望平地樹如薺

라는 구절이 있어 그 때문에 대호戴暠(남조 양나라 때 인물)의 시에

장안의 나무들이 냉이 같도다　　長安樹如薺

라고 했다. 그런데 업하鄴下의 어떤 사람의 〈영수詠樹〉라는 시에

멀리 장안의 냉이 풀을 보도다　　遙望長安薺

라고 했다. 내 일찍이 보건대 긍탄矜誕(우쭐거리며 거만함)을 과비夸毗(몸을 굽실거림)와 같은 뜻인 줄 잘못 알고 있는가 하면, 나이 많은 이를 두고 부유춘추富有春秋(앞으로 누릴 해가 창창함)라고 하니, 이는 모두가 이학耳學(귀로 전해들어 배움) 때문에 생긴 과오이다.

談說製文, 援引古昔, 必須眼學, 勿信耳受. 江南閭里間, 士大夫或不學問, 羞爲鄙朴, 道聽塗說, 强事飾辭: 呼徵質爲周·鄭, 謂霍亂爲博陸, 上荊州必稱陝西, 下揚都言去海郡, 言食則餬口, 道錢則孔方, 問移則楚丘, 論婚則宴爾, 及王則無不仲宣, 語劉則無不公幹. 凡有一二百件, 傳相祖述, 尋問莫知原由, 施安時復失所. 莊生有乘時鵲起之說, 故〈謝朓詩〉曰: '鵲起登吳臺.' 吾有一親表, 作〈七夕詩〉云: '今夜吳臺鵲, 亦共往塡河.' 〈羅浮山記〉云: '望平地樹如薺.' 故〈戴暠詩〉云: '長安樹如薺.' 又鄴下有一人〈詠樹詩〉云: '遙望長安薺.' 又嘗見謂矜誕爲夸毗, 呼高年爲富有春秋, 皆耳學之過也.

8-20 문자는 책을 연구하는 근본이다

무릇 문자文字라 하는 것은 분적墳籍을 연구하는 근본이다. 세상에 학문한다는 무리는 대체로 글자에 대하여 잘 모른 채, 오경五經을 읽는 자가 서막徐邈(진晉나라 때 학자. 《오경음훈五經音訓》을 지어 허신을 비판함)은 옳게 여기면서 허신許愼(동한 때의 경학자)은 그르다 한다. 그리고 부賦와 송誦을 익히는 자라면서 저전褚詮(송나라 학자 저전지褚詮之)을 믿으면서 여침呂忱을 홀시한다.

《사기史記》에 밝다는 자가 서광徐廣과 추탄생鄒誕生은 오로지하면서 전서篆書와 주서籀書는 팽개치고, 《한서漢書》를 배우는 자가 응소應劭와 소림蘇林의 책은 즐겨 하면서 《창힐서蒼頡書》와 《광아廣雅》는 별것 아니라 여긴다. 글자의 음이란 지엽枝葉일 뿐이요, 소학小學이 그 종계宗系(근본)가 된다는 사실을 모르는 것이다.

심지어 복호服虔 장읍張揖의 음의音義에 관한 것이라면 귀중한 것으로 여기면서, 그들 《통속문通俗文》이나 《광아》를 얻으면 별것 아닌 것으로 여긴다. 같은 한 사람의 손에서 나온 이론도 향배向背가 이와 같거늘, 하물며 시대가 다르거나 사람이 다른 경우에야 어떠하겠는가?

夫文字者, 墳籍根本. 世之學徒, 多不曉字: 讀五經者, 是徐邈而非許愼; 習賦誦者, 信褚詮而忽呂忱; 明《史記》者, 專徐 · 鄒而廢篆籀; 學《漢書》者, 悅應 · 蘇而略《蒼》 · 《雅》. 不知書音是其枝葉, 小學乃其宗系. 至見服虔 · 張揖音義則貴之, 得《通俗》 · 《廣雅》而不屑. 一手之中, 向背如此, 況異代各人乎?

8-21 견문을 넓혀라

무릇 배우는 자는 능히 견문을 넓히는 것을 귀히 여겨야 한다. 군국郡國의 산천과 관위官位와 족성族姓, 그리고 의복 · 음식 · 기명器皿 · 제도制度에 대하여는 모두 그 뿌리를 찾아 그 원본原本을 밝히고자 해야 한다.
문자文字에 이르러서는 소홀히 하여 의심을 품지 않고 있다가는, 자기의 성명조차도 간혹 괴천乖舛(잘못되고 어그러짐)하는 경우가 있다. 하면 비록 오류를 범하지 않더라도 역시 그 유래를 모르는 경우가 흔하다.
근래 어떤 사람이 아들 이름을 지으면서 형제 모두에게 '산山' 자를 편방으로 하여 글자를 짓느라 이름에 치峙가 들어가기도 하고 형제 모두에게 '수手'를 편방으로 짓느라 기機 자 이름이 있게 되었으며, 형제 모두에게 '수水'의 편방을 넣어 짓느라 응凝 자 이름이 있었다.
명유석학名儒碩學이면서도 이러한 예가 심히 많다. 만약 "종소리 음이 맞지 않다는 나의 말을 아는 자가 있으리라"라고 한 고사를 알게 된다면 얼마나 우스운 일이 되겠는가?

夫學者貴能博聞也. 郡國山川, 官位姓族, 衣服飮食, 器皿制度, 皆欲根尋, 得其原本; 至於文字, 忽不經懷, 己身姓名, 或多乖舛, 縱得不誤, 亦未知所由. 近世有人爲子制名: 兄弟皆山傍立字, 而有名峙者; 兄弟皆手傍立字, 而有名機者; 兄弟皆水傍立字, 而有名凝者. 名儒碩學, 此例甚多. 若有知吾鍾之不調, 一何可笑?

8-22 두 지명의 유래

내가 일찍이 제齊 문선제文宣帝를 모시고 병주幷州에 가면서, 정형관井陘關으로부터 상애현上艾縣에 오르게 되었다. 그 현의 동쪽 수십 리에 엽려촌獵閭村이라는 곳이 있었다. 뒤에 조정의 백관들이 진양晉陽의 동쪽 100여 리쯤에 있는 항구성亢仇城이란 곳에서 말 먹일 풀을 거두어 받고 있었다. 그러나 이 두 곳이 어느 지역인지 알 수 없어 고금의 기록을 널리 찾아보았지만, 누구 하나 아는 자가 없었다.

그러다가 《자림字林》과 《운집韻集》을 찾아보고서야 엽려촌은 바로 옛날 엽여취 䙰餘聚란 곳이요, 항구성은 옛날의 만구정𥢢𠃧亭이었던 곳으로, 모두가 상애현上艾縣(지금의 산서성山西省 평정현平定縣 동남 지역)에 속하였던 지역임을 알게 되었다.

당시 태원太原 사람 왕소王劭(북제 말기의 학자)가 향읍鄕邑의 기록에 주를 달고자 하던 차였는데, 내가 이 두 곳의 지명 유래를 들려주자 아주 기뻐했다.

吾嘗從齊主幸幷州, 自井陘關入上艾縣, 東數十里, 有獵閭村. 後百官受馬糧在晉陽東百餘里亢仇城側. 並不識二所本是何地, 博求古今, 皆未能曉. 及檢《字林》·《韻集》, 乃知獵閭是舊䙰餘聚, 亢仇舊是𥢢𠃧亭, 悉屬上艾. 時太原王劭欲撰鄕邑記注, 因此二名聞之, 大喜.

8-23 〈회이수螝二首〉의 고증

내가 처음 《장자莊子》의 〈회이수螝二首〉란 부분을 읽을 때, 《한비자韓非子》의 "벌레 중에 회란 것이 있다. 한 몸체에 입이 둘이어서 먹을 것을 두고 서로 물고 싸우다가 결국 서로를 죽인다"라는 것을 보게 되었다. 망연히 이 글자의 음이 무엇인지 알 수 없어, 만나는 사람마다 물어보았지만 끝내 풀이해 주는 자가 없었다. 《이아爾雅》 등 여러 책을 근거해 보니 "누에의 번데기(蠶蛹)를 이름하여 회螝라 한다"라고 했다. 그러나 《장자》에 말한 바의 입이 둘이어서 탐해貪害하는 생물은 아니었다. 뒤에 《고금자고古今字詁》를 보니, 이 글자는 비로 회虺 자의 고자古字였다. 몇 년 묵었던 체증이 확연히 안개 걷히듯 해결되었다.

吾初讀《莊子》'螝二首', 《韓非子》曰: '蟲有螝者, 一身兩口, 爭食相齕, 遂相殺也.', 茫然不識此字何音, 逢人輒問, 了無解者. 案:《爾雅》諸書, 蠶蛹名螝, 又非二首兩口貪害之物. 後見《古今字詁》, 此亦古之虺字, 積年凝滯, 豁然霧解.

8-24 백수泊水

일찍이 내가 조주趙州(지금의 하북성河北省 조현趙縣)에 들렀을 때, 백인성柏人城 북쪽에 작은 시내가 있었다. 그런데 그곳 사람조차도 그 냇물 이름이 무엇인지 알지 못했다. 뒤에 성의 서문에 세워진 서정徐整의 비문을 보니 "얕은 물이 동쪽으로 향해 흐른다(泊流東指)"라고 쓰여 있었다. 누구도 그것이 무슨 뜻인지 몰랐다. 내가 《설문說文》을 상고해 보니, 이 '백泊'이라는 글자는 '백魄'의 고자이며 '백泊'이란 얕은 물을 뜻함을 알았다. 이 물은 한漢나라 이래로 본래 이름이 없는 냇물이었으므로, 그냥 얕게 흐르는 모습으로 이를 형용한 것이다. 혹시 마땅히 이 '백泊'으로 그 물 이름을 지어도 되지 않을까?

嘗遊趙州, 見柏人城北有一小水, 土人亦不知名. 後讀城西門徐整碑云: '泊流東指.' 衆皆不識. 吾案《說文》, 此字古魄字也, 泊, 淺水貌. 此水漢來本無名矣, 直以淺貌目之, 或當卽以泊爲名乎?

8-25 물물勿勿

세간의 편지글에 흔히 물물勿勿이라 칭하여 쓰고 있다. 계속 그렇게 쓰고 이어왔으나 그 유래를 알 수 없었다. 혹자는 이를 홀홀忽忽의 잔결殘缺(획을 완전히 갖추지 않음)일 뿐이라고 마구 말하는 사람도 있다.

내가 《설문해자說文解字》를 상고해 보니 이렇게 되어 있었다.

"물勿이란 큰 고을이나 마을에 세워 둔 깃발이다. 그 깃대가 세 개의 기폭의 형상을 그린 것으로, 백성들의 작업을 고취하는 것이다. 그러므로 총망悤忙하고 급한 경우를 물물勿勿이라 한다."

世中書翰, 多稱勿勿, 相承如此, 不知所由, 或有妄言此忽忽之殘缺耳. 案:《說文》: '勿者, 州里所建之旗也, 象其柄及三斿之形, 所以趣民事. 故悤遽者稱爲勿勿.'

8-26 촉蜀 방언 두핍豆逼

내가 익주益州에 있을 때 몇 사람과 자리를 같이하였는데, 막 솟아오른 햇빛이 밝아 땅에 작은 광채가 빛나는 것을 보고 "이것이 무슨 물건인가?"라고 좌우에게 물었다. 그러자 촉蜀 땅 출신의 어린아이가 다가가 살펴보고는 "이는 두핍豆逼입니다"라는 것이었다.

서로 쳐다보며 어리둥절하면서 무슨 말인지 알지 못했다. 그래서 가져오도록 하여 보았더니 팥(小豆)이었다.

촉 땅 선비를 두루 찾아 물었더니 알갱이(粒)를 그들은 핍逼이라 한다는 것이었다. 그 때문에 당시 아무도 알아듣지 못한 것이다.

이에 내가 이렇게 풀이해 주었다.

"《삼창三蒼》과 《설문해자》에 이 글자는 백白 자 아래에 비匕를 붙여 조皂라 하였는데 모두가 '립粒'을 풀이한 말이오. 《통속문通俗文》에는 음이 '방력반方力反(벽)'으로 되어 있지요."

그러자 무리 모두가 흔연히 깨우치게 되었다.

吾在益州, 與數人同坐, 初晴日晃, 見地上小光, 問左右: '此是何物?' 有一蜀豎就視, 答云: '是豆逼耳.' 相顧愕然, 不知所謂. 命取將來, 乃小豆也. 窮訪蜀士, 呼粒爲逼,時莫之解. 吾云: '《三蒼》·《說文》, 此字白下爲匕, 皆訓粒, 《通俗文》音方力反.' 衆皆歡悟.

8-27 할鶡이라는 새

내 둘째 아들 민초愍楚의 동서인 두여동竇如同이 하주河州에서 오면서, 청조靑鳥 한 마리를 가져와 길들여 기르며 애완했다. 모두 그 새를 그들 속명俗名대로 '할鶡'이라 불렀다. 이를 보고 내가 "할새는 상당上黨 땅에서 나는 것으로 자주 이를 본 적이 있다. 색은 모두 황흑黃黑으로 다른 잡색이 섞이지 않는다. 그 때문에 진사왕陳思王의 〈할부鶡賦〉에

현황玄黃의 굳센 깃을 드날리도다 　　揚玄黃之勁羽

라고 한 것이다"라고 말했다.
시험 삼아 《설문해자》를 찾아보니

개작은 할새처럼 생겼으나 푸르다. 강 땅에서 난다 　鳻雀似鶡而靑, 出羌中

라고 했다.
《운집韻集》에는 음을 개介라 했다. 이로써 의심이 모두 풀린 것이다.

愍楚友壻竇如同從河州來, 得一靑鳥, 馴養愛翫, 擧俗呼之爲鶡. 吾曰: '鶡出上黨, 數曾見之, 色並黃黑, 無駁雜也. 故陳思王〈鶡賦〉云: "揚玄黃之勁羽."' 試檢《說文》: '鳻雀似鶡而靑, 出羌中.' 《韻集》音介. 此疑頓釋.

8-28 순채蓴菜의 방언들

양梁나라 때 채랑蔡郎이란 자가 있어 순純이라는 음을 피휘했다. 평소 깊은 학문이 없으면서도 순蓴이란 채소를 노규露葵라고 불렀다. 벽을 마주하고 있는 무식한 무리는 모두 이를 흉내 내며 따라 했다. 승성承聖(양원제梁元帝의 연호) 연간에 제齊나라 사대부 하나를 초빙해서 보낸 적이 있었는데 제나라 주객랑主客郎 이서李恕가 양나라의 이 사신에게 "강남에도 노규라는 채소가 있소?"라고 물었다. 그 사신이 "노규는 순이라는 나물로 물이 있는 고을에서 나지요. 경께서 지금 먹고 있는 것은 녹규채綠葵菜라는 것이오"라고 대답했다.
이서 역시 학문이 있었지만, 사신의 실력에 대한 심천深淺은 측량하지 못하고 있던 터에 잠깐 이런 설명을 듣고는 정말 그런지 사실을 알 수 없었다.

梁世有蔡郎者諱純, 旣不涉學, 遂呼蓴爲露葵. 面牆之徒, 遞相倣效. 承聖中, 遣一士大夫聘齊, 齊主客郎李恕問梁使曰: '江南有露葵否?' 答曰: '露葵是蓴, 水鄕所出. 卿今食者綠葵菜耳.' 李亦學問, 但不測彼之深淺, 乍聞無以覈究.

8-29 같은 음의 글자가 50여 자

내 아들 사로思魯 등의 이모부인 팽성彭城 사람 유령劉靈이 일찍이 나와 앉아 담론을 나눌 때, 그의 여러 아들이 곁에 모시고 있었다. 내가 그의 두 아들인 유행儒行과 민행敏行에게 이렇게 물어보았다.
"무릇 글자 중에 너희 아버지 함자와 같은 음의 글자가 몇 개나 되는지 능히 모두 알 수 있겠느냐?"
그러자 두 아들은 "연구해 보지 못하였습니다. 지도하여 가르쳐 주시기를 청합니다"라는 것이었다. 이에 나는 이렇게 설명해 주었다.

"무릇 이와 같은 예는 미리 연습하고 찾아보지 않고 있다가 갑자기 모르는 글자를 만나게 되어 남에게 잘못 물었다가는 도리어 무뢰한 자에게 속임 당할 수 있으니 쉽게 여겨서는 안 된다."

그러고는 이를 설명해 주었더니 50여 자나 되었다. 그들 유씨 형제들은 "이렇게 많은 줄 몰랐습니다"라며 감탄했다. 그들이 끝내 몰랐다면 역시 괴이한 일이 벌어질 뻔한 것이었다.

思魯等姨夫彭城劉靈, 嘗與吾坐, 諸子侍焉. 吾問儒行 · 敏行曰: '凡字與諮議名同音者, 其數多少, 能盡識乎?' 答曰: '未之究也, 請導示之.' 吾曰: '凡如此例, 不預研檢, 忽見不識, 誤以問人, 反爲無賴所欺, 不容易也.' 因爲說之, 得五十許字. 諸劉歎曰: '不意乃爾!' 若遂不知, 亦爲異事.

8-30 한 귀퉁이로 모두를 단정하지 말라

서적을 교정校定하는 일을 어찌 쉽고 경솔히 할 수 있겠는가? 양웅揚雄과 유향劉向으로부터 비로소 이러한 직무職務의 명칭이 생긴 것이다. 천하에 책을 보되 아직 두루 살피지 않았을 때는 마구 문자를 고칠 수 없다. 혹 저쪽이 잘못되어 있을 수도 있고 이쪽이 옳을 수도 있으며, 혹은 근본은 같으나 끝이 차이가 있을 수도 있고, 혹 두 가지 문장 모두에 잔결殘缺이 있을 수도 있다. 그러니 한쪽 귀퉁이만 치우치게 믿어서는 안 된다.

校定書籍, 亦何容易? 自揚雄 · 劉向, 方稱此職耳. 觀天下書未徧, 不得妄下雌黃. 或彼以爲非, 此以爲是; 或本同末異; 或兩文皆欠, 不可偏信一隅也.

9. 문장文章

본 편은 문장의 작성과 품평의 문제를 다루고 있다. 아울러 역대 각 문인의 하자를 지적하여 문장 쓰기의 어려움을 거론했다. 당시 부염浮艶한 문풍에 대하여 불만을 표출하기도 했다.

9-1 문장은 오경五經에 근원을 두고 있다

무릇 문장은 오경五經에 근원을 두고 있다. 조詔·명命·책策·격檄은 《서書》에서 나온 것이며, 서序·술述·논論·의議는 《역易》에서 나온 것이다. 가歌·영詠·부賦·송頌은 《시詩》에서 나온 것이며, 제祭·사祀·애哀·뢰誄는 《예禮》에서 나온 것이며, 서書·주奏·잠箴·명銘은 《춘추春秋》에서 나온 것이다.

조정의 헌장憲章과 군려軍旅의 서고誓誥, 그리고 인의를 현양하는 일, 공덕을 밝혀 펴는 일, 백성을 다스리고 나라를 다스리는 일 등 그 시용施用에 여러 가지 길이 있다.

그리고 성령性靈을 도야하고, 조용히 풍간諷諫하여 그 재미에 들어가는 것도 역시 즐거운 일이다. 행하고 남은 힘이 있으면 가히 익힐 만한 것이다.

그러나 예로부터 문인 중에는 경박함에 빠진 이들이 많았다. 즉, 굴원屈原은 재주를 드러내고 자신을 드날리느라 임금의 허물을 폭로하였고, 송옥宋玉은 생김새가 너무 잘나서 광대 같은 대우를 받았으며, 동방삭東方朔 만천曼倩은 골계가 지나쳐 전아典雅하지 못하였고, 사마상여司馬相如 장경長卿은 재물을 훔치고 지조가 없었으며, 왕포王褒는 자신의 과실을 〈동약僮約〉에 드러내었고, 양웅揚雄은 왕망王莽을 덕이라 여겨 〈미신美新〉을 지었고, 이릉李陵은 흉노에게 항복하여 포로가 되었으며, 유흠劉歆은 왕망의 신新나라에 반복反覆함이 심하였고, 부의傅毅는 권세 집안에 작당하여 빌붙었고, 반고班固는 아버지의 역사 저술을 도적질하였으며, 조일趙壹(원숙元叔)은 지나치게 거만하였고, 풍연馮衍(경통敬通)은 너무 들떠 있다가 배척을 당하였고, 마융馬融(계장季長)은 권세가에 아첨하다가 비난을 받았고, 채옹蔡邕(백개伯喈)는 못된 사람과 함께하다가 주벌을 당하였으며, 오질吳質은 향리에서 횡포를 부렸고, 조식曹植은 거만히 굴어 법을 어겼고, 두독杜篤은 남에게 빌어먹으면서도 싫증을 몰랐고, 노수路粹는 속이 좁기가 너무 심하였고, 진림陳琳은 실질이 거칠고 엉성하였으며, 번흠繁欽은 자신을 검속할 줄 모르는 성격이었으며, 유정劉楨은 지나치게 강직

한 듯하다가 벌을 받았고, 왕찬王粲은 조급히 굴다가 미움을 받았으며, 공융孔融과 예형禰衡은 오만하게 굴다가 죽임을 당하였고, 양수楊修와 정이丁廙는 남을 선동하다가 죽임을 당하였고, 완적阮籍은 무례히 굴며 풍속을 어지럽혔으며, 혜강嵇康은 세상을 능멸하다가 험한 죽임을 당하였고, 부현傅玄은 남과 다투기를 잘하다가 관직에서 쫓겨났으며, 손초孫楚는 지나치게 자신을 자랑하느라 윗사람을 능멸하였으며, 육기陸機는 순리를 벗어나 험로를 걸었고, 반악潘岳은 이익만 좇다가 위험을 자초하였고, 안연년顔延年은 지나치게 자부自負하다가 퇴출을 당하였고, 사령운謝靈運은 공소空疎히 굴어 기강을 어지럽혔으며, 왕융王融(원장元長)은 흉악히 굴다가 허물을 뒤집어썼고, 사조謝眺(현휘玄暉)는 오만하게 굴다가 스스로 해를 입었다.

무릇 이 여러 사람은 모두가 뛰어난 인물들이었다. 그 밖에는 능히 모두 들어 설명할 수는 없으나 대략 이와 같았다.

한편 제왕帝王 중에서도 혹 이런 병폐를 면하지 못한 자가 있다. 예로부터 천자이면서 역시 화려한 재능을 가진 자로서 한무제漢武帝, 위태조魏太祖, 위문제魏文帝, 위명제魏明帝, 그리고 송효무제宋孝武帝 등이 있다. 이들은 모두가 세상의 의논 거리를 가진 이들이긴 하나 실제로 덕 있는 군주는 아니었다.

자유子游 · 자하子夏 · 순황荀況 · 맹가孟軻 · 매승枚乘 · 가의賈誼 · 소무蘇武 · 장형張衡 · 좌사左思 같은 무리로부터는 훌륭한 명성이 있으면서도 아울러 이러한 폐단에서 벗어난 이들을 때때로 들어 볼 수는 있으나, 다만 이런 이들 중에도 많은 결점을 지니고 있기는 마찬가지이다.

나는 일찍이 이에 대하여 생각해 보았다. 이는 인식의 누적에 원인이 있는 것으로 문장의 체제란 자신의 흉회를 표준인 양 들먹여 성령을 펴고 끌어들이는 것이기에 글 쓰는 사람들이 긍지와 자랑을 갖게 한다. 그 때문에 지조는 경홀히 하면서 진취進取에는 과감하게 해야 한다.

지금 세상의 문사들은 이러한 병폐가 더욱 심하여 어쩌다가 하나의 합당한 사물을 찾는다거나, 한 구절의 교묘한 작품을 만들면 신령하다는 생각이 구천九

天에까지 솟아오르고, 그 지기志氣는 천년을 두고 뻗칠 줄로 여겨, 스스로 읊고 스스로 상탄하면서 곁에 다른 사람이 있는 줄도 모른다.

그러다가 모래나 자갈 정도로 입을 작은 상처보다 창으로 인한 더 심한 참상을 입으며, 풍자하였던 화근이 풍진風塵보다 빠르게 내닫는다. 의당 예방을 깊이 염려하여 원길元吉(큰 복)을 보전해야 할 것이다.

夫文章者, 原出五經: 詔命策檄, 生於《書》者也; 序述論議, 生於《易》者也; 歌詠賦頌, 生於《詩》者也; 祭祀哀誄, 生於《禮》者也; 書奏箴銘, 生於《春秋》者也. 朝廷憲章, 軍旅誓誥, 敷顯仁義, 發明功德, 牧民建國, 施用多途. 至於陶冶性靈, 從容諷諫, 入其滋味, 亦樂事也. 行有餘力, 則可習之. 然而自古文人, 多陷輕薄: 屈原露才揚己, 顯暴君過; 宋玉體貌容冶, 見遇俳優; 東方曼倩, 滑稽不雅; 司馬長卿, 竊貲無操; 王褒過章〈僮約〉, 揚雄德敗〈美新〉; 李陵降辱夷虜; 劉歆反覆莽世; 傅毅黨附權門; 班固盜竊父史; 趙元叔抗竦過度; 馮敬通浮華擯壓; 馬季長佞媚獲誚; 蔡伯喈同惡受誅; 吳質詆忤鄉里; 曹植悖慢犯法; 杜篤乞假無厭; 路粹隘狹已甚; 陳琳實號麤疎; 繁欽性無檢格; 劉楨屈强輸作; 王粲率躁見嫌; 孔融 · 禰衡誕傲致殞; 楊修 · 丁廙扇動取斃; 阮籍無禮敗俗; 嵇康凌物凶終; 傅玄忿鬪免官; 孫楚矜誇凌上; 陸機犯順履險; 潘岳乾沒取危; 顔延年負氣摧黜; 謝靈運空疎亂紀; 王元長凶賊自詒; 謝玄暉侮慢見及. 凡此諸人, 皆其翹秀者, 不能悉紀, 大較如此. 至於帝王, 亦或未免. 自昔天子而有才華者, 唯漢武 · 魏太祖 · 文帝 · 明帝 · 宋孝武帝, 皆負世議, 非懿德之君也. 自子游 · 子夏 · 荀況 · 孟軻 · 枚乘 · 賈誼 · 蘇武 · 張衡 · 左思之儔, 有盛名而免過患者, 時復聞之, 但其損敗居多耳. 每嘗思之, 原其所積, 文章之體, 標擧興會, 發引性靈, 使人矜伐, 故忽於持操, 果於進取. 今世文士, 此患彌切. 一事愜當, 一句淸巧, 神厲九霄, 志凌千載, 自吟自賞, 不覺更有旁人. 加以砂礫所傷, 慘於矛戟, 諷刺之禍, 速乎風塵, 深宜防慮, 以保元吉.

9-2 억지로 붓을 들지 말라

학문에는 날카로움과 둔함이 있으며, 문장에는 공교함과 졸렬함이 있다. 학문에 둔한 사람은 노력을 쌓으면 정숙精熟을 이룸에 해가 되지 않지만, 문장에 졸렬한 사람은 연마하고 생각한다 해도 끝내 비루함에 이르고 만다. 다만 학문을 이룬 선비 정도라면 세상에 나서 사람 되었다고 자족하면 된다. 타고난 재주가 어쩔 수 없이 문장 짓는 데 모자란다면 억지로 붓을 들려고 하지는 말아야 한다.
내가 세상 사람을 보건대 재능과 사려가 전혀 없으면서도 스스로 뛰어난 줄로 알고, 세상에 추하고 졸렬한 작품을 퍼뜨리는 자가 역시 너무 많다. 강남江南에서는 그런 사람을 영치부詅癡符라 부른다. 근래 병주幷州의 어떤 사족이 웃음을 자아내는 시부詩賦 짓기를 좋아하여 형소邢邵와 위수魏收 등 여러 사람과 자신을 견주곤 했다. 여러 사람이 함께 이를 조롱하여 거짓으로 대단하다고 칭찬을 아끼지 않자, 그는 소를 잡고 술을 걸러 이들을 초청, 그 성가를 높이려 했다. 마침 그의 아내는 문장 감식에 밝은 부인이었다. 이에 울면서 그만둘 것을 간했다. 그러자 그 사람은 "재화才華가 처자에게조차 용납되지 않으니, 하물며 길 가는 사람에게 있어서랴!"라고 탄식했다.
그러나 죽을 때까지 깨닫지 못했다. 스스로를 바르게 보는 것을 명明이라 한다. 이는 진실로 어려운 일이다.

學問有利鈍, 文章有巧拙. 鈍學累功, 不妨精熟; 拙文研思, 終歸蚩鄙. 但成學士, 自足爲人. 必乏天才, 勿强操筆. 吾見世人, 至無才思, 自謂淸華, 流布醜拙, 亦以衆矣, 江南號爲詅癡符. 近在幷州, 有一士族, 好爲可笑詩賦, 誂擎邢 · 魏諸公. 衆共嘲弄, 虛相讚說, 便擊牛釃酒, 招延聲譽. 其妻, 明鑒婦人也, 泣而諫之. 此人歎曰: '才華不爲妻子所容, 何況行路!' 至死不覺. 自見之謂明, 此誠難也.

9-3 좋은 글 짓겠다고 욕심내지 말라

문장 짓는 것을 배워 지은 문장은 먼저 친우에게 보여 주어, 그 평가를 받고 가히 발표할 만하다고 여긴 연후에야 손을 떼야 한다. 스승의 마음이라도 이와 같으려니 하고 자임했다가 옆 사람의 웃음을 사는 일은 하지 말도록 조심하라.
자고로 붓을 잡고 글을 지은 자들은 얼마나 많은지 어찌 가히 말로 다 할 수 있겠는가? 그러나 굉려정화宏麗精華(뛰어나고 우수한 최고의 작품)함에 이른 것은 수십 편에 불과할 따름이다. 다만 체재體裁를 잃지 않고 사의辭意가 가히 볼 만한 정도만 되어도 곧 재사才士라 칭할 만하다.
모름지기 세속을 놀라게 하고 세상을 덮을 만한 글이어야 한다면, 이는 황하가 맑아지기를 기다림과 같도다!

學爲文章, 先謀親友, 得其評裁, 知可施行, 然後出手. 愼勿師心自任, 取笑旁人也. 自古執筆爲文者, 何可勝言? 然至於宏麗精華, 不過數十篇耳. 但使不失體裁, 辭意可觀, 便稱才士; 要須動俗蓋世, 亦俟河之清乎!

9-4 아부하는 문장은 쓰지 말라

두 왕조에 굴하지 않음은 백이伯夷와 숙제叔齊의 절개요, 어떤 임금인들 섬기지 못하랴 한 것은 이윤伊尹(탕湯을 도와 걸桀을 벌한 현신賢臣)과 기자箕子의 의義이다. 춘추春秋 이래로 집안이 도망가고 흐트러진 경우도 있고, 나라가 병탄되어 멸망한 경우도 있으니, 군신君臣 사이란 진실로 항상 구분되는 것은 아니다. 그러나 군자란 사귐을 끊을 때 험담을 늘어놓지 않는 법이니, 어느 날 아침에 무릎을 꿇고 사람을 섬기기로 했다면 어찌 존망存亡을 이유로 뜻을 바꿀 수 있겠는가?

진공장陳孔璋(림琳)은 원소袁紹를 모실 때 그를 위해 글을 쓰면서 조조曹操를 불러 시랑豺狼(승냥이)이라 해 놓고는, 위魏나라 조조가 그들에게 격문을 지을 때는 원소를 지목하여 뱀(蛇虺)이라 했다. 임금의 명령이라 자신의 뜻대로 할 수 없었다 해도 역시 문인文人으로서의 커다란 환난이니, 의당 조용히 소식消息함에 힘써야 할 것이다.

不屈二姓, 夷·齊之節也; 何事非君, 伊·箕之義也. 自春秋已來, 家有奔亡, 國有呑滅, 君臣固無常分矣; 然而君子之交絶無惡聲, 一旦屈膝而事人, 豈以存亡而改慮? 陳孔璋居袁裁書, 則呼操爲豺狼; 在魏製檄, 則目紹爲蛇虺. 在時君所命, 不得自專, 然亦文人之巨患也, 當務從容消息之.

9-5 장독 항아리 덮는 데나 쓰일 글

혹자가 양웅揚雄에게 물었다.

"그대는 어릴 때부터 부賦를 좋아하였습니까?"

그러자 양웅은 이렇게 대답했다.

"그렇소. 그러나 어린아이의 조충전각雕蟲篆刻(한대漢代 아동들의 문자 학습)과 같은 놀이이니, 장부壯夫로서 할 일이 못됩니다."

내 생각으로 이는 잘못된 것이다.

우순虞舜은 〈남풍南風〉이라는 시를 노래하였고, 주공周公은 〈치효鴟鴞〉라는 노래를 지었으며, 윤길보尹吉甫와 사극史克의 노래는 아송雅頌 중에 뛰어난 것이다. 어릴 때 즐겨 했다고 해서 덕에 누가 되었다는 말은 듣지 못했다. 공자孔子는 "《시》를 배우지 않으면 말을 제대로 할 수 없다"라거나, "내가 위衛에서 노魯로 돌아오자 음악이 바로잡혔고, 아송雅頌이 각기 그 제자리를 잡게 되었다"라고 했다. 효도를 크게 밝히는 일도 《시》를 인용하여 이를 증명한다. 그런데 양웅은 어찌 감히 이를 경홀히 여기는가? 만약 "시인의 부는 아름다움을 법칙으로 삼고, 사인辭人의 부는 아름다움에 음일淫佚함이 있다"라는 말로 논한다면 이는 단지 그 변화를 가리킬 뿐임을 알아야 한다.
그런데 또 양웅이 스스로 장부壯夫라 하였는데 사실이 그런지 어찌 알겠는가? 그는 〈극진신미劇秦新美〉라는 글을 지어 망령되이 신망新莽의 궁궐에 던져 아첨했다. 그러나 겁을 먹고 놀라 천명을 누리지 못하였으니 이는 어린아이나 할 짓이다.
환담桓譚(동한 때 음악·문장·상술相術 등에 뛰어났던 인물)은 양웅을 노자老子보다 낫다고 하였고, 갈홍葛洪(진晉나라 때의 대학자. 포박자抱朴子라고도 이름)은 양웅이 중니仲尼에 견줄 만하다고 평가하여 사람을 탄식하게 한다. 이 양웅이란 자는 단지 산술算術에 밝고 음양陰陽을 아는 자일 뿐이다. 그 때문에 《태현경太玄經》을 지어 몇몇 사람이 미혹되었을 뿐이다. 그가 남긴 말이나 행동은 손경孫卿(순자荀子)나 굴원屈原에게도 미치지 못할 정도인데 어찌 감히 대성大聖의 청진淸塵한 경지를 바라보겠는가? 게다가 《태현경》은 지금 어디에 쓸모가 있는가? 그저 장독 항아리 덮는 데에나 쓸 뿐이다.

或問揚雄曰: '吾子少而好賦?' 雄曰: '然. 童子雕蟲篆刻, 壯夫不爲也.' 余竊非之曰: 虞舜歌〈南風〉之詩, 周公作〈鴟鴞〉之詠, 吉甫 · 史克雅 · 頌之美者, 未聞皆在幼年累德也. 孔子曰: '不學《詩》, 無以言.' '自衛返魯, 樂正, 雅 · 頌各得其所.' 大明孝道, 引《詩》證之. 揚雄安敢忽之也? 若論'詩人之賦麗以則, 辭人之賦麗以淫', 但知變之而已. 又未知雄自爲壯夫何如也? 著〈劇秦美新〉, 妄投於閣, 周章怖慴, 不達天命, 童子之爲耳. 桓譚以勝老子, 葛洪以方仲尼, 使人歎息. 此人直以曉算術, 解陰陽, 故著《太玄經》, 數子爲所惑耳. 其遺言餘行, 孫卿 · 屈原之不及, 安敢望大聖之淸塵? 且《太玄》今竟何用乎? 不啻覆醬瓿而已.

9-6 남의 문장 비평

북제北齊 때에 석비席毗라는 사람이 있어 청간淸幹한 선비로서 관직이 행대상서行臺尙書에 올랐다. 그는 문학을 비웃고 비루한 것이라 여겨 유적劉逖을 조롱하여 이렇게 말했다.
"그대들이 멋지다고 하는 문장은 비유하자면 화려한 꽃과 같소. 잠깐 즐기는 것이니 굉장한 재능은 아니오. 어찌 우리 무리의 1000길 되는 소나무가 언제나 풍상을 견디며 가히 마르고 시들지 않는 모습에 견주리오!"
이에 유적이 이렇게 응수했다.
"과연 추위에도 늠름한 나무에다가 다시 봄꽃까지 피운다면 어떠하겠습니까?"
그제야 석비는 웃으면서 "좋겠지요!"라고 했다.

齊世有席毗者, 淸幹之士, 官至行臺尙書, 蚩鄙文學, 嘲劉逖云: '君輩辭藻, 譬若榮華, 須臾之翫, 非宏才也; 豈比吾徒千丈松樹, 常有風霜, 不可凋悴矣!' 劉應之曰: '旣有寒木, 又發春華, 何如也?' 席笑曰: '可哉!'

9-7 천리마에도 재갈과 채찍이 필요한 이유

무릇 문장 짓는 일은 마치 사람이 기기騏驥 같은 천리마를 탈 때 비록 그 말이 빼어난 기상이 있다 해도, 마땅히 재갈과 채찍으로 이를 제어해야 하는 것과 같다. 그러니 제멋대로 흘러, 갈 길을 잃거나 뜻을 방자하게 하여 구렁텅이에 빠지게 해서는 안 된다.

凡爲文章, 猶人乘騏驥, 雖有逸氣, 當以銜勒制之, 勿使流亂軌躅, 放意塡坑岸也.

9-8 개혁되어야 할 문풍

문장이란 마땅히 이치理致로서 심신心腎을 삼고, 기조氣調로서 근골筋骨을 삼으며, 사의事義로서 피부를 삼고, 화려華麗로서 관면冠冕을 삼아야 한다. 지금 세상에는 서로 이어받되 말末을 좇느라 본本을 버리고 있다. 거의 부염浮艶해져서 사辭와 이理가 다투면 사가 승하고 이가 굴복하며, 사事와 재才가 다투면 사는 번화하고 재는 깎이고 만다. 제멋대로 글을 쓰는 사람은 유탕流宕(방탕으로 흐름)하여 본연으로 되돌아올 줄 모르고, 파고들기만 하는 자는 억지로 기워 붙이기만 할 뿐 문채文彩는 부족하다.
시속時俗이 이와 같으니 난들 어찌 능히 혼자서 이를 거부하겠는가? 다만 지나침과 심함을 제거하는 데 힘쓸 따름이다. 반드시 재능과 명성이 있는 자가 나타나 이러한 체재體裁를 개혁해 주기를 나는 진실로 바라고 있다.

文章當以理致爲心腎, 氣調爲筋骨, 事義爲皮膚, 華麗爲冠冕. 今世相承, 趨末棄本, 率多浮艶. 辭與理爭, 辭勝而理伏; 事與才爭, 事繁而才損. 放逸者流宕而忘歸, 穿鑿者補綴而不足. 時俗如此, 安能獨違? 但務去泰去甚耳. 必有盛才重譽, 改革體裁者, 實吾所希.

9-9 치우치는 글은 삼가라

옛사람의 글은 훌륭한 재질과 빼어난 기상이 있었고, 체도體度와 풍격風格은 지금 사람과는 비교가 되지 않았다. 다만 짜임이 성글고 소박하여 치밀하지 못할 뿐이었다. 지금 세상은 음률音律이 어울려 아름답고, 장구章句가 대우對偶를 이루며, 휘피諱避가 정밀하고 상세하여, 지난날보다 나은 점이 많다.
그러므로 의당 옛날의 제재製裁를 본으로 삼고, 지금의 사조辭調를 말로 삼아 함께 아울러 갖추어야 할 것이며, 치우치거나 어느 한쪽을 버려서도 안 될 것이다.

古人之文, 宏材逸氣, 體度風格, 去今實遠. 但緝綴疎朴, 未爲密緻耳. 今世音律諧靡, 章句偶對, 諱避精詳, 賢於往昔多矣. 宜以古之製裁爲本, 今之辭調爲末, 並須兩存, 不可偏棄也.

9-10 우리 집안은 유속을 따르지 않았다

우리 집안은 대대로 문장이 매우 전정典正하여 유속流俗은 따르지 않아 왔다. 양梁 효원제孝元帝가 제위에 오르기 전에 〈서부신문西府新文〉을 편찬하였는데, 선친의 문장은 끝내 한 편도 실리지 못했다. 이는 역시 그 작품이 세상의 유행에 짝하지 않았고, 정위지음鄭衛之音(음란한 음악을 대표하는 말)이 없었던 때문이었다.
선친의 글은 시詩 · 부賦 · 명銘 · 뢰誄 · 서書 · 표表 · 계啓 · 소疏 등 스무 권이었으나 우리 형제들이 상중喪中에 있을 때, 미처 편차編次를 정하지 못한 상태에서 그만 화재를 입어 모두 타 버려 끝내 세상에 전하지 못하게 된 것이다.
나는 이러한 참혹한 한스러움을 머금고 마음과 뼈에 사무쳐 있다. 그러나 선친의 조행操行은 《양사梁史》 〈문사전文士傳〉과 효원제의 《회구지懷舊志》에 실려 있다.

吾家世文章, 甚爲典正, 不從流俗; 梁孝元在蕃邸時, 撰〈西府新文〉, 訖無一篇見錄者, 亦以不偶於世, 無鄭 · 衛之音故也. 有詩賦銘誄書表啓疏二十卷, 吾兄弟始在草土, 並未得編次, 便遭火盪盡, 竟不傳於世. 銜酷茹恨, 徹於心髓! 操行見於《梁史》文士傳, 及孝元《懷舊志》.

9-11 글은 무슨 뜻인지 알 수 있어야 한다

심은후沈隱侯(심약沈約)은 이렇게 말했다.
"문장은 의당 세 가지 쉬움(易)을 좇아야 한다. 무슨 사건인지 쉽게 알 수 있어야 함이 첫째요, 그 글자를 쉽게 알아볼 수 있도록 함이 두 번째요, 쉽게 외울 수 있도록 해야 함이 세 번째이다."
형자재邢子才(형소邢卲)는 늘 이렇게 말해 왔다.
"심약의 문장은 용사用事가 사람으로 하여금 느끼지 못하게 하니, 마치 가슴속의 언어와 같다."
나도 이 말에 심히 탄복했다. 조효징祖孝徵도 역시 일찍이 나에게 이런 말을 한 적이 있다.
"심약의 시에

벼랑이 기울어 종유석을 감싸고 있네　　　　崖傾護石髓

라고 하였는데 이것이 어찌 용사用事처럼 한 것이겠는가?"

沈隱侯曰: '文章當從三易: 易見事, 一也; 易識字, 二也; 易讀誦, 三也.' 邢子才常曰: '沈侯文章, 用事不使人覺, 若胸臆語也.' 深以此服之. 祖孝徵亦嘗謂吾曰: '沈詩云: "崖傾護石髓." 此豈似用事邪?'

9-12 심약沈約과 임방任方의 우열

형자재邢子才(형소邢卲)와 위수魏收는 함께 훌륭한 명예를 갖추고 있어, 당시 세속의 표준으로서 사장師匠(사표師表)으로 여겼다.

그런데 형소는 심약沈約은 극찬하면서 임방任昉은 경시하였고, 위수는 임방을 흠모하면서 심약을 헐뜯었다.
매번 이야기를 나눌 때면 얼굴색을 붉히며 대했다. 업하鄴下(지금의 하남성河南省 임장현臨漳縣. 동위東魏와 북제北齊 때의 도읍) 사람들도 의견이 분운紛紜하여 각기 파당을 이룰 정도였다. 조효징祖孝徵이 이를 두고 일찍이 나에게 이렇게 말했다.
"임방과 심약의 시비가 바로 형소와 위수의 우열이오."

邢子才 · 魏收俱有重名, 時俗準的, 以爲師匠. 邢賞服沈約而輕任昉, 魏愛慕任昉而毁沈約. 每於談讌, 辭色以之. 鄴下紛紜, 各有朋黨. 祖孝徵嘗謂吾曰: '任 · 沈之是非, 乃邢 · 魏之優劣也.'

9-13 파경破鏡은 원래 흉악한 짐승 이름이다

《오균집吳均集》에 〈파경부破鏡賦〉라는 작품이 있다. 옛날에는 읍邑의 이름이 조가朝歌라고 하여 안연顔淵은 그러한 곳에 머물지 않았고, 마을 이름이 승모勝母라고 하여 증삼曾參은 옷깃을 여미었다. 이는 모두가 나쁜 명칭이 그 실질을 숭상할까 꺼려한 것이다.
그런데 파경破鏡이란 흉역凶逆한 짐승으로 《한서》에 보인다. 그러니 문장을 지을 때 이러한 이름은 피하기 바란다.
세상을 보건대 왕왕 남의 시에 화답하는 자가 경동敬同이란 말로 제題하는 것을 볼 수 있다. 이는 《효경》에 "아버지 섬김을 근거로 임금을 섬겨 그 공경함이 같다"라는 말에서 나온 것으로 경솔히 할 수 있는 것이 아니다. 양梁나라 때 비욱費旭(비창費昶의 오기)의 시에 "옳고 그름을 알 수 없네(不知是耶非)"라고 하였고, 은운殷澐의 시에는 "표탕히 떠가는 운모주雲母舟여!"라고 했다. 간문제簡

文帝가 이를 두고 이렇게 비꼬았다.
"비욱은 그 아버지(어른 야耶, 아비 야爺)를 알지 못하였고, 은운은 그 어머니(어미 모母)를 표탕한 셈일세."
이는 비록 모두가 옛일이지만 인용해서는 안 된다. 세인은 혹 문장을 지으면서 《시경》의

북 치는 소리 연연하네　　　　伐鼓淵淵

를 인용하는 자가 있으나 《송서》에 이미 누유屢遊를 견책한 일이 있었다. 이와 같은 것을 통해 비교해 보고 모름지기 이러한 잘못은 피하기 바란다.
북면北面하여 어버이를 모시고 있으면서 외삼촌과의 이별에서 〈위양渭陽〉의 노래를 인용하거나, 아버지가 아직 살아 계신데도 형을 보내면서 〈환산桓山〉의 슬픔을 부로 읊는다면, 이는 모두가 큰 실수이다. 이는 한 귀퉁이만을 예로 든 것이니, 경우를 만날 때마다 의당 신중히 해야 할 것이니라.

《吳均集》有〈破鏡賦〉. 昔者, 邑號朝歌, 顏淵不舍; 里名勝母, 曾參斂襟: 蓋忌夫惡名之傷實也. 破鏡乃凶逆之獸, 事見漢書, 爲文幸避此名也. 比世往往見有和人詩者, 題云敬同, 《孝經》云: '資於事父以事君而敬同.' 不可輕言也. 梁世費旭〈詩〉云: "不知是耶非." 殷澐〈詩〉云: "飄颻雲母舟." 簡文曰: '旭既不識其父, 澐又飄颻其母.' 此雖悉古事, 不可用也. 世人或有文章引《詩》"伐鼓淵淵"者, 《宋書》已有屢遊之誚; 如此流比, 幸須避之. 北面事親, 別舅摛〈渭陽〉之詠; 堂上養老, 送兄賦〈桓山〉之悲, 皆大失也. 舉此一隅, 觸塗宜慎.

9-14 비평을 싫어하는 문인

강남江南 사람들은 문장을 지을 때 남의 비평(彈射)을 받아 잘못된 곳이 있음을 알면 그에 따라 즉시 이를 고치려 하니 진왕陳王 조식曹植이 정이丁廙에게 한 일로 이런 기풍을 엿어 볼 수 있다.

그러나 산동山東의 풍속은 자신의 작품을 공격하거나 힐난하는 것이 통하지 않는다. 내가 처음 업鄴에 들어와 일찍이 이로써 남과 언짢은 일이 있었는데 지금까지 후회하고 있다. 너희들은 반드시 경솔하게 남의 작품을 의논함이 없도록 하라.

江南文制, 欲人彈射, 知有病累, 隨卽改之, 陳王得之於丁廙也. 山東風俗, 不通擊難. 吾初入鄴, 遂嘗以此忤人, 至今爲悔; 汝曹必無輕議也.

9-15 남을 대신하여 글을 써 줄 경우

무릇 남을 대신하여 글을 써 줄 때는 모두가 그 상대가 할 말을 써 주는 것이 이치로 보아 당연하나 애상哀傷과 흉화凶禍의 내용일 경우 함부로 얼른 대신 써 주어서는 안 된다.

채옹蔡邕이 호금영胡金盈을 위해 써 준 〈모령표송母靈表頌〉에 "어머니가 영원히 살지 못하시니 슬프도다. 어찌 나를 두고 이렇게 빨리 떠나셨나?"라고 했다. 그리고 다시 호호胡顥를 위해 그 부친의 명문銘文을 지어 "우리 아버지 의랑군議郎君을 안장했다"라고 썼으며, 〈원삼공송袁三公頌〉에는 "덕이 높도다. 우리 조상이시여. 규씨嬀氏에서 나오셨도다"라고 했다.

한편 왕찬은 반문칙潘文則을 위해 〈사친思親〉의 시를 지어 "몸이 이토록 노고로우셨네, 이 어린 소자를 기르시느라. 얼마나 바랐던가, 어머니 장수하시기를"이라고 썼으며, 이런 작품들은 채옹蔡邕과 왕찬王粲의 문집에 수록되었다. 이러한 예는 아주 많다.

옛사람들의 이러한 행동은 지금 세상에서 보면 피해야 할 일들이었다. 진사왕陳思王 조식曹植의 〈무제뢰武帝誄〉에서 영칩永蟄이라는 말로 깊은 그리움을 표현하였고, 반악潘岳은 〈도망부悼亡賦〉에서 손때 묻은 유물에서의 안타까움을 말했다. 이는 부모를 벌레에 비유한 것이요, 필부의 아내를 선친으로 나타낸 것이다. 채옹의 〈양병비楊秉碑〉에서는 "나라를 통치할 큰 임무"라고 하였고, 반니潘尼는 〈증노경선시贈盧景宣詩〉에서 "제왕의 자리에서 비룡飛龍을 생각하네"라고 하였으며, 손초孫楚는 〈왕표기뢰王驃騎誄〉에서 "홀연히 승하하셨다"라고 하였고, 육기陸機는 〈부뢰父誄〉에서 "억조 백성을 마음으로 삼아 백관의 질서를 바로잡도다"라고 하였으며, 〈자뢰姊誄〉에서는 "마치 하늘의 소녀 같도다"라고 했다. 지금 만약 이러한 표현을 쓴다면 조정의 죄인이 될 것이다.

왕찬의 〈증양덕조시贈楊德祖詩〉에 "태자께서 잔치를 벌이시니 즐거움이 설설洩洩하도다"라고 하였는데 이 '설설'이라는 말은 일반 사람의 아들에게조차 마구 쓸 수 없는 것인데, 하물며 태자에게 쓸 수 있겠는가?

凡代人爲文, 皆作彼語, 理宜然矣. 至於哀傷凶禍之辭, 不可輒代. 蔡邕爲胡金盈作〈母靈表頌〉曰: '悲母氏之不永, 然委我而夙喪?' 又爲胡顥作其〈父銘〉曰: '葬我考議郎君.' 袁三公〈頌〉曰: '猗歟我祖, 出自有媯.' 王粲爲潘文則〈思親詩〉云: '躬此勞悴, 鞠予小人; 庶我顯妣, 克保遐年.' 而並載乎邕·粲之集, 此例甚衆. 古人之所行, 今世以爲諱. 陳思王〈武帝誄〉, 遂深永蟄之思; 潘岳〈悼亡賦〉, 乃愴手澤之遺: 是方父於蟲, 匹婦於考也. 蔡邕〈楊秉碑〉: '統大麓之重.' 潘尼〈贈盧景宣詩〉云: '九五思飛龍.' 孫楚〈王驃騎誄〉云: '奄忽登遐.' 陸機〈父誄〉云: '億兆宅心, 敦敍百揆.' 〈姊誄〉云: '伣天之和.' 今爲此言, 則朝廷之罪人也. 王粲〈贈楊德祖詩〉云: '我君餞之, 其樂洩洩.' 不可妄施人子, 況儲君乎?

9-16 만가挽歌의 유래

만가挽歌의 가사는 혹 옛날 우빈虞殯(장송곡)의 노래라고도 하고, 혹은 전횡田橫의 문객文客에게서 비롯되었다고도 하며, 모두가 살아 있는 자가 죽은 자를 애도하여 보내는 슬픈 내용이다.
육평원陸平原(육기陸機)의 글은 죽은 사람이 스스로 탄식하는 내용으로 돼 있으니, 시의 격식에 이러한 예는 없을뿐더러 원래의 뜻을 왜곡하여 제작한 것이다.

挽歌辭者, 或云古者虞殯之歌, 或云出自田橫之客, 皆爲生者悼往告哀之意. 陸平原多爲死人自歎之言, 詩格既無此例, 又乖製作本意.

9-17 문체의 격식을 잃지 않도록 하라

무릇 시인들의 작품 중에 자刺·잠箴·미美·송頌 들은 각기 그 원류가 있어서, 서로 뒤섞어 칭찬과 폄훼를 한 문장 속에 넣었던 적이 없었다.
육기陸機가 〈제구편齊驅篇〉을 지으면서 앞부분에는 산천 물산과 풍속 교화의 풍성함을 서술하고, 뒤에는 갑자기 산천에 대한 정감을 비루하다 하였으니 그 문체의 격식을 잃고 말았다. 그러면서도 그는 〈오추행吳趨行〉에는 어찌하여 공자公子 광光과 부차夫差를 함께 진술하지 않았고, 〈경락행京洛行〉에서는 어찌 주周 난왕赧王과 한영제漢靈帝를 함께 말하지 않았는가?

凡詩人之作, 刺箴美頌, 各有源流, 未嘗混雜, 善惡同篇也. 陸機爲〈齊驅篇〉, 前敍山川物産風敎之盛, 後章忽鄙山川之情, 殊失厥體. 其爲〈吳趨行〉, 何不陳子光 · 夫差乎? 〈京洛行〉, 胡不述赧王 · 靈帝乎?

9-18 재사才士도 용사用事를 놓칠 때가 있다

예로부터 굉박宏博한 재학才學을 갖춘 자라도 용사用事에 잘못을 저지르는 경우가 있다. 그러나 백가百家의 학설이 다르고, 서적도 인멸된 경우가 있어, 후대의 사관이 직접 볼 수 없을 수도 있으므로 경솔히 이를 논의할 수는 없다. 지금 내가 지적하는 것은 분명히 오류가 있다고 여기는 것으로써 대략 한두 가지를 들어 경계로 삼고자 한다.

《시》에 "요鷕 하고 우는 까투리의 울음소리여"라고 하였고, "까투리가 우는 것은 장끼를 찾는 것일세"라고 했다. 게다가 《모전毛傳》에도 역시 "요鷕는 까투리의 울음소리"라고 했다. 그리고 "꿩이 아침에 우는 것은 그 까투리를 찾는 것이다"라고 하였고, 정현鄭玄의 《예기》 월령月令 주注에도 역시 "구雊는 장끼의 울음소리"라고 했다. 그런데 반악潘岳의 부賦에는 "꿩이 유유鷕鷕하면서 아침에 우네"라고 하였으니, 이는 암수를 구분하지 못한 채 뒤섞어 놓은 것이다.

또 《시》에서

형제가 심히 그리워하다 孔懷兄弟

라는 구절에서 공孔은 심甚이며, 회懷는 사思의 뜻으로 매우 그리워함을 말한 것이다. 그런데 육기陸機는 〈여장사고모서與長沙顧母書〉에서 종조제從祖弟 사황士璜의 죽음을 서술하면서 "마음이 비통하고 뇌가 뽑히듯 하여 마치 공회孔懷와 같다"라고 했다. 그러나 마음이 이미 애통하다면 심히 그리워하는 것이다. 그런데 무슨 까닭으로 다시 '유여有如'라 말하는가? 이 뜻을 보건대 의당 친형제를 표현할 때에는 공회孔懷로 써야 한다.

《시》에서

부모는 가장 가까운 분 父母孔爾

이라는 구절에서 양친을 부를 때 공이孔爾라고 한다면 뜻이 통하겠는가? 다시 《이물지異物志》에 "옹검擁劍이란 게의 발 하나가 특히 커다란 모습이다"라고 했다. 하손何遜의 시에 "뛰는 고기가 마치 방게와 같다"라고 하였으니, 이것은 물고기와 게를 분별하지 못한 것이다.

《한서》에 "어사부御史府에 늘어선 잣나무 숲에 들새 수천 마리가 늘 모여들어 그 속에서 깃들어 자면서 아침에 나가 저녁에 돌아온다. 그래서 이 새를 조석조朝夕鳥라고 부른다"라고 하였는데 문인들이 왕왕 이를 잘못 알고 오연烏鳶이라고 전고를 사용한다.

또 《포박자抱朴子》에 항만도項曼都라는 사람이 신선술神仙術을 얻었다고 사칭하며, 스스로 "선인이 유하流霞 한 잔을 나에게 주어 이를 마셨더니, 그때부터 문득 기갈을 느낄 수 없게 되었다"라고 했다. 그런데 간문제簡文帝의 시에 "유하가 포박抱朴의 잔에 담겨 있네"라고 하여 이는 곽상郭象이 혜시惠施의 이론을 가지고 장주莊周의 말을 변석한 것과 같다.

《후한서後漢書》에 "사도司徒 최열崔烈을 가두어 낭당鋃鐺의 쇠고랑을 채웠다"라고 했는데 낭당이란 큰 자물쇠이다. 그런데 세간에서는 흔히 낭鋃 자를 금은金銀의 은銀 자로 잘못 쓰고 있다. 무열태자武烈太子 역시 수천 권을 읽은 학사였지만 일찍이 시를 지어 "은 자물쇠로 삼공三公의 다리를 채우고, 칼로 복야僕射의 머리를 친다"라고 하였으니 세속의 오류 때문에 생긴 것이다.

自古宏才博學, 用事誤者有矣; 百家雜說, 或有不同, 書儻湮滅, 後人不見, 故未敢輕議之. 今指知決紕繆者, 略擧一兩端以爲誡. 《詩》云: "有鷕雉鳴." 又曰: "雉鳴求其牡." 《毛傳》亦曰: '鷕, 雌雉聲.' 又云: '雉之朝雊, 尙求其雌.' 鄭玄注《月令》亦云: '雊, 雄雉鳴.' 潘岳〈賦〉曰: '雉鷕鷕以朝雊.' 是則混雜其雄雌矣. 《詩》云: '孔懷兄弟.' 孔, 甚也; 懷, 思也, 言甚可思也. 陸機〈與長沙顧母書〉, 述從祖弟士璜死, 乃言: '痛心拔腦, 有如孔懷.' 心旣痛矣, 卽爲甚思. 何故方言有如也? 觀其此意, 當爲親兄弟爲孔懷. 《詩》云: '父母孔邇.' 而呼二親爲孔邇, 於義通乎? 《異物志》云: '擁劍狀如蟹, 但一鰲偏大爾.' 何遜〈詩〉云: '躍魚如擁劍.' 是不分魚蟹也. 《漢書》: '御史府中列柏樹, 常有野鳥數千, 棲宿其上, 晨去暮來, 號朝夕鳥.' 而文士往往誤作烏鳶用之. 《抱朴子》說項曼都詐稱得仙, 自云: '仙人以流霞一杯與我飲之, 輒不飢渴.' 而簡文〈詩〉云: '霞流抱朴椀.' 亦猶郭象以惠施之辨爲莊周言也. 《後漢書》: '囚司徒崔烈以鋃鐺鏁.' 鋃鐺, 大鏁也; 世間多誤作金銀字. 武烈太子亦是數千卷學士, 嘗作〈詩〉云: '銀鏁三公脚, 刀撞僕射頭.' 爲俗所誤.

9-19 명주明珠의 흠집, 미옥美玉의 티

문장에서 지리地理에 관한 것을 다룰 때는 반드시 사실에 합당하여야 한다. 양梁나라 간문제簡文帝(고조의 셋째 아들 소강蕭綱)의 〈안문태수행雁門太守行〉에서 "아군鶩軍이 일축日逐(흉노의 관직명)을 공격하고, 연기燕騎가 강거康居(고대 중앙아시아에 있던 나라)를 소탕하니, 대완大宛(한혈마가 난다는 고대 서역의 나라)은 귀의하여 좋은 말을 보내오고, 소월小月은 항복 문서를 보내오도다"라고 했다. 그리고 소자휘蕭子暉의 〈농두수隴頭水〉라는 시에는 "날씨 차가운데 농수는 급히 흘러, 흩어져 물길을 쏟아붓는다. 북으로 흘러 황룡성黃龍城을 가로막고, 동으로 흘러 백마성白馬城에 모여든다"라고 했다. 이 역시 명주明珠의 흠집이요, 미옥美玉의 티이다. 의당 신중히 해야 할 것이다.

文章地理, 必須愜當. 梁簡文〈雁門太守行〉乃云: '鶩軍攻日逐, 燕騎蕩康居, 大宛歸善馬, 小月送降書.' 蕭子暉〈隴頭水〉云: '天寒隴水急, 散漫俱分瀉, 北注徂黃龍, 東流會白馬.' 此亦明珠之纇, 美玉之瑕, 宜愼之.

9-20 정치情致가 있는 왕적王籍의 시

왕적王籍(남조 양나라 문인)의 〈입약야계入若耶溪〉라는 시에 "매미 소리 시끄러우니 숲은 더욱 고요하고, 산새 우는 소리에 산은 더욱 그윽하다"라고 읊어 강남江南에서는 독특하고 빼어난 문장이라 여겨 누구 하나 이의가 없었다. 간문제簡文帝는 이를 읊조리며 잊지 못하였고, 효원제孝元帝도 이를 읊고 감상하여 더 이상 있을 수 없는 표현이라 여겼다. 그래서 결국 《회구지懷舊志》에 왕적전王籍傳에 실리는 데에 이르렀다.

그런데 범양范陽(지금의 하남성河北省 탁현涿縣)의 노순조盧詢祖는 업하鄴下의 준재였는데 이렇게 평했다.

"이는 말이 되지 않는다. 어찌 재능이라 하겠는가?"

위수魏收 역시 그 이론에 찬성했다.

《시》에 "소소히 말들은 울고, 유유히 깃발을 펄럭이도다"라고 하였고, 《모전毛傳》에는 "시끄럽지 않음을 말한 것이다"라고 했다. 나는 매번 이러한 해석에 정치情致가 있다고 감탄했다. 왕적의 시도 이런 경지에서 생겨난 것이다.

王籍〈入若耶溪〉詩云: '蟬噪林逾靜, 鳥鳴山更幽.' 江南以爲文外獨絶, 物無異議. 簡文吟詠, 不能忘之, 孝元諷味, 以爲不可復得, 至《懷舊志》載於籍傳. 范陽 · 盧詢祖, 鄴下才俊, 乃言: '此不成語, 何事於能?' 魏收亦然其論. 《詩》云: '蕭蕭馬鳴, 悠悠旆旌.' 《毛傳》曰: '言不諠譁也.' 吾每歎此解有情致, 籍詩生於此耳.

9-21 눈앞에 보여 주는 듯한 시어詩語

난릉蘭陵(지금의 산동성山東省 역현嶧縣)의 소각蕭慤은 양梁나라 왕실 상황후上黃侯 소엽蕭曄의 아들로 문장에 뛰어났다. 일찍이 〈추시秋詩〉에 "부용은 이슬이 맺혀 떨어지고, 버들은 달빛 속에 성기게 보이네"라고 읊었는데 당시 사람들은 이를 높이 평가하지 않았다. 나는 그의 소산蕭散함을 좋아하여 눈앞에 완연히 보이는 듯 여겼다. 영천潁川의 순중거荀仲擧와 낭야琅邪의 제갈한諸葛漢도 역시 그렇다고 여겼지만, 노사도盧思道(북제 때의 문인) 같은 무리만은 이 구절에 대하여 흡족해하지 않았다.

蘭陵 · 蕭慤, 梁室上黃侯之子, 工於篇什. 嘗有〈秋詩〉云: '芙蓉露下落, 楊柳月中疎.' 時人未之賞也. 吾愛其蕭散, 宛然在目. 潁川荀仲擧 · 琅邪諸葛漢, 亦以爲爾. 而盧思道之徒, 雅所不愜.

9-22 청교淸巧한 시

하손何遜의 시는 실제로 맑고 공교하여 사실을 닮은 듯이 형용하는 시어가 많았다. 그러나 양도揚都(건업建業, 즉 지금의 남경南京)의 논자論者들은 그의 시가 매번 괴로움에 병들어 빈한貧寒한 기운이 너무 많아, 유효작劉孝綽의 옹용雍容함에 미치지 못한다고 한스럽게 여겼다.

비록 그렇기는 하나 유효작은 하손을 심히 시기하여 평소 하손의 시를 읽을 때면 늘 "'거백옥이 수레에 앉으니 그 소리가 궁궐의 북문에까지 들린다'라고 하였으니, 수레 모는 예절도 모르는 자"라고 평했다.

그리고 다시 《시원詩苑》이란 책을 편찬하면서 하손의 시는 두 편밖에 싣지 않아, 당시 사람들이 널리 싣지 않았다고 기롱했다. 유효작은 당시 이미 이름이 높아 누구에게도 양보할 수 없는 명성에, 오직 사조謝脁만을 숭상하여 사조의 시집은 항상 그의 책상머리에 두고 움직일 때마다 그의 시를 읊으며 완미했다. 간문제簡文帝가 도연명陶淵明(동진東晉 때의 유명한 전원시인田園詩人 도잠陶潛)의 시를 아끼기도 역시 이와 같았다.

그래서 강남江南에는 "양梁나라 때 삼하三何가 있는데 하자랑何子朗이 가장 낫다"라고 했다. 삼하란 하손 · 하사징何思澄 · 하자랑 셋을 말한다. 하자랑은 진실로 청교淸巧하고, 하사징의 여산廬山 유람 시는 매번 훌륭한 작품이 쏟아져 역시 보통 사람을 뛰어넘는다.

何遜詩實爲淸巧, 多形似之言; 揚都論者, 恨其每病苦辛, 饒貧寒氣, 不及劉孝綽之雍容也. 雖然, 劉甚忌之, 平生誦何詩, 常云: '"蘧車響北闕", 憒憒不道車.' 又撰《詩苑》, 止取何兩篇, 時人譏其不廣. 劉孝綽當時旣有重名, 無所與讓; 唯服謝朓, 常以謝詩置几案間, 動靜輒諷味. 簡文愛陶淵明文, 亦復如此. 江南語曰: '梁有三何, 子朗最多.' 三何者, 遜及思澄 · 子朗也. 子朗信饒淸巧. 思澄遊廬山, 每有佳篇, 亦爲冠絶.

10. 명실名實

본 편은 명名과 실實의 관계를 지적하여 명실상부名實相符와 언행일치言行一致의 중요성을 강조한 것이다. 이를테면 효孝로서의 명名이, 상喪을 치르는 실實로 어떻게 나타나는지 예화를 들어 밝힘으로써 실질 숭상의 사회 기풍으로 진작될 수 있기를 기대했다.

10-1 명성과 실질

명성과 실질은 마치 형체와 그 그림자의 관계와 같다. 덕과 재능을 두루 두텁게 가졌다면 명성은 틀림없이 훌륭할 것이며, 용색容色이 아름답다면 그 그림자는 틀림없이 아름다울 것이다. 지금 자신의 몸은 수양하지 않으면서 세상에 아름다운 이름이 나기를 바라는 것은, 마치 모습은 심히 추악하면서 거울에 아름답게 비치기를 요구하는 것과 같다. 상사上士는 명성을 잊고 살고, 중사中士는 명성을 세우며, 하사下士는 명성을 훔친다.

명성을 잊고 사는 자는 도를 체득하고 덕에 합당하여, 귀신의 복과 도움을 누리게 된다. 그 때문에 명성을 구하지 않아도 된다. 명성을 세우는 자는 자신을 수양하고 행동에 근신하여 영관榮觀이 드러나지 않을까 두려워한다. 그 때문에 명예를 양보하지 않는다. 명성을 훔치는 자는 겉모습을 온후하게 꾸미고 간사함을 깊이 감추어, 부화浮華한 허명虛名을 구한다. 그 때문에 명성을 얻지 못하는 것이다.

名之與實, 猶形之與影也. 德藝周厚, 則名必善焉; 容色姝麗, 則影必美焉. 今不脩身而求令名於世者, 猶貌甚惡而責妍影於鏡也. 上士忘名, 中士立名, 下士竊名. 忘名者, 體道合德, 享鬼神之福祐, 非所以求名也; 立名者, 脩身愼行, 懼榮觀之不顯, 非所以讓名也; 竊名者, 厚貌深姦, 干浮華之虛稱, 非所以得名也.

10-2 밟는 땅이 몇 촌밖에 되지 않는다고

사람이 발로 밟는 땅은 몇 촌의 넓이에 지나지 않는다. 그렇다고 지척咫尺의 좁은 길이라면 틀림없이 그 벼랑에 넘어지고 말 것이며, 한 뼘 굵기의 나무로 만든 외나무다리라면 매번 냇물이나 골짜기에 빠지고 말 것이다. 왜 그렇겠는가? 이유는 그 곁에 여지餘地가 없기 때문이다.

군자가 자신을 세움도, 생각건대 역시 이와 같다. 성의를 다한 말임에도 사람이 믿어 주지 아니하고, 지극히 깨끗한 행동임에도 남이 혹 의심을 하게 된다면, 남에게 비난을 들을 때마다 언제나 이런 이유 때문이라 자책해야 한다. 만약 능히 방궤方軌의 길을 열고, 조주造舟(배를 잇대어 다리로 만든 부교浮橋)의 배를 만들 수 있다면, 이는 중유仲由(공자의 제자 자로)의 말과 믿음이 단壇에 올라 이루어지는 맹약보다 존중받는 것이며, 조희趙喜의 항성降城이 절충折衝(적을 맞닥뜨려 꺾음)의 장수보다 뛰어난 것이다.

人足所履, 不過數寸, 然而咫尺之途, 必顚蹶於崖岸, 拱把之梁, 每沈溺於川谷者, 何哉? 爲其旁無餘地故也. 君子之立己, 抑亦如之. 至誠之言, 人未能信, 至潔之行, 物或致疑, 皆由言行聲名, 無餘地也. 吾每爲人所毁, 常以此自責. 若能開方軌之路, 廣造舟之航, 則仲由之言信, 重於登壇之盟, 趙熹之降城, 賢於折衝之將矣.

10-3 여기의 성실함이 저기서 나타난다

내가 세상 사람을 보건대 훌륭한 이름이 세상에 올랐다고 해서 재물이 들어오거나, 믿음과 명예가 드러났다고 해서 허락한 말을 실천하지 않는 자가 있다. 이는 뒤에 다가올 날카로운 창을 예측하지 못한 채, 서둘러 앞에 있는 방패를 부수어 버리는 것과 같다.

복자천虙子賤(공자의 제자인 복자제虙子齊)은 “여기에서 성실히 한 것이 저편에서 드러난다”라고 했다. 사람의 허실虛實과 진위眞僞는 마음에 있는 것으로 그 행동을 통해 드러나지 않는 것이 없다. 다만 이를 살피는 데 익숙하지 않을 뿐이다. 일단 이것이 살펴져서 감별되면 교묘함과 거짓은, 졸렬하지만 성실히 함만 같지 못하여 결국 수치는 커지게 마련이다.

백석伯石은 경상卿相의 벼슬을 양보하였고, 왕망王莽은 정권을 사양하였으니 그 당시에는 스스로 교묘하고 치밀하다고 여겼다. 그러나 뒷사람이 이 사실을 기록하여 만대에 남겨 전하였으니, 가히 뼈가 시리고 털이 삐죽 일어설 일이다.

근래 큰 권세 있는 자로서 효도로 이름이 높아 거상居喪을 전후하여 애달파하기가 제도를 넘을 정도였으니, 역시 보통 사람보다 높다 할 수 있겠다. 그러나 그는 상중에 파두巴豆를 얼굴에 발라 드디어 얼굴에 창병瘡病이 나게 하여, 곡읍哭泣이 지나쳐 그렇게 된 것처럼 꾸몄다. 좌우 동복僮僕들이 끝내 이를 숨겨주지 않게 되자, 세상 사람들이 이제까지의 평소 생활과 음식조차 모두 믿지 못하게 하는 지경에 이르게 되었다.

한 가지 위선으로 100가지 성실을 잃게 된 것은, 명성을 탐냄을 그칠 줄 모르는 데에서 비롯된 것이다.

吾見世人, 淸名登而金貝入, 信譽顯而然諾虧, 不知後之矛戟, 毁前之干櫓也. 虙子賤云: '誠於此者形於彼.' 人之虛實眞僞在乎心, 無不見乎迹, 但察之未熟耳. 一爲察之所鑒, 巧僞不如拙誠, 承之以羞大矣. 伯石讓卿, 王莽辭政, 當於爾時, 自以巧密; 後人書之, 留傳萬代, 可爲骨寒毛竪也. 近有大貴, 以孝著聲, 前後居喪, 哀毁踰制, 亦足以高於人矣. 而嘗於苫塊之中, 以巴豆塗臉, 遂使成瘡, 表哭泣之過. 左右童竪, 不能掩之, 益使外人謂其居處飮食, 皆爲不信. 以一僞喪百誠者, 乃貪名不已故也.

10-4 실력은 없이 이름만 난 어떤 선비

어떤 한 사족士族이 책은 불과 200~300권도 읽지 못한 데다가 타고난 재능도 둔졸鈍拙하였지만 집안은 대대로 부유하여 스스로 훌륭하다고 긍지를 가지고 있었다. 늘 술과 송아지 고기 등 진기하고 아름다운 것들로 명사들과 사귀게 되자, 그 미끼를 달게 여긴 자들이 돌아가며 그에게 바람을 불어넣었다. 조정에서 조차 그를 문화文華하다고 여겨 나라 밖의 사신으로 보내게 되었다.

동래왕東萊王 한진명韓晉明은 문학을 독실히 좋아하던 자였다. 그런데 그는 그의 작품이 거의 알고 쓴 것이 아니리라 의심하여, 드디어 잔치를 벌여 그를 마주 대하여 시험해 볼 작정이었다.

그날이 되어 서로 웃고 즐기며 사인辭人들이 자리를 메워 부운賦韻을 부르며 명하여 시를 짓게 되었다. 그런데 그자는 즉시 그 자리에서 시를 이루었는데 지난날의 운치가 아니었다. 많은 객이 각기 스스로 자신의 글을 읊어 보느라 누구 하나 이상함을 발견하지 못했다. 그때 한진명이 물러나 이렇게 탄식했다.

"과연 내가 예상하였던 대로군!"

어느 날 한진명이 다시 이런 질문을 던졌다.

"옥정玉珽(홀笏)의 저杼 위에 있는 종규終葵(옥규玉圭의 끝을 깎아 네모난 망치 모양으로 만든 것)의 머리는 어떤 모습을 말하는 것입니까?"

그러자 그는 이렇게 말했다.

"옥정의 머리는 굽고 둥글어 형세가 마치 아욱 잎 같지요."

한진명은 학문이 있는 사람이라 차마 비웃지도 못한 채, 나에게 그 이야기를 해 주었다.

有一士族, 讀書不過二三百卷, 天才鈍拙, 而家世殷厚, 雅自矜持, 多以酒犢珍玩, 交諸名士, 甘其餌者, 遞共吹嘘. 朝廷以爲文華, 亦嘗出境聘. 東萊王韓晉明, 篤好文學, 疑彼製作, 多非機杼, 遂設謙言, 面相討試. 竟日歡諧, 辭人滿席, 屬音賦韻, 命筆爲詩, 彼造次卽成, 了非向韻. 衆客各自沈吟, 遂無覺者. 韓退歎曰: '果如所量!' 韓又嘗問曰: '玉珽杼上終葵首, 當作何形?' 乃答云: '珽頭曲圜, 勢如葵葉耳.' 韓旣有學, 忍笑爲吾說之.

10-5 남이 다듬어 준 문장으로 이름을 누리다가는

자기 자제子弟들의 문장을 다듬고 고쳐 주어 성가聲價를 누리게 하는 것은 크게 잘못된 일이다.
첫째는 계속 그렇게 이어질 수가 없어 끝내는 그 사실이 폭로될 것이요, 둘째는 학문에 기댈 곳이 있다고 여겨 갈수록 정진으로부터 멀어질 것이기 때문이다.

治點子弟文章, 以爲聲價, 大弊事也. 一則不可常繼, 終露其情; 二則學者有憑, 益不精勵.

10-6 지난날 공적이 다 무너진다

업하鄴下에 어떤 젊은이가 양국령襄國令으로 출임出任하여 자못 스스로 힘써 공부했다. 그리고 공무의 처리에도 마음을 다하여 매번 무휼撫卹을 더하여 자신의 명성을 얻고자 했다. 그리고 병역兵役에 나가는 자를 위해서는 손을 잡고 보내 주면서 간혹 배·대추·떡을 싸서 주며 사람마다 일일이 증별贈別했다. 그러고는 이렇게 말했다.
"상부의 명령으로 이렇게 되었으니 정으로는 차마 어쩔 수 없다오. 길을 가다가 기갈이 들거든 이로써 나의 생각을 알아나 주시오."
서민들은 모두 이를 칭찬하여 입으로는 다 할 수 없는 찬사가 쏟아졌다. 그가 사주별가泗州別駕로 승진해서도 이렇게 했다. 그러나 이에 사용하였던 비용이 날로 늘어나, 더 이상 주선할 수 없을 정도로 재정이 바닥나고 말았다. 한번 거짓 인정을 베풀었다가 계속할 수 없는 지경에 이르자, 지난날 이루었던 공적이 끝내 무너지고 말았다.

鄴下有一少年, 出爲襄國令, 頗自勉篤. 公事經懷, 每加撫卹, 以求聲譽. 凡遣兵役, 握手送離, 或齎梨棗餠餌, 人人贈別, 云: '上命相煩, 情所不忍; 道路飢渴, 以此見思.' 民庶稱之, 不容於口. 及遷爲泗州別駕, 此費日廣, 不可常周, 一有僞情, 觸塗難繼, 功績遂損敗矣.

10-7 매미 허물 같은 성가聲價

어떤 이가 이렇게 물었다.

"무릇 정신이 사라지고 형체가 소멸되어 죽고 나면, 남긴 성가聲價란 역시 매미 허물이나 뱀 껍질, 짐승의 자취나 새 발자국 흔적과 같을 따름입니다. 그런데 죽고 나면 그만인 것과 무슨 관계가 있다고 성인들은 이를 훌륭한 교화라 여겼습니까?"

나는 이렇게 대답했다.

"힘쓰도록 하는 것입니다. 그 이름을 세우도록 힘쓰게 되면 그 실질을 얻게 될 것입니다. 하나의 백이伯夷를 힘쓰게 하면 1000명, 만 명이 청풍淸風을 세우게 될 것이요, 하나의 계찰季札(춘추시대 오왕吳王 수몽壽夢의 막내아들로 왕위를 사양함)을 힘쓰게 하면 1000명 만 명이 인풍仁風을 세우게 될 것이며, 하나의 유하혜柳下惠(춘추시대 노나라의 현자)를 힘쓰게 하면 1000명 만 명이 정풍貞風을 세우게 될 것이요, 하나의 사어史魚(춘추시대 위나라의 충직한 신하)를 힘쓰게 하면 1000명 만 명의 직풍直風이 세워질 것입니다. 그러므로 성인은 그 어린봉익魚鱗鳳翼(물고기 비늘과 봉황의 날개)과 같이 잡답雜沓하고 참치參差하게 각기 타고난 재능이 다르다 해도, 세상에 이러한 힘씀이 끊어지지 않고자 한 것이니, 어찌 넓다고 하지 않겠습니까? 사해四海의 사람이 이렇게 많아도 모두가 명성을 사모하고 있으니, 모두가 이러한 사정에 근거하여 그 선을 이루게 하는 것입니다. 생각건대 다시 이렇게 논할 수 있습니다. 조고祖考의 훌륭한 이름과 아름다운 명

예는 역시 자손에게 있어서 높은 관직과 훌륭한 집이 되기도 하지요. 예로부터 오늘에 이르도록 조상의 후광을 입은 사람들이 많습니다. 선한 행동을 하고 이름을 세우는 것은 집을 세우고 나무를 심는 것과 같은 일이니, 살아서는 편리함을 얻고 죽어서는 그 후세에 은택을 남겨 주는 것입니다. 눈앞의 이익에만 급급한 이들이 이 점은 깨닫지 못해서, 사람이 죽으면 명예도 사라지는 것으로 여기니, 이 얼마나 미혹한 것입니까!"

或問曰: '夫神滅形消, 遺聲餘價, 亦猶蟬殼蛇皮, 獸迒鳥迹耳, 何預於死者, 而聖人以爲名教乎?' 對曰: '勸也, 勸其立名, 則獲其實. 且勸一伯夷, 而千萬人立淸風矣; 勸一季札, 而千萬人立仁風矣; 勸一柳下惠, 而千萬人立貞風矣; 勸一史魚, 而千萬人立直風矣. 故聖人欲其魚鱗鳳翼, 雜沓參差, 不絶於世, 豈不弘哉? 四海悠悠, 皆慕名者, 蓋因其情而致其善耳. 抑又論之, 祖考之嘉名美譽, 亦子孫之冕服牆宇也, 自古及今, 獲其庇廕者亦衆矣. 夫修善立名者, 亦猶築室樹果, 生則獲其利, 死則遺其澤. 世之汲汲者, 不達此意, 若其與魂爽俱昇, 松柏偕茂者, 惑矣哉!'

11. 섭무涉務

본 편은 자녀와 후손들이 실제와 실질을 충실히 하여 사회와 국가에 유용한 인물이 될 것을 가르치고 있다. 당시 사대부들의 허세를 비판하였고, 지위 관계없이 능력을 지닌 자가 우대받아야 함을 강조했다. 시대와 역사의 격변 속에서도 그러한 실질적인 능력이 있어야 살아남음을 예화로 설명하고 있다.

11-1 나라에 쓰이는 재목 여섯 가지

군자로서 세상에 처함에, 능히 사물에 유익함을 귀하게 여길 뿐이다. 한갓 고담허론高談虛論만 일삼으며 왼쪽엔 거문고, 오른쪽엔 책을 두고 임금의 녹위祿位만 축내서는 안 된다.

나라에 쓰이는 재목은 크게 보아 여섯 가지에 불과하다.

첫째는 조정지신朝廷之臣으로 그의 치체治體(통치의 핵심)를 감달鑒達(꿰뚫어 알다)하여 경륜이 박아博雅함을 취하면 된다.

둘째, 문사지신文士之臣으로 그의 저술著述과 헌장憲章이 옛것을 잊지 않음을 취하면 된다.

셋째, 군려지신軍旅之臣으로 그 결단력과 모책이 있음과 군사의 일에 강하며 능력 있음을 취하면 된다.

넷째, 번병지신藩屛之臣(왕실의 울타리가 되는 신하)으로 풍속에 명련明練(훤히 익혀 알다)하여 청백淸白하며 백성을 사랑하는 점을 취하면 된다.

다섯째, 사령지신使令之臣으로 그의 변화를 감식하여 그에 따라 임금의 명령에 욕됨이 없이하는 능력을 취하면 된다.

여섯째, 흥조지신興造之臣(토목 건축 담당 신하)으로 그의 공사의 차례를 맞게 하여 경비를 절감하며, 개척의 책략에 기술이 있는 점을 취하면 된다.

이 여섯 가지는 부지런히 공부하여 행동을 지킬 줄 아는 자라면 누구나 능히 해낼 수 있는 일이다.

사람의 천성은 장단이 있다. 그러니 어찌 이 여섯 가지에 훌륭함을 모두 함께 갖추도록 요구할 수 있겠는가? 다만 의당 모두가 그 지취指趣를 밝히 알아, 능히 한 직분만이라도 지켜 낸다면 곧 부끄러움은 없어질 것이다.

士君子之處世, 貴能有益於物耳, 不徒高談虛論, 左琴右書, 以費人君祿位也. 國之用材, 大較不過六事: 一則朝廷之臣, 取其鑒達治體, 經綸博雅; 二則文史之臣, 取其著述憲章, 勿忘前古; 三則軍旅之臣, 取其斷決有謀, 强幹習事; 四則藩屛之臣, 取其明練風俗, 淸白愛民; 五則使令之臣, 取其識變從宜, 不辱君命; 六則興造之臣, 取其程功節費, 開略有術, 此則皆勤學守行者所能辨也. 人性有長短, 豈責具美於六塗哉? 但當皆曉指趣, 能守一職, 便無媿耳.

11-2 이름만 있고 실천 능력이 없는 선비

내가 세상의 문학지사文學之士를 보건대 고금을 품평하여 이런 것을 마치 손바닥에 놓고 가리키는 듯하면서, 막상 그를 시용試用해 보면 무엇 하나 감당하지 못하는 경우가 있다. 그들은 승평承平 시대에 살았기 때문에 전쟁의 참혹함을 알지 못하고, 조정의 보존 아래 벼슬하고 있기에 전쟁의 위급함을 알지 못하며, 봉록俸祿을 바탕으로 하고 있어 농사짓는 고통을 알지 못하며, 백성을 다스리는 윗자리에 있기에 노역勞役의 고통스러움을 알지 못한다. 그러므로 그런 사람은 세상에 맞게 임무를 경영토록 하기가 어렵다.

진晋나라가 남도南渡하여 사족士族을 우대했다. 그 때문에 강남의 귀족들로서 재주와 능력이 있는 자는 영복令僕 이하 상서랑尙書郞과 중서사인中書舍人 이상으로 발탁되어, 그 기요機要한 대사를 관장하게 되었다. 그 나머지의 문의지사文義之士들은 대부분 우탄부화迂誕浮華(허황하고 겉만 화려함)하여 세무世務의 실제 일에는 참여시키지 않았다. 그리고 그들의 미세한 과실에 대해서는 처벌 내리기를 자제했다. 그래서 청고淸高한 자리에 처해 있으면서 그 단점을 보호받을 수 있었다.

그러나 대각臺閣의 영사令史나 주서主書, 감수監帥, 그리고 여러 왕족의 첨수瀐帥나 성사省事 등은 모두가 관리로서의 직무를 밝게 익혀 때마다 필요한 일을 처리했다. 이들은 비록 소인의 태도를 벗지는 못하였지만, 모두가 채찍을 맞으며 엄격히 감독당하는 대상이었다. 그 때문에 대다수가 관리로 임용되었으니 대체로 그들의 장점을 쓴 것이다.
사람들은 매번 스스로의 능력은 헤아리지 못한 채, 온 세상이 모두 양무제梁武帝 부자는 소인을 가까이하면서 사대부는 멀리한다고 원망한다. 그러나 이 역시 눈이 그 속눈썹은 보지 못하는 것일 뿐이다.

吾見世中文學之士, 品藻古今, 若指諸掌, 及有試用, 多無所堪. 居承平之世, 不知有喪亂之禍; 處廟堂之下, 不知有戰陳之急; 保俸祿之資, 不知有耕稼之苦; 肆吏民之上, 不知有勞役之勤, 故難可以應世經務也. 晉朝南渡, 優借士族; 故江南冠帶, 有才幹者, 擢爲令僕已下尙書郎中書舍人已上, 典掌機要. 其餘文義之士, 多迂誕浮華, 不涉世務; 纖微過失, 又惜行捶楚, 所以處於淸高, 蓋護其短也. 至於臺閣令史, 主書監帥, 諸王籤省, 並曉習吏用, 濟辦時須, 縱有小人之態, 皆可鞭杖肅督, 故多見委使, 蓋用其長也. 人每不自量, 擧世怨梁武帝父子愛小人而疏士大夫, 此亦眼不能見其睫耳.

11-3 말을 보고 호랑이라고 소리 지른 고관

양梁나라 때 사대부들은 모두가 품이 넓은 옷에 넓적한 띠, 높은 모자, 굽 높은 신발 차림을 숭상했다. 외출 시에는 수레를 타고, 들어와서는 부축을 받아, 교곽郊郭 안에서는 말 타는 사람을 볼 수가 없었다. 그런데 주홍정周弘正은 선성왕宣城王의 총애를 입었다. 과하마果下馬 한 필을 주자 항상 이를 타고 다녀온 조정이 그를 두고 방달放達한 사람이라 여길 정도였다. 게다가 상서랑尙書郎 정도의 벼슬이 말을 타고 다닌다고 이를 탄핵하기도 했다.
그러다가 후경侯景의 난이 일어나자, 이들은 피부가 약해지고 뼈가 유약하여 걸을 수조차 없었다. 몸은 파리하고 기운이 약해 춥고 더움도 견뎌 내지 못하여 앉은 채 죽는 사대부가 왕왕 나타나게 되었다.

건강령建康令 왕복王復은 성품이 유아儒雅한 데다가 말을 타 본 적이 없었다. 말이 울며 내닫는 모습만 보아도 놀라 겁을 먹었고, 게다가 그러한 말을 보고는 “이는 바로 호랑이인데 어찌 이름을 말이라 하였을까?”라고 할 정도였다. 그 풍속이 이러한 지경에 이르렀다.

梁世士大夫, 皆尙褒衣博帶, 大冠高履, 出則車輿, 入則扶侍, 郊郭之內, 無乘馬者. 周弘正爲宣城王所愛, 給一果下馬, 常服御之, 擧朝以爲放達. 至乃尙書郞乘馬, 則糺劾之. 及侯景之亂, 膚脆骨柔, 不堪行步, 體羸氣弱, 不耐寒暑, 坐死倉猝者, 往往而然. 建康令王復性旣儒雅, 未嘗乘騎, 見馬嘶歕陸梁, 莫不震慴, 乃謂人曰: ‘正是虎, 何故名爲馬乎?’ 其風俗至此.

11-4 농사란 힘겨운 일이다

옛사람이 농사의 힘겨움을 알고자 한 것은, 대체로 귀곡무본貴穀務本(곡식을 귀하게 여기고 근본에 힘씀)의 도를 위해서였다. 무릇 식량은 백성에게 있어서 하늘이며, 백성은 식량 없이는 살아갈 수가 없다. 사흘을 먹지 못한다면 부자父子 사이라도 능히 존속될 수 없다. 밭 갈아 파종하고 김매어 호미질하고, 낫으로 베어 거두어, 이를 실어다 쌓은 다음, 타작하여 털고, 키질로 골라내며 무릇 몇 번의 손질을 거쳐 창고에 들어가니, 어찌 농사를 가벼이 여기고 말업末業을 귀하게 여길 수 있겠는가? 강남의 조정 관리들은 진晉나라 중흥中興으로 인해 남으로 강을 건너온 후, 끝내 기려羈旅가 되어 지금까지 팔구八九 세대가 되도록 힘써 농사지어 본 적이 없이, 모두가 봉록에 의지하여 살아왔다. 설령 농토가 있다 해도 모두가 동복僮僕이 하는 대로 믿고 일찍이 직접 흙을 파는 모습을 한 번이라도 보거나 싹 하나 가꾸어 본 적이 없다. 어느 달에 파종해야 하며, 어느 달에 거두어야 하는지를 알지 못한다. 그러니 어찌 세상의 나머지 업무인들 제대로 알겠는가? 그러므로 관직을 다스리면 제대로 완료하지 못하고, 집안을 다스려도 제대로 처리하지 못한다. 모두가 우대하여 한가히 살도록 했던 데에서 생긴 잘못이다.

古人欲知稼穡之艱難, 斯蓋貴穀務本之道也. 夫食爲民天, 民非食不生矣, 三日不粒, 父子不能相存. 耕種之, 茠鉏之, 刈穫之, 載積之, 打拂之, 簸揚之, 凡幾涉手, 而入倉廩, 安可輕農事而貴末業哉? 江南朝士, 因晉中興, 南渡江, 卒爲羈旅, 至今八九世, 未有力田, 悉資俸祿而食耳. 假令有者, 皆信僮僕爲之, 未嘗目觀起一墢土, 耘一株苗; 不知幾月當下, 幾月當收, 安識世間餘務乎? 故治官則不了, 營家則不辦, 皆優閑之過也.

12. 성사省事

본 편은 작자의 일상 경험에서 나온 일종의 처세 철학이다. 어떤 일이건 바른 표준을 세워 이를 살펴야 하며, 그에 따라 한 분야의 전문적인 일가를 이루어야 한다고 주장했다. 한편 능력이 없음에도 봉록에 연연하는 당시 풍조를 비판하면서, 난세에 자신을 보호하기 위한 규범을 세워 세상을 바르게 볼 것을 훈계했다.

12-1 말을 많이 하지 말라

금인金人(금동金銅의 상像)에 "말을 많이 하지 말라. 말이 많으면 실패도 많다. 많은 일을 벌이지 말라. 일이 많으면 근심도 많다"라는 명문銘文이 있다. 지극하도다. 이 계율이여! 내닫기에 능한 자에게는 그 날개를 주지 않았고, 날기에 능한 자에게는 앞발이 없고, 뿔 있는 자는 윗니가 없으며, 뒷다리가 발달한 자는 앞다리가 없다. 대체로 천도天道란 사물이 모든 것을 겸비하도록 하지는 않았다.

옛사람이 이렇게 말했다.

"많이 하면서 한두 가지 잘하는 것이 없는 것은, 한 가지만 잘하느니만 못하다. 석서鼫鼠(날다람쥐)란 놈은 다섯 가지 재능이 있으나 어느 한 가지 옳은 기술을 가지고 있지 못하다."

근래 두 사람이 있었다. 모두가 청랑하고 똑똑한 선비였다. 그런데 성품이 여러 가지 일을 벌이기를 즐기면서 이름을 이루지는 못했다. 경經을 화제로 삼으면 질문에 응할 수 없고, 사史를 얘기하면 토론 상대도 되지 못한다. 문장文章은 집록集錄에 실어 전할 만한 것이 없고, 글씨는 남겨 두고 감상할 만한 것이 없다. 복서卜筮(운세)도 여섯 가지에서 셋을 맞추지 못하며, 의약에도 열을 보면 다섯 정도 치료하며, 음악은 수십 명 아래 수준이요, 궁시弓矢는 1000명, 100명 아래 수준이다. 그리고 천문 · 회화 · 기박棊博은 물론 선비어鮮卑語와 이민족 문자, 호두 기름 만들기, 주석을 제련하여 은銀 만들기 등 이와 같은 유들도 대략 그 경개만 터득하였을 뿐, 어느 것 하나 능통하거나 익숙하지 못했다. 아깝도다. 그들의 그 신통하고 명석한 머리로 만약 다른 한쪽을 살폈더라면 의당 정밀하고 신묘하였을 것이다.

銘金人云: '無多言, 多言多敗; 無多事, 多事多患.' 至哉斯戒也! 能走者奪其翼, 善飛者減其指, 有角者無上齒, 豐後者無前足, 蓋天道不使物有兼焉也. 古人云: '多爲少善, 不如執一; 鼯鼠五能, 不成伎術.' 近世有兩人, 朗悟士也, 性多營綜, 略無成名, 經不足以待問, 史不足以討論, 文章無可傳於集錄, 書迹未堪以留愛翫, 卜筮射六得三, 醫藥治十差五, 音樂在數十人下, 弓矢在千百人中, 天文 · 繪畫 · 棊博, 鮮卑語 · 胡書, 煎胡桃油, 鍊錫爲銀, 如此之類, 略得梗槩, 皆不通熟. 惜乎, 以彼神明, 若省其異端, 當精妙也.

12-2 상서上書의 네 가지 유형

글을 올려 의견을 진술하는 것은 전국戰國 시대부터 시작되어 양한兩漢에 이르러 그 풍조가 넓어졌다. 그 체도體度를 궁구해 보면 임금의 장단점을 공격하는 간쟁의 무리가 있고, 여러 신하의 득실을 헐뜯는 송소訟訴의 유형이 있으며, 국가의 이해를 진술하는 대책對策의 무리가 있고, 사정私情에 얽힌 여탈與奪의 성격을 띤 유세의 무리가 있다.

그런데 이 네 가지 길은 모두가 충성을 팔아 지위를 구하고, 말솜씨를 팔아 봉록을 구하는 자들이다. 간혹 털끝만 한 이익도 얻지 못하면서 도리어 거들떠보아 주지도 않는 곤욕을 치르기도 하지만, 다행히 임금의 마음에 감동을 주어 때맞추어 채택되는 경우도 있다. 그러나 처음에는 헤아릴 수 없는 큰 상을 받지만 끝내 측량할 수 없는 죽음에 빠지게 된다. 바로 엄조嚴助 · 주매신朱買臣 · 오구수왕吾丘壽王 · 주보언主父偃 등의 무리로서 그 예가 심히 많다.

훌륭한 사관이 그나마 책에 기록해 주는 것은, 대개 그들 중에 광견狂狷(고집이 셈)함이 한결같이 굳세다는 점을 취하여, 정치의 득실에 평론을 받은 자들일 뿐이다. 선비나 군자로서, 법도를 지키는 자들이 할 일이 아니다.

지금 세상을 보아도 근유瑾瑜(아름다운 옥. 학문과 품격이 전아함)를 품고 난계蘭桂(난초 꽃과 계수나무 꽃. 인격의 향기)를 잡은 자들이라면 누구나 이러한 일을 부끄럽게 여기고 있다. 임금이 드나드는 문을 지켜 기다리며, 궁궐을 직접 찾아가 글을 올리고 계책을 토로하지만 거의 공박空薄한 것이요, 스스로 자랑하기 위한 것이며, 경략經略의 대체大體도 없이 모두 등겨 같은 미천한 사건들로 열 가지 조항 중에 단 하나도 채택할 만한 것이 없다. 비록 시무時務에 합당한 것이 있다 해도 이미 남들이 깨달았던 것조차 빠뜨린 것으로, 남이 모르고 있던 것이 아니요, 다만 알고 있으나 실행하지 못해 근심하던 일들이었다. 그들 중에 간혹 간사하고 사사로운 의도가 숨어 있음이 발각되어, 대면하여 서로 증거를 대면 일이 더욱 꼬이고, 복잡하여 도리어 허물에 근심을 뒤집어쓰는 일로 반전되기도 한다. 임금이 밖으로 위엄과 교화를 위하느라 혹시 포용을 입어 용서를 받는다 해도 이는 요행히 면한 무리일 뿐, 그들과 더불어 어깨를 같이하여 동행하기에는 부족한 자들이다.

上書陳事, 起自戰國, 逮於兩漢, 風流彌廣. 原其體度: 攻人主之長短, 諫諍之徒也; 訐羣臣之得失, 訟訴之類也; 陳國家之利害, 對策之伍也; 帶私情之與奪, 遊說之儔也. 總此四塗, 賈誠以求位, 鬻言以干祿. 或無絲毫之益, 而有不省之困, 幸而感悟人主, 爲時所納, 初獲不貲之賞, 終陷不測之誅, 則嚴助·朱買臣·吾丘壽王·主父偃之類甚衆. 良史所書, 蓋取其狂狷一介, 論政得失耳, 非士君子守法度者所爲也. 今世所覩, 懷瑾瑜而握蘭桂者, 悉恥爲之. 守門詣闕, 獻書言計, 率多空薄, 高自矜夸, 無經略之大體, 咸粃糠之微事, 十條之中, 一不足採, 縱合時務, 已漏先覺, 非謂不知, 但患知而不行耳. 或被發姦私, 面相酬證, 事途迴穴, 翻懼愆尤; 人主外護聲教, 脫加含養, 此乃僥倖之徒, 不足與比肩也.

12-3 간쟁의 방법

간쟁諫諍하는 사람들은 임금의 과실을 바로잡기 위해 있는 것이다. 반드시 그러한 말을 할 수 있는 지위에 있어야 하고, 의당 바로잡아 돕는 법규를 다해야 한다. 구차스럽게 면하거나 편안함만을 위해 머리를 떨구고 귀를 막는 행위는 용납되지 않는다. 임금을 위해 복무함에는 방법이 있다. 생각이 자신의 직위를 넘어서서는 안 되며, 간섭이 자신의 임무를 넘어서서도 안 된다. 넘어서면 곧 이는 죄인이 되는 것이다. 그 때문에 〈표기表記〉(《예기禮記》의 편명)에는 이렇게 말했다.
"임금을 섬기되 가까이 있는 자가 아니면서 간언하는 것은 아첨이 된다. 그리고 가까이 있으면서도 간언하지 않는다면 이는 이익만 구하는 것이 된다."
그리고 《논어論語》에는 이렇게 말했다.
"믿음이 없으면서 간언하면 남들이 자신을 비방하는 자라 여기게 된다."

諫諍之徒, 以正人君之失爾, 必在得言之地, 當盡匡贊之規, 不容苟免偸安, 垂頭塞耳; 至於就養有方, 思不出位, 干非其任, 斯則罪人. 故〈表記〉云: '事君, 遠而諫, 則諂也; 近而不諫, 則尸利也.' 《論語》曰: '未信而諫, 人以爲謗己也.'

12-4 값을 축적하여 때를 기다려라

군자라면 마땅히 도를 지키고 덕을 숭상하여, 값을 축적하여 때를 기다려야 한다. 작위나 봉록이 오르지 못하는 것은 진실로 천명天命에 달린 것이다. 벼슬을 구하겠다고 경쟁하여 내달으면서 수치를 돌아보지 않거나, 재능을 비교하고 공벌功伐을 헤아려 짐작하며, 상기된 얼굴로 소리를 높이고, 동쪽에서 원망하고 서쪽에서 화를 내기도 하며, 혹은 재상의 흠을 꼬투리 잡아 협박하여 그에 상응한 사례를 받기도 하고, 혹은 당시 사람들은 시청視聽을 근거로 떠들고 다니며 선발되거나 파견되기를 요구하기도 한다.
그런데 이렇게 하여 관직을 얻고 나서는 재주와 역량이 있어서 그렇게 되었다고 하니, 이것이 음식을 훔쳐 먹어 배부르고, 옷을 훔쳐 입어 따뜻함을 취하는 것과 무엇이 다르겠는가? 세상에 조급하게 다투어 관직을 얻은 자는 문득 "찾지 않고 어찌 얻겠는가?"라고 한다. 이는 시운時運이 오면 요구하지 않아도 다가온다는 것을 모르는 것이다. 그리고 조용히 물러나 아직 등용되지 않은 사람을 보게 되면 곧 "하지 않고 어찌 이루리오?"라고 하니, 이는 풍운風雲이 함께해 주지 않으면 한갓 구해도 이익이 없음을 모르는 것이다. 무릇 구하지 않았는데도 저절로 얻게 되는 것과 구해도 얻지 못하는 경우를 어찌 가히 다 헤아릴 수 있겠는가!

君子當守道崇德, 蓄價待時, 爵祿不登, 信由天命. 須求趨競, 不顧羞慚, 比較才能, 斟量功伐, 厲色揚聲, 東怨西怒; 或有劫持宰相瑕疵, 而獲酬謝, 或有諠聒時人視聽, 求見發遣; 以此得官, 謂爲才力, 何異盜食致飽, 竊衣取溫哉! 世見躁競得官者, 便謂'弗索何獲?'; 不知時運之來, 不求亦至也. 見靜退未遇者, 便謂'弗爲胡成?'; 不知風雲不與, 徒求無益也. 凡不求而自得, 求而不得者, 焉可勝算乎!

12-5 이득이 있는 곳에 위험이 함께 있다

제齊나라 말기에 흔히 재물을 귀족의 외척에게 가져다 주고 그 여인들을 선동하여 알현토록 하는 일이 많았다. 이리하여 수재守宰(지방관) 정도의 관직이라도 얻은 자는 그 도장 끈에 빛이 나고, 타는 수레와 말이 번쩍이며, 그 영화가 구족九族에게 미쳐, 한때의 부귀를 거머쥐었다. 이러한 풍조는 집정자執政者의 근심거리가 되었고, 그에 따라 사찰伺察의 대상이 되었다.

이득이 있으면 반드시 그 이득 때문에 위태로워지는 법이다. 조금만 풍진風塵에 물들어도 곧바로 엄숙한 정법을 어그러뜨리는 것이 되고, 그 구덩이는 유달리 깊고 상처는 회복할 수 없게 된다. 비록 죽음은 면했다 해도 집안이 망하지 않음이 없으니, 그런 뒤에 후회한들 어찌 다시 미칠 수 있겠는가? 나는 남에서 북으로 오면서 당시 사람들과 신분身分에 대해서는 단 한마디도 나눈 적이 없다.

비록 나를 알아주지 못한다 해도 역시 탓할 이유는 없다.

齊之季世, 多以財貨託附外家, 諠動女謁. 拜守宰者, 印組光華, 車騎輝赫, 榮兼九族, 取貴一時. 而爲執政所患, 隨而伺察, 旣以利得, 必以利殆, 微染風塵, 便乖肅正, 坑穽殊深, 瘡痏未復, 縱得免死, 莫不破家, 然後噬臍, 亦復何及? 吾自南及北, 未嘗一言與時人論身分也, 不能通達, 亦無尤焉.

12-6 밥 짓는 자를 도와주면 밥맛이라도 본다

왕자진王子晋(주영왕周靈王의 태자 왕자교王子喬)은 "밥 짓는 자를 도와주면 맛이라도 보지만 싸움을 도왔다가는 상처만 입는다"라고 했다. 이 말은 좋은 일이면 관여하고 나쁜 일이면 그만두어, 남의 의롭지 못한 일에 당을 짓지 않도록 하라는 뜻이다.
무릇 사물에 손해를 입히는 일은 무엇이든지 관여하지 말아야 한다는 것이기는 하나, 궁한 새가 내 품으로 들어오면 어진 사람은 불쌍히 여기게 마련이다. 하물며 죽음에 처한 선비가 나에게 의탁해 오면 어찌 이를 나 몰라라 할 수 있겠는가? 오원伍員(오자서)은 어부의 배에 의탁하였고, 계포季布(한혜제와 한문제를 보필했던 무장)는 광류廣柳의 수레에 숨어들었으며, 공융孔融은 장검張儉(후한 때 인물로, 공융의 형의 집으로 피하자 어린 공융이 숨겨 줌)을 숨겨 주었고, 손숭孫嵩은 조기趙岐를 숨겨 주었다. 이는 전대前代에 귀히 여겼던 바의 사건이다. 내가 이러한 행동을 하다가 이로써 죄를 얻는다면 달게 여겨 눈을 감으리라. 그러나 곽해郭解가 남을 대신하여 원수를 갚은 일이나, 관부灌夫(한무제 때 인물)가 땅을 차지하려는 적복籍福에게 마구 화를 낸 사건 같은 경우라면, 이는 유협遊俠의 무리가 할 짓이지 군자가 할 바는 아니다. 만약 역란逆亂의 행위로 임금에게 죄를 얻는 경우라면 역시 불쌍히 여길 것이 못 된다. 그리고 친구가 위난危難에 쫓긴다면, 집안 재물과 자신의 힘을 다해 돕되 인색해서는 안 된다. 그러나 수단을 가리지 않고 마구 계략을 도모하고자 무리하게 청탁해 올 경우, 이는 내가 본받을 바가 아니다.

묵적墨翟(묵자)의 무리에 대해 세상 사람은 열복熱腹이라 하고, 양주楊朱(이기적인 위아학파爲我學派의 대표 인물)의 무리에 대해서는 냉장冷腸이라 한다. 창자는 차게 해서는 안 되고 배는 뜨겁게 해서는 안 된다. 의당 인仁과 의義로써 이를 조절하고 다듬을 따름이다.

王子晉云: '佐饔得嘗, 佐鬪得傷.' 此言爲善則預, 爲惡則去, 不欲黨人非義之事也. 凡損於物, 皆無與焉. 然而窮鳥入懷, 仁人所憫; 況死士歸我, 當棄之乎? 伍員之託漁舟, 季布之入廣柳, 孔融之藏張儉, 孫嵩之匿趙岐, 前代之所貴, 而吾之所行也, 以此得罪, 甘心瞑目. 至如郭解之代人報讎, 灌夫之橫怒求地, 游俠之徒, 非君子之所爲也. 如有逆亂之行, 得罪於君親者, 又不足卹焉. 親友之迫危難也, 家財己力, 當無所吝; 若橫生圖計, 無理請謁, 非吾敎也. 墨翟之徒, 世謂熱腹, 楊朱之侶, 世謂冷腸, 腸不可冷, 腹不可熱, 當以仁義爲節文爾.

12-7 역법曆法 논쟁

내가 전에 수문영조修文令曹(안지추가 북제北齊 무평武平 3년 수문전修文殿에서 일할 때)로 있을 때, 산동山東의 어떤 학사와 관중關中의 태사太史 사이에 역법曆法을 두고 논쟁이 벌어진 일이 있었다. 무릇 10여 명이 해를 거듭하여 의견이 분운했다. 뒤에 내사內史가 할 수 없이 이 문제를 의관議官에게 이첩하여 평의平議하게 했다. 이때 나는 이렇게 주장했다.

"무릇 여러 학자의 쟁점은 사분四分과 감분減分의 두 가지 주장일 뿐이오. 역상曆象의 요체는 일구日晷의 그림자를 가지고 측정할 수 있는 것이오. 지금 그 분지分至와 일식과 월식으로 측험測驗해 보면 사분(춘분·하지·추분·동지)은 너무 소략하고 감분은 너무 세밀합니다. 소략하다고 주장하는 자는 정령政令에 느슨함과 지나침이 있듯이 세성歲星의 운행도 차고 기울게 되는 것이지, 계산상의 착오가 있는 것이 아니라는 것입니다. 세밀하다고 주장하는 자는 해와 달의 운행에 빠름과 느림이 있어 이를 정확히 계산하여 그 각도를 미리 알 수 있다고 말하는 것이지, 재앙이나 상서가 있다는 것은 아닙니다. 소략하다는 사분법을 쓰면 간사함을 감추어 믿음을 잃는 것이요, 세밀하다는 감분법을 쓰면 임의로 계산하여 경經을 위배하는 것입니다. 게다가 의관으로서는 그 문제를 직접 쟁송하는 천문관보다 정밀히 알 수 있는 것이 아닙니다. 얕은 지식으로 깊은 지식을 가진 자를 결정한다면 어찌 수긍하여 복종하겠습니까? 이왕 이는 법률을 맡는 부서에 맞지 않는다고 하는 한, 이를 우리가 결정하지는 않기를 바랍니다."
그러자 지위의 고하를 막론하고 모두 그렇다고 찬동했다. 그런데 한 예관禮官이 이러한 양보를 치욕이라 여기고, 그대로 권리를 행사하겠다고 나서서, 억지로 고핵考覈(조사해 밝힘)을 가했다. 그러나 그의 지식(機杼)은 미치지 못하여 혼자서는 측량해 낼 수가 없었다. 이에 다시 쟁송의 당사자들을 찾아다니며 그들의 장단점을 엿보며 아침저녁으로 모여 의논해 보았지만, 시간이 갈수록 번거롭고 노고롭기만 할 뿐, 봄이 가고 겨울이 오도록 끝내 결정을 내릴 수가 없었다. 그에 대한 원망과 비난이 점점 커지자, 그는 얼굴을 붉히며 물러서고 말았으며, 끝내 내사의 핍박까지 받게 되었다. 이는 명분을 좋아하다가 얻은 치욕이다.

前在修文令曹, 有山東學士與關中太史競歷, 凡十餘人, 紛紜累歲, 內史牒付議官平之. 吾執論曰: '大抵諸儒所爭, 四分幷減分兩家爾. 歷象之要, 可以晷景測之; 今驗其分至薄蝕, 則四分疏而減分密. 疏者則稱政令有寬猛, 運行致盈縮, 非算之失也; 密者則云日月有遲速, 以術求之, 預知其度, 無災祥也. 用疏則藏姦而不信, 用密則任數而違經. 且議官所知, 不能精於訟者, 以淺裁深, 安有肯服? 既非格令所司, 幸勿當也.'

擧曹貴賤, 咸以爲然. 有一禮官, 恥爲此讓, 苦欲留連, 强加考覈. 機杼旣薄, 無以測量, 還復採訪訟人, 窺望長短, 朝夕聚議, 寒暑煩勞, 背春涉冬, 竟無予奪, 怨誚滋生, 赧然而退, 終爲內史所迫: 此好名之辱也.

13. 지족止足

본 편은 정신 수양과 물질 욕구의 갈등을 어떻게 해소할 것인가를 다루고 있다. 이에 족함을 알아 그칠 수 있어야 하며, 행복의 척도를 '겸허충손謙虛冲損'에 둘 것과 실제로 집의 크기와 노비의 숫자, 벼슬의 정도까지 구체적으로 거론하는 등 자세한 훈계로 가르치고 있다.

13-1 욕심은 우주도 삼킨다

《예禮》에 "욕심은 마구 풀어놓아서는 안 된다. 그리고 뜻은 가득 채워서는 안 된다"라고 했다. 우주宇宙는 그 끝까지 다다를 수 있지만 정성情性은 그 끝을 알 수가 없으니, 오직 욕심을 줄여 만족을 알아 이를 한계로 세워야 할 뿐이다. 선조이신 정후靖侯께서 자질子姪들에게 이러한 계명을 내리셨다.

"너희들 집안은 서생書生의 가문으로 대대로 부귀를 누려 본 적이 없다. 이제부터 벼슬은 그 1000석이 넘는 것은 하지 말도록 하며, 혼인도 권세 있는 가문을 탐내지 말도록 하라."

나는 이를 종신토록 복응服膺(마음속 깊이 간직함)하며 명언名言으로 삼아 왔다.

《禮》云: '欲不可縱, 志不可滿.' 宇宙可臻其極, 情性不知其窮, 唯在少欲知足, 爲立涯限爾. 先祖靖侯戒子姪曰: '汝家書生門戶, 世無富貴; 自今仕宦不可過二千石, 婚姻勿貪勢家.' 吾終身服膺, 以爲名言也.

13-2 가득 채운 것은 귀신도 싫어한다

천지와 귀신의 이치란 모두가 가득 찬 것을 싫어한다. 겸허히 하고 덜어 낼 줄 안다면 가히 해를 면할 수 있다. 사람이 살아가는 데에 옷이란 추위와 노출을 덮어 주는 것으로 족하고, 음식이란 배고픔을 메워 주는 것으로 족할 뿐이다. 형체의 내부가 오히려 사치와 지나침을 원치 않거늘, 몸 밖에서는 어찌 교만과 지나침을 끝까지 해 보고자 하는가? 주목왕周穆王 · 진시황秦始皇 · 한무제漢武帝는 부유하기가 사해四海를 다 가졌고, 귀하기로는 천자의 신분이었지만, 기극紀極(끝장)을 알지 못하여 오히려 패루敗累를 자초하였는데 하물며 서인들임에랴? 보통 스무 식구 정도 집안이라면 노비도 많아야 20인을 넘어서서는 안 되며, 좋은 농토가 10경이라면 집은 겨우 비바람을 막을 정도면 되고, 거마는 겨우 지팡이를 대신할 정도면 된다. 재물 저축은 몇 만금 정도로 길흉사 등 급한 일에 맞을 양이면 된다. 여기에 그치지 않고 많아졌다면 이를 의롭게 흩어 나누고, 이 정도에 이르지 않았다 해도 그릇된 방도로 이를 추구하려 들지 말 것이니라.

天地鬼神之道, 皆惡滿盈. 謙虛沖損, 可以免害. 人生衣趣以覆寒露, 食趣以塞飢乏耳. 形骸之內, 尙不得奢靡, 己身之外, 而欲窮驕泰邪? 周穆王 · 秦始皇 · 漢武帝, 富有四海, 貴爲天子, 不知紀極, 猶自敗累, 況士庶乎? 常以二十口家, 奴婢盛多, 不可出二十人, 良田十頃, 堂室纔蔽風雨, 車馬僅代杖策, 蓄財數萬, 以擬吉凶急速, 不啻此者, 以義散之; 不至此者, 勿非道求之.

13-3 벼슬은 이 정도로 제한하라

벼슬을 하되 대단하다 칭할 정도라 해도 중품中品 정도를 넘어서지 않도록 하라. 앞에 50명, 뒤에 50정도를 거느리는 직위라면 족히 치욕은 면할 수 있으며, 경위傾危한 일은 당하지 않을 수 있다. 이보다 높은 직위라면 즉시 그만두고 사양하여 집에서 한가히 살도록 하라. 내가 최근에 황문랑黃門郞이 되어 곧 물러날 수 있었으나, 당시 기려羈旅의 신분으로 비방에 걸려들지나 않을까 걱정이 되었다. 비록 이러한 계책을 떠올리기는 하였으나 그럴 겨를이 없었다. 상란喪亂 이래로 풍운風雲에 의탁하여 요행히 부귀한 자를 보건대, 그들은 아침에 실권을 잡았다가 밤이면 구렁텅이에 처박히고, 초하루에 탁손卓孫이나 정정程鄭(탁씨卓氏와 정정程鄭은 모두 철鐵을 다루어 부자가 된 집안) 같은 부귀를 즐거워하다가, 그믐에 안회顔回나 원헌原憲(안회와 원헌 모두 공자의 제자)처럼 가난을 슬퍼하는 자가 열이나 다섯에 그치는 것이 아니다. 삼갈지니라! 삼갈지니라!

仕宦稱泰, 不過處在中品, 前望五十人, 後顧五十人, 足以免恥辱, 無傾危也. 高此者, 便當罷謝, 偃仰私庭. 吾近爲黃門郎, 已可收退; 當時羈旅, 懼罹謗讟, 思爲此計, 僅未暇爾. 自喪亂已來, 見因託風雲, 徼倖富貴, 旦執機權, 夜塡坑谷, 朔歡卓·鄭, 晦泣顔·原者, 非十人五人也. 愼之哉! 愼之哉!

14. 계병誡兵

본 편은 '습무종융習武從戎', 즉 자신을 보호하기 위한 무예 습득과 국가적으로 잦은 병화에 대처하기 위한 방위 문제를 다루고 있다. 이는 작자가 난세를 살아오면서 느낀 전신자보全身自保의 생각이기도 하다.

14-1 우리 안씨의 내력과 무사武士

우리 안씨顔氏의 선조는 본래 추鄒와 노魯에서 나와, 혹 제齊로 분파되어 들어와 살았다. 대대로 유학儒學을 가업으로 이어 왔으며, 이러한 사실들이 책마다 두루 기록되어 있다. 중니仲尼의 문도門徒 중에 경지에 오른 자가 일흔두 명인데 그 중 안씨가 여덟 명이나 된다. 그러나 진秦·한漢·위魏·진晉으로부터 제齊와 양梁에 이르도록 병법으로써 현달한 자는 없었다. 춘추春秋 시대에 안고顔高·안명顔鳴·안식顔息·안우顔羽 같은 분들이 있었지만, 모두 하나의 투부鬪夫일 뿐이다. 제齊나라에 안탁취顔涿聚가 있었고, 조趙나라에는 안최顔冣, 그리고 한말漢末에 안량顔良, 송宋나라 때 안연지顔延之가 있어 모두가 장군의 임무를 맡았지만 끝내 패망하고 말았다.

한나라 때 낭관郞官 벼슬의 안사顔駟는 자칭 무武를 좋아한다고 하였으나 더는 그 사적을 찾아볼 수 없다. 안충顔忠은 당을 지어 초왕楚王에게 아부했다가 죽임을 당하였고, 안준顔俊은 무위武威 땅을 근거로 반란을 일으켰다가 죽임을 당하였으니 우리가 성씨를 얻은 이래, 맑은 지조 없이 굴었던 자는 오직 이 두 사람뿐이었으며 모두가 참화와 패배를 입고 말았다.

근래 어려운 세상에 난리와 이산이 심하여 의관衣冠 선비들은 비록 무술은 없지만, 간혹 무리를 모아 본래의 업무를 버린 채 요행히 전공을 이루기도 한다. 나는 원래 나약하였고, 또한 전대前代의 일을 앙모하였기 때문에 마음을 이러한 유업儒業에 두고 있으니, 자손들은 잘 기억하기 바란다. 공자孔子의 힘은 성문을 들어 올릴 수 있었지만, 힘으로 했다는 소문은 듣지 못하였으니, 이것이 성스러움의 증거이다. 내가 지금의 사대부들을 보건대 겨우 기력이 조금 있다고 하여 곧 기력을 믿고 나서려 한다. 그런데 피갑집병被甲執兵(갑옷 입고 무기를 들어)하여 사직을 보위하라 하면 해내지 못하면서, 단지 몰래 무복武服을 입고 주먹을 휘젓는 허세를 부릴 뿐이다. 이들은 크게는 위망危亡에 빠질 것이며, 적어도 치욕에 걸려들어 끝내 이를 면하지 못하는 자가 되고 말 것이다.

顏氏之先, 本乎鄒 · 魯, 或分入齊, 世以儒雅爲業, 徧在書記. 仲尼門徒, 升堂者七十有二, 顏氏居八人焉. 秦 · 漢 · 魏 · 晉, 下逮齊 · 梁, 未有用兵以取達者. 春秋世, 顏高 · 顏鳴 · 顏息 · 顏羽之徒, 皆一鬪夫耳. 齊有顏涿聚, 趙有顏冣, 漢末有顏良, 宋有顏延之, 並處將軍之任, 竟以顚覆. 漢郎顏駟, 自稱好武, 更無事迹. 顏忠以黨楚王受誅, 顏俊以據武威見殺, 得姓已來, 無清操者, 唯此二人, 皆罹禍敗. 頃世亂離, 衣冠之士, 雖無身手, 或聚徒衆, 違棄素業, 徼倖戰功. 吾旣羸薄, 仰惟前代, 故寘眞心於此, 子孫誌之. 孔子力翹門關, 不以力聞, 此聖證也. 吾見今世士大夫, 纔有氣幹, 便倚賴之, 不能被甲執兵, 以衛社稷; 但微行險服, 逞弄拳掔, 大則陷危亡, 小則貽恥辱, 遂無免者.

14-2 전쟁도 학문의 바탕이 있어야

나라의 흥망이나 전쟁의 승패는 넓은 학문이 어느 정도 이른 다음에야 토론할 수 있다. 만약 군대의 막사에 있거나 묘당廟堂의 국정에 참여하는 지위이면서, 임금을 위해 규정을 다하여 사직의 모책을 짜내지 못한다면, 이는 군자가 부끄럽게 여겨야 할 일이다. 그러나 매번 문사文士를 볼 때마다 병서兵書도 제대로 읽지 않으며 책략도 미약하다.

만약 태평 시대라면 궁전 뒷문이나 엿보아 남의 재앙을 자신의 행복으로 여기고, 남의 화환을 즐거워하면서 제일 먼저 반역의 길로 내달아 선량한 사람이 휩쓸리게 한다.

그리고 만약 전쟁 중인 시대라면 선동을 꾸며 이를 반복하고 종횡으로 유혹하여 끌어들이고는, 존망의 이치도 모르면서 억지로 누구를 내세워 추대하기도 한다. 이는 모두가 함신멸족陷身滅族(자신을 위험에 빠트리고 일족을 멸망케 함)의 근본이다. 경계할지니라! 경계할지니라!

國之興亡, 兵之勝敗, 博學所至, 幸討論之. 入帷幄之中, 參廟堂之上, 不能爲主盡規以謀社稷, 君子所恥也. 然而每見文士, 頗讀兵書, 微有經略. 若居承平之世, 睥睨宮闈, 幸災樂禍, 首爲逆亂, 詿誤善良; 如在兵革之時, 構扇反覆, 縱橫說誘, 不識存亡, 强相扶戴: 此皆陷身滅族之本也. 誡之哉! 誡之哉!

14-3 독서하지 않는 무인은 밥통, 술 단지에 불과하다

다섯 가지 병법을 익히고 말타기까지 뛰어나다면 진정 무부武夫라 칭할 수 있으리라. 그러나 오늘날의 사대부들은 단지 독서하지 않는 자라면 곧 무부라 칭하니, 이들은 밥주머니나 술 단지 같은 이들이다.

習五兵, 便乘騎, 正可稱武夫爾. 今世士大夫, 但不讀書, 卽稱武夫兒, 乃飯囊酒甕也.

15. 양생養生

본 편은 양생養生 문제를 다루고 있다. 건강과 장수에 대한 욕구는 당시에도 상당히 중요한 일이었다. 당시 유행하던 수도성선修道成仙의 논리를 부정하고 있지는 않으나 현실의 여러 제약을 모두 뿌리치고 양생에 전념한다고 해서 득도할 수도 없음을 분명히 하고 있다. 한편 작자는 현실적인 수양법을 매우 중시하고 있으며, 약물의 오용보다 탐욕을 버리고 자연에 순응할 것 등 중도적 입장을 취하고 있다.

15-1 신선술神仙術이 속임수는 아니지만

신선神仙에 관한 일이라고 해서 모두 속임수라고 할 수는 없다. 다만 생명이란 하늘에 달린 것으로, 혹 이러한 기회를 만나 거기에 몰두하기가 어려울 뿐이다. 사람이 세상에 살면서 가는 곳마다 얽매이니 젊은 시절엔 부모 공양을 부지런히 해야 하고, 성년이 되어서는 처자의 얽매임이 늘어난다. 의복과 음식을 마련해야 하고, 공사公私에 쫓기고 부림을 당한다. 그러나 산림 속에 은둔하여 세상 진재塵滓(티끌과 찌꺼기, 세상의 더러움)에 초연하기를 바라지만 1000명만 명 중에 이러한 경지를 만나는 자는 하나도 없다. 게다가 금옥金玉의 비용과 노기鑪器(도가의 양생에 쓰이는 각종 도구) 등 필요한 물건도 더해야 하니, 가난한 선비로서는 더욱 해낼 수가 없다. 학문한다는 사람은 우모牛毛처럼 많지만, 성취를 이룬 사람은 인각麟角(기린의 뿔)만큼이나 적다. 화산華山 아래 백골이 초망草莽처럼 많건만 어디에 가히 성취할 신선술의 이치라는 것이 있겠는가?

내교內敎, 즉 불교를 상고해 보건대 비록 선술을 터득했다 해도 끝내는 죽는 것이며, 이 세속의 굴레를 벗어나는 것은 아니다. 그러니 너희들이 이러한 것에 매달려 온 정신을 쏟는 것이라면 나는 원하지 않는다. 만약 신명神明을 수양하기를 좋아하여 기식氣息을 조양調養하며, 기와起臥(일어남과 누움, 즉 일상생활)를 신중히 조절하고, 추위와 더위를 적절히 하고, 음식의 금기를 살피며, 약물藥物을 잘 다스려 타고난 품기稟氣를 완수하여 요절夭折하지 않고자 하는 일이라면 나는 간섭하지 않겠다. 여러 가지 약이법藥餌法(약물 복용법)은 세상의 의무를 저버리지 않는 범위 내에서 하라.

유견오庾肩吾는 항상 괴실槐實(회화나무 열매)을 복용하여 나이 일흔이 넘어서도 눈으로 작은 글씨를 볼 수 있었고, 수염과 머리카락은 오히려 검어졌다.

업중鄴中의 조정 선비들은 행인杏仁(살구씨)·구기枸杞(구기자)·황정黃精(죽대 뿌리)·출朮(삽주 뿌리)·차전車前(질경이) 등 약초를 단복單服하여 효과를 본 자가 심히 많아 일일이 설명할 수가 없다.

나는 일찍이 이가 아파 고생을 하였는데 흔들려 빠지려 하였고, 음식 중에 더운 것, 찬 것은 모두가 시리고 아파 고생을 했다.

그런데 《포박자抱朴子》의 뇌치법牢齒法을 보니, 이른 아침에 이를 300번 마주치면 그나마 좋은 성과가 있다 했다. 이를 며칠 실행해 보았더니 문득 편안해졌으며, 지금도 늘 이러한 방법을 계속하고 있다.

이러한 몇몇 작은 기술은 일상생활에는 아무런 방해가 되지 않으니 역시 수양해 볼 만하다.

무릇 이약餌藥을 사용하고자 한다면 도은거陶隱居(도홍경陶弘景)의 《태청방太淸方》이라는 책의 여러 기록에 아주 자세히 실려 있다.

그러나 오직 정밀히 살펴야지 가볍게 마구 복용해서는 안 된다. 근래 왕애주王愛州는 업鄴에서 송지松脂를 복용하는 법을 배웠으나, 절도에 맞게 하지 않았다가 장이 막혀 죽었다. 약을 잘못 알고 쓰는 예도 심히 많다.

神仙之事, 未可全誣; 但性命在天, 或難鍾值. 人生居世, 觸途牽縶: 幼少之日, 旣有供養之勤; 成立之年, 便增妻孥之累. 衣食資須, 公私驅役; 而望遁跡山林, 超然塵滓, 千萬不遇一爾. 加以金玉之費, 鑪器所須, 益非貧士所辦. 學如牛毛, 成如麟角. 華山之下, 白骨如莽, 何有可遂之理? 考之內教, 縱使得仙, 終當有死, 不能出世, 不願汝曹專精於此. 若其愛養神明, 調護氣息, 愼節起臥, 均適寒暄, 禁忌食飮, 將餌藥物, 遂其所稟, 不爲夭折者, 吾無間然. 諸藥餌法, 不廢世務也. 庾肩吾常服槐實, 年七十餘, 目看細字, 鬚髮猶黑. 鄴中朝士, 有單服杏仁 · 枸杞 · 黃精 · 朮 · 車前得益者甚多, 不能一一說爾. 吾嘗患齒, 搖動欲落, 飮食熱冷, 皆苦疼痛. 見《抱朴子》牢齒之法, 早朝叩齒三百下爲良; 行之數日, 卽便平愈, 今恆持之. 此輩小術, 無損於事, 亦可脩也. 凡欲餌藥, 陶隱居《太淸方》中總錄甚備, 但須精審, 不可輕脫. 近有王愛州在鄴學服松脂, 不得節度, 腸塞而死, 爲藥所誤者甚多.

15-2 생명이 있고 양생술養生術이 있는 법

무릇 양생養生이란 모름지기 뒤에 미칠 화를 먼저 고려하여 몸과 심성을 보존해야 한다. 생명이 있은 연후에야 이를 양생하는 것이니 양생하느라 생명의 안위를 무시하는 일은 하지 말 것이니라. 선표單豹(춘추시대 노나라 은자)는 몸 안을 양생한다고 하다가 몸 밖을 잃었고, 장의張毅(노나라 은자. 선표와 장의 모두 《장자》에 나온)는 몸 밖을 수양하다가 몸 안을 잃었다. 이는 지난날 어진 이들이 경계하던 바이다. 그리고 혜강嵇康(삼국시대 위나라 사람으로 죽림칠현의 하나)은 〈양생론養生論〉을 지었으나 남에게 오만하게 굴다가 사형을 당하였고, 석숭石崇(진晉나라 때의 부호)은 복식服食의 징험徵驗을 너무 믿다가 탐욕에 빠져 화를 당하고 말았다. 이는 지난날의 미혹하였던 일들이다.

夫養生者先須慮禍, 全身保性, 有此生然後養之, 勿徒養其無生也. 單豹養於內而喪外, 張毅養於外而喪內, 前賢所戒也. 嵇康著〈養生之論〉, 而以傲物受刑; 石崇冀服餌之徵, 而以貪溺取禍, 往世之所迷也.

15-3 목숨을 어디에 쓰겠는가

무릇 목숨이란 아껴야 하나 그렇다고 구차스럽게 아껴서도 안 된다. 험외險畏한 길을 간섭하거나 화난禍難의 일에 간여하면서, 탐욕으로 인해 목숨을 다치게 하거나 아첨과 사특함을 부리다가 죽음을 초래하는 일, 이러한 것은 군자로서 목숨이 아깝다고 여겨야 할 일이니라. 그러나 충성과 효도를 실행하느라 적해賊害를 입거나, 인의仁義를 실천하느라 죄를 얻을 수 있다. 그러나 자신을 상실하면서까지 집안을 온전히 하며, 제 몸 아끼지 않고 나라를 구제하다가 잃은 목숨은 군자로서 원망함이 없어야 한다. 전쟁과 이산이 있은 이래 내가 본 명신현사名臣賢士들은 난에 임해 제 살길 찾기에 바빠 끝내 구제하려 들지 않고, 한갓 군색한 치욕을 입고 사람에게 분노만 사고 만다. 후경侯景의 난에 왕공장상王公將相은 많은 수가 죽음의 치욕을 당하였고, 비주희첩妃主姬妾은 온전한 자가 거의 없었다. 오직 오군태수吳君太守 장승張嵊만은 의롭게 일어섰으나 도리어 이기지 못하고, 적에게 해를 입었지만 사색辭色(말과 얼굴빛)에 굴복함이 없었다. 그리고 파양왕鄱陽王 세자世子의 사부인謝夫人은 집 위로 올라가 적을 향해 꾸짖고 소리치다가 화살을 맞고 죽었다. 이 부인은 바로 사준謝遵의 딸이었다. 현명하고 지혜롭다는 자는 행동을 지키기가 어찌 이처럼 어렵고, 비첩 같은 아녀자는 결단하기가 어찌 이리 쉬운가? 슬프도다!

夫生不可不惜, 不可苟惜. 涉險畏之途, 干禍難之事, 貪欲以傷生, 讒慝而致死, 此君子之所惜哉; 行誠孝而見賊, 履仁義而得罪, 喪身以全家, 泯軀而濟國, 君子不咎也. 自亂離已來, 吾見名臣賢士, 臨難求生, 終爲不救, 徒取窘辱, 令人憤懣. 侯景之亂, 王公將相, 多被戮辱, 妃主姬妾, 略無全者. 唯吳郡太守張嵊, 建義不捷, 爲賊所害, 辭色不撓; 及鄱陽王世子謝夫人, 登屋詬怒, 見射而斃. 夫人, 謝遵女也. 何賢智操行若此之難? 婢妾引決若此之易? 悲夫!

16. 귀심歸心

본 편은 자신의 불교佛敎에 대한 인식과 견해를 전문적으로 다루고 있다. 전래의 유학儒學과 불교의 충돌, 일반인의 불교에 대한 부정적인 시각 등에 전편을 할애하고 있다. 특히 불교에 대한 비방의 다섯 가지 문제를 조목별로 하나씩 해명하여, 승려의 수도와 현실적인 제약에서 빚어지는 어려움을 옹호하는 입장에서 풀어 가고 있다.

16-1 전생·현생·내세

과거 · 현재 · 미래의 삼세三世의 일은 믿을 만하기도 하고 증거도 있다. 우리 집안은 대대로 이에 귀의할 마음이 있었으니 경홀히 하거나 태만히 하지 않도록 하라. 그들 사이의 오묘한 이치는 여러 경론經論(경전과 해설서)에 실려 있어 여기서 다시 거론하지 않고 찬술할 기회도 적었다. 다만 너희들이 아직 믿음이 굳건하지 못할까 두려워 이에 대략 거듭하여 권유할 따름이다.

三世之事, 信而有徵, 家世歸心, 勿輕慢也. 其間妙旨, 具諸經論, 不復於此, 少能讚述; 但懼汝曹猶未牢固, 略重勸誘爾.

16-2 사진四塵과 오음五蔭, 그리고 육주六舟와 삼가三駕

본원本原을 보면 무릇 사진四塵(색色 · 향香 · 미味 · 촉觸)과 오음五蔭(색色 · 수受 · 상想 · 행行 · 식識)은 세상의 만물을 분석하는 것이요, 육주六舟(육바라밀)와 삼가三駕는 중생을 실어 나르는 것이다. 중생의 온갖 계행戒行은 공空으로 귀결되는 것이며, 1000가지 문을 통해 선연善緣을 맺으니, 그 웅변의 재주와 지혜가 어찌 한갓 유가의 칠경七經이나 제자백가諸子百家만을 광박廣博하다 하겠는가?

명백하게 요堯 · 순舜 · 주공周公 · 공자孔子가 미칠 수 있는 바가 아니다. 내교內敎(불교)와 외교外敎(유가)는 본래 하나였으나 점차 차이가 생겼고, 심천深淺이 다르다. 불교 경전의 초급 단계에 설정된 다섯 가지 금기는 유가 경전의 인의예지신仁義禮智信과 모두 부합한다. 인仁이란 살생하지 말라는 금기요, 의義란 도적질하지 말라는 금기요, 예禮란 사악하게 굴지 말라는 금기이며, 지智란 술 먹지 말라는 금기이며, 신信이란 마구 하지 말라는 금기이다.

전렵(사냥) · 군려軍旅(전쟁) · 연향燕享(잔치) · 형벌刑罰 같은 경우에 이르러서는 백성의 본성에 근거하여 갑작스럽게 없앨 수 있는 것이 아니니, 그 절도에 맞게 하여 음람淫濫하지 않게 하면 그뿐이다. 그러나 주공과 공자를 존중한다고 불교의 종지를 배반한다면 이 역시 얼마나 미혹한 일이겠는가!

原夫四塵五廕, 剖析形有; 六舟三駕, 運載羣生, 萬行歸空, 千門入善, 辯才智惠, 豈徒七經 · 百氏之博哉? 明非堯 · 舜 · 周 · 孔所及也. 內外兩教, 本爲一體, 漸積爲異, 深淺不同. 內典初門, 設五種禁; 外典仁義禮智信, 皆與之符. 仁者, 不殺之禁也; 義者, 不盜之禁也; 禮者, 不邪之禁也; 智者, 不酒之禁也; 信者, 不妄之禁也. 至如畋狩軍旅, 燕享刑罰, 因民之性, 不可卒除, 就爲之節, 使不淫濫爾. 歸周 · 孔而背釋宗, 何其迷也!

16-3 불교에 대한 다섯 가지 비방

세속에서 불교를 비방하는 것은 대체로 다음 다섯 가지 이유 때문이다.
첫째, 인간 세계 밖의 사건 및 신화무방神化無方(신비하고 변화무쌍함)한 일은 우탄迂誕(우활하고 방탄함)하다고 여기는 것이다.
둘째, 길흉화복에 혹 보응報應이 없으니 이를 속임수라는 것이다.
셋째, 승니僧尼(승려)의 행업行業이 정순精純하지 못함이 많으니 이를 간특姦慝함으로 여기는 것이다.
넷째, 금은보배를 허비하고 과역課役을 감해 주어야 하니 이는 나라에 손해를 끼친다고 여기는 것이다.
다섯째, 비록 인연에 따라 선악에 대한 응보가 있다 해도 어찌하여 현세의 고생하는 갑이라는 사람이 후세에 이익을 누리는 을이라는 사람이 될 수 있겠는가? 이는 전혀 다른 사람이라 여기는 것이다. 이제 이를 아울러 아래에 설명해 보겠다.

俗之謗者, 大抵有五: 其一, 以世界外事及神化無方爲迂誕也, 其二, 以吉凶禍福或未報應爲欺誑也, 其三, 以僧尼行業多不精純爲姦慝也, 其四, 以糜費金寶減耗課役爲損國也, 其五, 以縱有因緣如報善惡, 安能辛苦今日之甲, 利益後世之乙乎? 爲異人也. 今並釋之於下云.

16-4 허탄한 논리라는 데에 대한 해명

첫 번째에 대한 해명이다.
무릇 아득하고 큰 물체를 어찌 감히 측량할 수 있겠는가? 지금 사람들이 알고 있는 바는 하늘과 땅만 한 것이 없다. 하늘은 기氣가 쌓인 것이며, 땅은 흙덩이가 쌓인 것이다. 해는 양陽의 정精이며, 달은 음陰의 정이며, 별은 만물의 정이다. 이는 유가儒家에서도 인정하고 있다. 별이 떨어져 돌이 되지만 정精이 돌이라면 빛을 발할 수가 없고, 성질 또한 무거우니 도대체 어디에 연계되어 소속되었던 것인가? 별 하나의 직경은 큰 것은 100리나 되고 별자리 하나의 머리에서 꼬리까지는 그 거리가 수만 리나 된다. 직경 100리나 되는 물건에 수만 리나 떨어져 서로 연결되어 있으면서 활협종사闊狹從斜(넓이와 각도)가 언제나 일정하여 영축盈縮(늘어나거나 줄어듦)함이 없다.
또한, 별과 일월은 형태와 색깔이 같은 것일 뿐이며, 단지 그 크기에 따라 차등이 있다. 그렇다면 해와 달도 의당 돌이어야 하는가? 돌이란 이미 굳고 단단하니 오토烏兎(해에 사는 까마귀와 달에 사는 토끼)가 어찌 살 수 있겠는가? 돌이 기氣 속에 있으면서 어찌 능히 홀로 운행할 수 있겠는가? 일월성진日月星辰이 만약 모두 이러한 것이라면, 기는 가볍게 뜨는 것이니 마땅히 하늘과 합하여 왕래와 환전環轉에 착오나 위배됨이 없이 그사이에서의 늦고 빠른 속도가 이치로 보아 같아야 할 것이다. 그런데 어찌하여 일월 · 오성五星 · 이십팔수二十八宿는 각각 그 도수度數가 있고 이동이 균등하지 못한가?

차라리 기氣가 추락할 때 갑자기 돌로 변한다고 할 수 있을까? 땅이 이미 찌꺼기와 탁한 것으로 되어 있다면, 법으로 보아 응당 깊이 가라앉아야 할 것인데 땅을 파서 샘을 얻으니 이는 물 위에 떠 있는 셈이다. 물이 쌓인 아래쪽은 다시 무슨 물건이 받치고 있는가? 강하江河와 온갖 골짜기는 어디서부터 생겨난 것인가? 동으로 흘러 바다에 이르는데 어찌하여 바다는 넘치지 않는가? 귀당歸塘(발해의 동쪽에 있다고 믿어 온 큰 골짜기)과 미려尾閭(바다 깊은 곳 바닷물이 빠져나간다는 돌)는 그 물을 어디로 새게 하는가? 옥초산沃焦山(크고 뜨거운 바위가 물을 다 증발시킨다는 전설상의 화산)의 돌은 무슨 기가 그렇게 만든 것이며, 조수潮水와 석수汐水가 일정하게 갔다 되돌아오는 것은 누가 이를 조절하는 것인가? 은하수에 매달린 손가락 같은 별은 어찌하여 흩어지거나 떨어지지 않는가? 물은 아래로 흐르는 성질이 있는데 어찌하여 위로도 치솟는가? 천지가 처음 개벽한 때 즉시 성수星宿가 있었지만 구주九州는 아직 나누어지지 않았고, 열국列國도 분화되지 않았었다. 이 강역을 나누고 분야分野를 구분할 때, 천상의 별은 무슨 궤도처럼 운행되었는가? 봉건封建 이래로 누가 무슨 근거로 분할하였는가? 나라의 숫자가 증감되어도 별은 진퇴가 없고, 재상화복災祥禍福은 그에 적중하여 차이가 없으며, 천상天象은 크고 열성列星은 많은데 어찌하여 분야는 오직 중국中國에만 적용되는가? 묘성昴星은 모두旄頭라고도 하며 흉노匈奴의 분야가 되고, 서호西胡와 동월東越, 그리고 조제雕題와 교지交阯(조제와 교지 모두 남방 이민족)는 어찌하여 해당하는 분야가 없는가?
이런 것으로 찾아보아 더 이상 끝이 없다고 해서 어찌 인사人事의 평범한 일상으로서 우주宇宙 밖의 일도 반드시 어떻다고 헤아릴 수 있겠는가?

釋一曰: 夫遙大之物, 寧可度量? 今人所知, 莫若天地. 天爲積氣, 地爲積塊, 日爲陽精, 月爲陰精, 星爲萬物之精, 儒家所安也. 星有墜落, 乃爲石矣; 精若是石, 不得有光, 性又質重, 何所繫屬? 一星之徑, 大者百里, 一宿首尾, 相去數萬; 百里之物, 數萬相連, 闊狹從斜, 常不盈縮. 又星與日月, 形色同爾, 但以大小爲其等差; 然而日月又當石也? 石旣牢密, 烏兔焉容? 石在氣中, 豈能獨運? 日月星辰, 若皆是氣, 氣體輕浮, 當與天合, 往來環轉, 不得錯違, 其間遲疾, 理宜一等; 何故日月五星二十八宿, 各有度數, 移動不均? 寧當氣墜, 忽變爲石? 地旣滓濁, 法應沈厚, 鑿土得泉, 乃浮水上; 積水之下, 復有何物? 江河百谷, 從何處生? 東流到海, 何爲不溢? 歸塘尾閭, 渫何所到? 沃焦之石, 何氣所然? 潮汐去還, 誰所節度? 天漢懸指, 那不散落? 水性就下, 何故上騰? 天地初開, 便有星宿; 九州未劃, 列國未分, 翦疆區野, 若爲躔次? 卦建已來, 誰所制割? 國有增減, 星無進退, 災祥禍福, 就中不差; 乾象之大, 列星之夥, 何爲分野, 止繫中國? 昴爲旄頭, 匈奴之次; 西胡 · 東越, 彫題 · 交阯, 獨棄之乎? 以此而求, 迄無了者, 豈得以人事尋常, 抑必宇宙外也?

16-5 한무제는 속현교續弦膠를 믿지 않았다

평범한 사람의 믿음이란 오직 귀로 듣고 눈으로 본 것에 한할 뿐, 귀나 눈 밖의 일에 대해서는 누구나 의심을 갖게 된다.
유가儒家에서 설명하는 하늘은 몇 가지가 있다. 혹 혼천설渾天說과 개천설蓋天說이 있고, 잠시 선야설宣夜說이 있었다가, 다시 안천설安天說이 유행하기도 했다. 또 북두칠성이 북극성을 도는 것은 그 두추斗樞(북두칠성 손잡이 부분의 세 별)를 축으로 한다고 했다. 만약 사람이 직접 그 축을 볼 수 있다면 이렇게 서로 다른 것을 용인할 수 없을 것이다. 이것이 추측한 것에 불과하다면 어찌 족히 믿을 수 있는 것이겠는가? 그런데 무슨 이유로 보통 사람의 억설臆說을 믿으면서 대성大聖 불법의 묘지妙旨는 의혹을 가지며, 항사恆沙(갠지스 강의 모래)와 같은 수많은 세계와 티끌 수만큼 많은 겁劫의 시간은 없기를 요구하는가? 추연鄒衍 역시 구주九州에 대한 이론이 있었다. 그러나 산속에 사는 사람은 나무만큼 큰 물고기가 있다는 것을 믿지 못하고, 바닷가에 사는 사람은 물고기만큼 큰 나무가 있다는 것을 믿지 못한다.

한무제漢武帝는 끊어진 활줄을 잇는 아교풀을 믿지 않았고, 위문제魏文帝는 불에 세탁하는 옷감을 믿지 않았다. 호인胡人은 비단을 보고 이것이 벌레가 나무를 먹고 실을 토해 낸 것으로 짠 것임을 믿지 못한다. 옛날 강남江南 사람들은 1000명이 들어갈 수 있는 털로 짠 장막이 있다는 것을 믿지 못했다. 나도 하북河北에 와서야 이곳 사람들은 곡식 2만 곡을 실을 수 있는 배가 있음을 믿지 못한다는 것을 알았다. 그러나 이것은 모두가 사실로 증명되는 것들이다.

凡人之信, 唯耳與目; 耳目之外, 咸致疑焉. 儒家說天, 自有數義: 或渾或蓋, 乍宣乍安. 斗極所周, 管維所屬, 若所親見, 不容不同; 若所測量, 寧足依據? 何故信凡人之臆說, 迷大聖之妙旨, 而欲必無恆沙世界 · 微塵數劫也? 而鄒衍亦有九州之談. 山中人不信有魚大如木, 海上人不信有木大如魚; 漢武不信弦膠, 魏文不信火布; 胡人見錦, 不信有蟲食樹吐絲所成; 昔在江南, 不信有千人氈帳, 及來河北, 不信有二萬斛船: 皆實驗也.

16-6 묘탑妙塔이 솟아나는 일쯤이랴

세상에는 축사祝師와 여러 가지 환술幻術을 부리는 사람이 있으니, 이를테면 능히 불을 밟고 칼날에 올라서며 그 자리에서 참외를 심어 따 먹고, 우물을 옮기는 등 잠깐 사이에 열 가지, 다섯 가지 마술을 부리는 일 등이다.
사람의 힘으로 할 수 있는 바가 오히려 능히 이와 같거늘, 하물며 신통神通이 감응하여 100유순由旬(불교 용어이자 인도의 거리 단위로, 군대의 1일 행군 거리)이나 되는 자리를 극락정토極樂淨土로 변하게도 하며, 묘탑妙塔이 솟아나게 하는 일쯤이랴!

世有祝師及諸幻術, 猶能履火蹈刃, 種瓜移井, 倏忽之間, 十變五化. 人力所爲, 尚能如此; 何況神通感應, 不可思量, 千里寶幢, 百由旬座, 化成淨土, 踊出妙塔乎?

16-7 길흉이 응험하지 않는다는 데에 대한 해명

두 번째 비난에 대한 해명이다.
무릇 믿는 사람이나 비방하는 사람이나, 그 인과의 징험은 마치 그림자나 메아리와 같다. 귀로 듣고 눈으로 본 것이 너무나 많아 이에 정성이 깊지 않거나, 업연業緣이 아직 감응되지 않거나, 시간상 차이가 있기는 하지만 끝내 보응報應이 있게 마련이다.
선악의 행동은 화복으로 귀결된다. 구류九流 백가百家도 모두 이런 논리에 찬동하고 있으니, 어찌 유독 불전佛典만이 허망한 것이겠는가? 항탁項橐과 안회顔回는 요절하였고, 백이伯夷와 원헌原憲은 추위와 굶주림에 고통을 당했다. 그러나 도리어 도척盜跖과 장교莊蹻는 복과 장수를 누렸고, 제경공齊景公과 환퇴桓魋는 부강富强함을 누렸다. 그러나 만약 전생에 먼저 쌓은 업과 후생의 바람을 인증해 보면 또한 알 수 있는 일이다. 그런데 만약 선을 행하였음에도 화禍의 보답이 우연히 모여들거나, 악을 행하였는데도 간혹 복을 받는 경우가 있다고 해서 원망과 탓함이 생겨 이를 기만과 거짓이라 여긴다면, 이는 역시 요순堯舜도 허망한 말을 한 것이요, 주공周公과 공자孔子도 진실한 것이 아닌 것이 된다. 그러니 다시 어디를 안심하고 제 몸을 세울 것인가?

釋二曰: 夫信謗之徵, 有如影響; 耳聞目見, 其事已多, 或乃精誠不深, 業緣未感, 時儻差闌, 終當獲報耳. 善惡之行, 禍福所歸. 九流百氏, 皆同此論, 豈獨釋典爲虛妄乎? 項橐 · 顔回之短折, 伯夷 · 原憲之凍餒, 盜跖 · 莊蹻之福壽, 齊景 · 桓魋之富强, 若引之先業, 冀以後生, 更爲通耳. 如以行善而偶鍾禍報, 爲惡而儻値福徵, 便生怨尤, 卽爲欺詭; 則亦堯 · 舜之云虛, 周 · 孔之不實也. 又欲安所依信而立身乎?

16-8 승려가 계율을 지키지 않는다는 데에 대한 해명

세 번째 비방에 대한 해명이다.

천지가 개벽한 이래로 선하지 못한 자는 많았고 선한 자는 적은데, 무엇을 근거로 승려들만 정결하기를 책임지게 할 수 있겠는가? 명승의 높은 수행을 보되 이는 버려두고 화제로 삼지 않으면서, 범승凡僧의 유속流俗을 보게 되면, 곧바로 비난과 훼멸이 쏟아진다. 게다가 배우는 자가 부지런히 하지 못하는 것이 어찌 가르치는 자의 과실이겠는가?

속승俗僧이 경經과 율律을 배우는 것이 어찌 세상 사람이 《시詩》와 《예禮》를 배우는 것과 다른 것이겠는가? 《시》와 《예》의 가르침으로 조정의 인물을 품평하지만, 대체로 완전한 실행자는 없는 법인데, 경과 율의 금하는 것으로써 출가出家한 이들을 품평함에는 어찌 유독 범법犯法이 없도록 책임을 지우는가?

하물며 행동에 결점이 있는 신하는 오히려 봉록과 지위를 구해도 되는데, 금법을 어긴 승려는 어찌 공양供養을 부끄럽게 여겨야 하는가? 그들의 계율에 대한 수행도 자연히 어기는 경우가 있을 수 있다. 일단 법복法服을 입고 승려의 세계에 발을 들여놓게 되면, 한 해의 계획을 재강齋講과 송지誦持로 해야 하니, 일반 세속 사람에 비한다면 오히려 산이나 바다보다 힘든 고행이다.

釋三曰: 開闢以來, 不善人多而善人少, 何由悉責其精絜乎? 見有名僧高行, 棄而不說; 若覩凡僧流俗, 便生非毁. 且學者之不勤, 豈教者之爲過? 俗僧之學經律, 何異世人之學《詩》·《禮》? 以《詩》·《禮》之教, 格朝廷之人, 略無全行者; 以經律之禁, 格出家之輩, 而獨責無犯哉? 且闕行之臣, 猶求祿位; 毁禁之侶, 何慙供養乎? 其於戒行, 自當有犯. 一披法服, 已墮僧數, 歲中所計, 齋講誦持, 比諸白衣, 猶不啻山海也.

16-9 세금도 부역도 없음에 대한 해명

네 번째 비방에 대한 해명이다.

내교內教(불교)는 여러 가지 길이 있다. 출가하여 스스로 승려가 되는 것은 그중 한 가지 방법일 뿐이다. 만약 능히 충성과 효성을 마음에 두고 인혜仁惠를 본으로 삼는다면, 수달須達과 유수流水(수달과 유수 모두 불교의 장자長者 이름) 같은 훌륭한 이도 머리와 수염을 깎을 필요가 없었을 것이다. 그러니 어찌 재물과 토지를 모두 헌납하여, 탑과 절을 세워 모든 가정마다 모두 승니僧尼가 되도록 할 필요가 있겠는가? 모두가 정치로 이를 조절하지 못하여, 드디어 불법의 절이 들어서도록 하여 백성의 농사를 방해하고 일 없는 승려가 헛되이 나라의 세금을 축내도록 한 것이지, 불법의 본지本旨가 그러한 것은 아니다.

다시 이를 논하건대 구도자求道者는 자신을 위한 계책이며, 비용을 아껴야 하는 것은 나라의 모책이다. 자신의 계책과 나라의 모책을 둘 다 성취시킬 수는 없다. 충성된 신하는 임금을 따르느라 친족을 버리기도 하고, 효성스런 아들은 집안을 위해 나라를 잊을 수도 있듯이 각기 그 행동이 있는 것이다. 유가儒家 중에도 왕후王侯에 굴하지 않고 자신의 일을 고상하다 여기고, 은자隱者는 왕위나 재상 자리도 사양하고 산림으로 피해 살기도 한다. 그러니 어찌 그들이 할 부역賦役을 계산하여 죄인으로 여길 수 있겠는가?

만약 능히 모든 백성을 교화시켜, 모두를 도량道場으로 들게 하여 묘락妙樂(극락세계) 같은 세계나, 양거穰佉(전륜성왕이 통치한다는 무력과 살육이 없는 나라) 같은 국가로 만들어 준다면 저절로 벼가 자라고 무진장한 보물이 생길 것이니, 어찌 구구히 농사짓고 누에 치는 이익을 다투겠는가?

釋四曰: 內教多途, 出家自是其一法耳. 若能誠孝在心, 仁惠爲本, 須達 · 流水, 不必剃落鬢髮; 豈令罄井田而起塔廟, 窮編戶以爲僧尼也? 皆由爲政不能節之, 遂使非法之寺, 妨民稼穡, 無業之僧, 空國賦算, 非大覺之本旨也. 抑又論之: 求道者, 身計也:

惜費者, 國謀也. 身計國謀, 不可兩遂. 誠臣徇主而棄親, 孝子安家而忘國, 各有行也. 儒有不屈王侯高尚其事, 隱有讓王辭相避世山林; 安可計其賦役, 以爲罪人? 若能偕化黔首, 悉入道場, 如妙樂之世, 禳佉之國, 則有自然稻米, 無盡寶藏, 安區田蠶之利乎?

16-10 선악에 대한 보답을 의심하는 데에 대한 해명

다섯 번째 비방에 대한 해명이다.

형체는 비록 죽는다 해도 정신은 남아 있는 것이다. 사람이 세상에 살면서 다음 세계에 태어날 자신을 바라보기가 마치 아무런 관계가 없는 듯이 여기지만, 죽은 이후의 세계와 전신前身과의 관계는 마치 노인과 소년, 아침과 저녁처럼 밀접하다. 세상에는 혼백과 귀신이 있어, 꿈속에 이를 보여 주어 나타난다. 혹은 동첩童妾에게 내려오기도 하고, 혹은 아내나 아들딸에게 나타나 음식을 달라 하기도 하며, 복 받을 일을 미리 징험해 주기도 한다. 이러한 일은 역시 드물지 않다. 지금 사람들은 빈천과 질고疾苦에 대하여 전생에 공업功業을 닦지 않았기 때문이라고, 원통해하고 탓하지 아니하는 사람이 없다. 이로써 논하건대, 어찌 하지 않고 얻을 내세의 땅이 있을 수 있겠는가?

무릇 사람에게는 자손이 있어 이로써 천지 사이 하나씩의 백성이 되었다. 그러나 각각의 몸은 어디에 관여되어 있는가? 이에 그들에게 사랑을 베풀고 보호하며, 자신의 터전을 물려주기까지 하면서, 하물며 자기 자신의 신상神爽(정신)은 어찌 포기할 수가 있겠는가?

무릇 어리석은 사람들은 미래를 보지 못한다. 그 때문에 다가올 그 내세와 지금은 일체가 아니라고 말한다. 만약 천안天眼이 있다면 이러한 사람들로 하여금 각각 소멸에 따라 계속 생겨 끊임이 없음을 보여 줄 수 있으리라. 그렇게 한다면 어찌 가히 두려워하지 않을 수 있겠는가!

또 군자君子는 세상에 처하여 능히 극기복례克己復禮하여, 시대를 구제하고 만물에 이익을 줌을 귀하게 여긴다. 집을 다스리는 자는 한 집안의 경사를 이루고자 하고, 나라를 다스리는 자는 한 나라를 선량하게 하고자 한다. 그렇지만 복첩僕妾과 신민臣民이 그들 자신과 무슨 친함이 있다고 그들을 위해 고생하고 힘쓰며 덕을 쌓고 있겠는가? 역시 요堯·순舜·주공·공자가 헛된 즐거움을 저버린 이유이다. 한 사람이 수도修道한다고 해서 그 몇 명의 창생蒼生을 제도濟度할 수 있겠으며, 그 몇 명이나 죄에서 벗어나게 해 줄 수 있겠는가? 깊이 생각해 보기 바란다. 너희들이 속세에서 생계를 돌보고 집안을 일으켜 세우려면, 처자를 버릴 수 없고 출가해서도 안 된다. 다만 함께 계행을 겸하여 수행하되 마음에 담고 송독誦讀하는 것으로써 내세로 가는 진량津梁으로 삼으면 된다. 사람으로 태어난다는 것은 쉬운 일이 아니니 헛되이 보냄이 없도록 하라.

釋五曰: 形體雖死, 精神猶存. 人生在世, 望於後身似不相屬; 及其歿後, 則與前身似猶老少朝夕耳. 世有魂神, 示現夢想, 或降童妾, 或感妻孥, 求索飮食, 徵須福祐, 亦爲不少矣. 今人貧賤疾苦, 莫不怨尤前世不修功業; 以此而論, 安可不爲之作地乎? 夫有子孫, 自是天地間一蒼生耳, 何預身事? 而乃愛護, 遺其基址, 況於己之神爽, 頓欲棄之哉? 凡夫蒙蔽, 不見未來, 故言彼生與今非一體耳; 若有天眼, 鑒其念念隨滅, 生生不斷, 豈可不怖畏邪? 又君子處世, 貴能克己復禮, 濟時益物. 治家者欲一家之慶, 治國者欲一國之良, 僕妾臣民, 與身竟何親也, 而爲勤苦修德乎? 亦是堯 · 舜 · 周 · 孔虛失愉樂耳. 一人修道, 濟度幾許蒼生? 免脫幾身罪累? 幸熟思之! 汝曹若觀俗計, 樹立門戶, 不棄妻子, 未能出家; 但當兼修戒行, 留心誦讀, 以爲來世津梁. 人生難得, 無虛過也.

16-11 군자가 도살장을 멀리하는 이유

유가儒家의 군자가 그나마 포주庖廚(푸주. 소·돼지 따위를 잡음)에 난색을 표하는 것은, 그 살아 있을 때의 모습을 보고는 죽는 것을 차마 볼 수 없고, 그 울음소리를 듣고는 그 고기를 먹을 수 없기 때문이다.

고시高柴와 절상折像은 내교內敎(불교)를 몰랐지만 능히 살생하지 못하였으니, 이는 바로 어진 자의 자연스러운 용심用心이다. 살아 있는 물건으로서 목숨을 아까워하지 않는 것이 없으니, 살생을 멀리하는 일은 반드시 힘써 행하라. 살생을 즐겨 하는 사람은 죽음에 이르러 응보의 징험이 나타나고 자손도 앙화를 입는다. 그러한 예가 심히 많아 모두 다 기록할 수도 없으니, 몇 가지 예를 아래에 기록하여 보여 주겠다.

儒家君子, 尙難庖廚, 見其生不忍其死, 聞其聲不食其肉. 高柴·折像, 未知內教, 皆能不殺, 此乃仁者自然用心. 含生之徒, 莫不愛命; 去殺之事, 必勉行之. 好殺之人, 臨死報驗, 子孫殃禍, 其數甚多, 不能悉錄耳, 且示數條於末.

16-12 머리카락 속에서 병아리 우는 소리

양梁나라 때 어떤 사람이 항상 계란을 물에 풀어 목욕을 하면서 머리카락에 빛이 나게 하려 한다고 했다. 그는 목욕할 때마다 20~30개씩의 달걀을 썼다. 그런데 그가 죽음에 이르자 머리카락 속에서 수천 마리의 병아리 우는 소리가 들렸다.

梁世有人, 常以雞卵白和沐, 云使髮光, 每沐輒二三十枚. 臨死, 髮中但聞啾啾數千雞雛聲.

16-13 낳은 아이가 물고기 모습

강릉江陵의 유씨劉氏는 선어鱓魚국을 만들어 파는 것으로 생업을 삼았다. 뒷날 아이를 낳았는데 머리는 선어 모습이었고, 목 아래는 사람 모습이었다.

江陵劉氏, 以賣鱓羹爲業. 後生一兒頭是鱓, 自頸以下, 方爲人耳.

16-14 양 울음소리를 내며 죽은 사람

왕극王克이 영가군수永嘉郡守가 되었을 때, 어떤 사람이 양 한 마리를 선물했다. 모였던 빈객들이 잔치를 벌이자고 했다. 그러자 양은 고삐를 풀고 한 손님에게 다가가, 먼저 무릎을 꿇고 두 번 절하더니 곧바로 그의 옷 속으로 들어가는 것이었다.

그 손님은 끝내 아무 말도 하지 않았고, 이 양을 살려 주자는 요청도 하지 않았다. 잠시 후 양을 잡아 국을 끓여 먼저 그 손님에게 주었다. 고기 한 점이 입으로 들어가자 살갗 안으로 내려가더니 고깃덩어리는 다시 온몸을 두루 돌아다니는 것이었다. 그는 고통에 울부짖었다. 그리고 그가 그 이유를 설명하려고 입을 열었으나 그만 양 울음소리를 내며 죽고 말았다.

王克爲永嘉郡守, 有人餉羊, 集賓欲醼. 而羊繩解, 來投一客, 先跪兩拜, 便入衣中. 此客竟不言之, 固無救請. 須臾, 宰羊爲羹, 先行至客. 一臠入口, 便下皮內, 周行徧體, 痛楚號叫; 方復說之. 遂作羊鳴而死.

16-15 불쌍한 소를 잡아먹은 결과

양梁나라 효원제孝元帝가 강주江州 자사로 있을 때, 어떤 사람이 망채현望蔡縣의 현령이 되어 마침 유경궁劉慶躬의 난을 만났다. 현의 관청이 모두 불타자 그는 임시로 절에 기식하여 살았다. 백성들이 소와 술을 가지고 예를 표하자, 그 현령은 그 소를 절의 기둥에 매어 두고, 불상佛像을 가리고는 자리를 펴 놓고 당상堂上에서 손님을 맞았다. 그 소를 죽이려는데, 소는 고삐를 풀고 계단을 거쳐 다가와서는 절을 하는 것이었다. 현령은 크게 웃고, 좌우에게 명하여 이 소를 잡도록 했다.

그런데 마시고 먹고 하여 취하고 배부른 채 처마 아래 누워 잠이 들었다. 잠시 후 깨어나 몸에 가려움을 느껴 긁었더니 피부 속의 은진癮疹(두드러기)이 드러났으며, 이로 인해 나병癩病이 되어 10여 년을 고생하다가 죽고 말았다.

梁孝元在江州時, 有人爲望蔡縣令, 經劉敬躬亂, 縣廨被焚, 寄寺而住. 民將牛酒作禮, 縣令以牛繫刹柱, 屛除形像, 鋪設牀坐, 於堂上接賓. 未殺之頃, 牛解, 徑來至階而拜, 縣令大笑, 命左右宰之. 飮噉醉飽, 便臥簷下. 稍醒而覺體痒, 爬搔隱疹, 因爾成癩, 十許年死.

16-16 도둑질한다고 손목을 잘랐더니

양사달楊思達이 서양군수西陽郡守가 되어 그만 후경侯景의 난을 만나고 말았다. 게다가 가뭄과 흉년이 들어 주린 백성이 보리밭에서 도둑질하기에 이르렀다. 양사달은 하나의 부곡部曲(집안의 노비와 고용한 경호원)을 시켜 이를 지켜보게 하여 도둑질하는 자를 잡게 되었다. 그러고는 즉시 손과 팔을 잘랐는데, 이렇게 당한 자가 10여 명이나 되었다. 부곡이 뒤에 남아를 낳았더니 나면서부터 손이 없었다.

楊思達爲西陽郡守, 值侯景亂, 時復旱儉, 飢民盜田中麥. 思達遣一部曲守視, 所得盜者, 輒截手擥, 凡戮十餘人. 部曲後生一男, 自然無手.

16-17 직접 잡은 쇠고기만 먹던 자

제齊나라에 어떤 봉조청奉朝請(퇴직 대신·장군·황실·외척에게 명의상 내린 칭호)은 집안이 심히 부유하고 사치를 부려 자신의 손으로 직접 잡은 소가 아니면 훌륭한 맛이 나지 않는다고 여겼다. 그런데 나이 30쯤 되어 심한 병에 걸렸는데 소가 다가오는 모습을 보고는 온몸이 마치 칼이나 가시로 찌르는 듯하여 울부짖다가 죽고 말았다.

齊有一奉朝請, 家甚豪侈, 非手殺牛, 噉之不美. 年三十許, 病篤, 大見牛來, 擧體如被刀刺, 叫呼而終.

16-18 물고기 떼가 덤벼드는 병으로 죽은 사람

강릉江陵의 고위高偉는 나를 따라 제齊나라로 온 사람으로 몇 년 동안 유주幽州의 물가에서 고기 잡는 일을 했다. 뒤에 병을 얻어 매번 물고기 떼가 나타나 자신을 무는 모습을 보고는 죽었다.

江陵高偉, 隨吾入齊, 凡數年, 向幽州淀中捕魚. 後病, 每見羣魚齧之而死.

16-19 음계陰界에 기록될 악행들

세상엔 치인癡人이 있어 인의仁義를 몰랐고, 부귀라는 것이 하늘로부터 말미암는다는 것도 몰랐다. 그는 아들을 장가들여 며느리를 맞았는데 그 며느리의 혼수가 부족하다고 불만을 품었다. 그리하여 자신이 시부모라는 높은 지위를 내세워 뱀과 같은 성질과 입에 담지 못할 말로 며느리를 괴롭혔다. 꺼리고 피해야 할 말도 모른 채, 그 며느리의 부모까지 꾸짖고 모욕을 주었다. 그리하여 결국 그 며느리로 하여금 자기에게 효도하지 못하게 가르치는 꼴이 되었다. 며느리의 한은 돌아볼 줄 모른 채 단지 자신의 자녀는 가련하게 여기면서 자신의 며느리는 사랑하지 못하니, 이러한 사람은 음계陰界에서 그의 허물을 기록할 것이며 귀신이 그의 수명을 빼앗아 갈 것이다. 조심하여 이런 사람과는 이웃하지 말 것이니라. 하물며 어찌 친구로 사귈 수 있겠는가? 피해야 할 사람이로다!

世有癡人, 不識仁義, 不知富貴並由天命. 爲子娶婦, 恨其生資不足, 倚作舅姑之尊, 虵虺其性, 毒口加誣, 不識忌諱, 罵辱婦之父母, 欲成教婦不孝己身, 不顧他恨. 但憐己之子女, 不愛己之兒婦. 如此之人, 陰紀其過, 鬼奪其算. 愼不可與爲鄰, 何況交結乎? 避之哉!

17. 서증書證

본 편은 문자·훈고·고증·교감에 대한 전문적인 한 편의 논문이다. 특히 중국의 음운학과 문자학에 대한 인식 변화와 저술 활동이 활발해지기 시작하던 육조시대에 대한 자신의 이론적 근거를 밝힘으로써 학술적 자료를 풍부히 담고 있다. 당시까지의 경학서와 《사기史記》·《한서漢書》·《설문해자說文解字》 등의 오류와 견해를 구체적으로 거론하고 있어 높은 수준의 당시 학문 풍토를 엿볼 수 있는 귀중한 내용들이다.

17-1 행채荇菜

《시詩》에

올망졸망한 행채 풀　　　　參差荇菜

이라 하였는데 《이아爾雅》에는 "행荇(노랑머리연꽃)은 접여接余·조름나물·마름풀"이라고 했다. 행荇은 글자를 혹 행莕으로도 쓴다. 옛 학자들은 이는 모두 수초水草로서 둥근 잎에 가는 줄기를 가지고 있으며, 줄기는 물의 깊이에 따라 그에 맞게 자라난다고 해석했다. 지금도 물이 있는 곳이면 어디에나 있으며, 노란 꽃은 마치 순채蓴菜와 비슷하다. 강남江南에서는 역시 속칭으로 '저순豬蓴'이라고도 부르며, 혹은 '행채荇菜'라고도 한다. 유방劉芳의 《모시전음증毛詩箋音證》에 자세한 주석이 있다. 그러나 하북河北의 속인들은 거의가 이를 알지 못하고, 박사博士들조차 '참치행채'의 행채를 현채莧菜(비름나물)라 여기며, 인현人莧을 인행人荇으로 부르고 있다. 역시 심히 가소로운 일이다.

《詩》云: '參差荇菜.' 《爾雅》云: '荇, 接余也.' 字或爲莕. 先儒解釋皆云: 水草, 圓葉細莖, 隨水淺深. 今是水悉有之, 黃花似蓴, 江南俗亦呼爲猪蓴, 或呼爲荇菜. 劉芳具有注釋. 而河北俗人多不識之, 博士皆以參差者是莧菜, 呼人莧爲人荇, 亦可笑之甚.

17-2 고채苦菜

《시詩》에

누가 씀바귀를 쓰다 하는가?　　　　誰謂荼苦

라고 하였고, 《이아爾雅》와 《모시전毛詩傳》에는 모두가 도荼는 고채苦菜라고 했다. 그리고 《예禮》에는 '고채수苦菜秀'라고 했다. 《역통통괘험현도易統通卦驗玄圖》에는 "고채는 추운 가을에 나서 겨울을 넘기고 봄을 지나 여름이 되어야 다 자라난다"라고 했다. 지금 중원中原 지역의 고채苦菜여야 이 설명과 같다.

이러한 고채는 일명 '유동游冬'이라고도 하며, 잎은 마치 고거苦苣와 비슷하나 가늘다. 따거나 자르면 흰 즙이 나온다. 노란 꽃은 국화와 같다. 강남에는 다른 고채가 있어, 잎은 산장초酸漿草, 꽈리 혹은 괭이밥 같으며, 그 꽃은 자주색 또는 흰색으로 열매는 구슬 같다. 익었을 때는 빨갛거나 또는 검은 색이다. 이 식물은 피로회복의 약재로 쓸 수 있다. 곽박郭璞의 《이아》 주注에 "직蘵, 황제黃蒢"라고 한 것이 이것이다. 지금 하북에서는 이를 용규龍葵라고 부른다. 양梁나라 때 《예기》를 강론하는 자들이 이를 고채라 여겨, 이 식물은 숙근宿根이 없으며 봄이 되어야 돋아난다고 했다. 이 역시 크게 잘못된 것이다.

그리고 고유高誘가 주석한 《여씨춘추呂氏春秋》에는 "꽃만 피고 열매를 맺지 않는 것을 영英이라 한다"라고 했다. 그렇다면 《예기》의 '고채수苦菜秀'는 의당 '고채영苦菜英'이라 했어야 한다. 이로써 여기서의 고채는 용규龍葵가 아님을 더욱 명백히 알 수 있다.

《詩》云: '誰謂荼苦?' 《爾雅》·《毛詩傳》並以荼, 苦菜也. 又《禮》云: '苦菜秀.' 案: 《易統通卦驗玄圖》曰: '苦菜生於寒秋, 更冬歷春, 得夏乃成.' 今中原苦菜則如此也. 一名游冬, 葉似苦苣而細, 摘斷有白汁, 花黃似菊. 江南別有苦菜, 葉似酸漿, 其花或紫或白, 子大如珠, 熟時或赤或黑, 此菜可以釋勞. 案: 郭璞注《爾雅》, 此乃蘵黃蒢也. 今河北謂之龍葵. 梁世講《禮》者, 以此當苦菜; 既無宿根, 至春方生耳, 亦大誤也. 又高誘注《呂氏春秋》曰: '榮而不實曰英.' 苦菜當言英, 益知非龍葵也.

17-3 유체지두有杕之杜

《시詩》에

홀로 서 있는 한 그루 팥배나무　　　　　　有杕之杜

가 있다. 강남의 판본에는 모두가 '목木' 방에 '대大'를 써서 '체杕'로 되어 있다. 《모전》에는 "체杕는 홀로 있는 모습"이라 하였고, 서선민徐仙民(서막徐邈)의 《모시음》에는 음을 "도계반徒計反. 체"라고 했다. 《설문》에는 "체杕는 서 있는 모습"이라 하여 목부木部에 있다. 《운집韻集》에는 그 음을 차제次第의 제第로 읽고 있다. 그런데도 하북의 판본은 이 체杕를 이적夷狄의 적狄으로 표기하였고, 읽기도 역시 글자 그대로 적狄으로 읽고 있다. 이는 크게 잘못된 것이다.

《詩》云: '有杕之杜.' 江南本並木傍施大. 《傳》曰: '杕, 獨皃也.' 徐仙民音徒計反. 《說文》曰: '杕, 樹皃也.' 在木部. 《韻集》音次第之第, 而河北本皆爲夷狄之狄, 讀亦如字, 此大誤也.

17-4 경경모마駉駉牡馬

《시詩》에 "경경모마駉駉牡馬(경경한 수말이라는 구절)"라고 있다. 강남江南의 책에는 모두가 빈모牝牡의 '모牡' 자로 되어 있고, 하북河北의 판본은 모두가 방목放牧의 '목牧'으로 되어 있다.

업하鄴下의 박사가 나에게 어려운 질문이라 여겨 이렇게 물었다.

"노송魯頌 경편駉篇은 희공僖公이 경야坰野에서 방목한 일을 찬미한 것인데 어찌하여 말의 암수에 제한을 두는 것입니까?"

나는 이렇게 대답했다.

"《모전毛傳》에 '경경은 양마의 복간腹幹이 살찐 모습이다'라고 하였고, 그 아래에 다시 '제후에게는 여섯 개의 마구간에 네 종류의 말이 있으니, 양마良馬·융마戎馬·전마田馬·노마駑馬이다'라고 하였소. 만약 이를 방목放牧의 뜻으로 써서 암말과 수말이 모두 통용된다면 양마良馬만이 유독 경경하다는 표현이 용납되지 못하였을 것입니다. 양마는 천자가 그에게 옥로玉輅(옥으로 장식한 천자의 수레)를 끌게 하는 것이며, 제후의 조빙朝聘이나 교사郊祀에 사용되는 것이니, 틀림없이 암말이 아니어야 합니다. 《주례周禮》 어인직圉人職에 '양마는 매 필匹마다 한 사람씩 관리하며, 노마는 두 필마다 한 사람이 관리한다'라고 하였습니다. 어인이 기르는 것도 역시 암말은 아니었습니다. 남을 칭송할 때는 그의 강준强駿한 점을 거론하여 말하는 것으로 그 의義에 있어서 타당한 것입니다. 《역易》에 '양마가 함께 달린다'라고 하였고, 《좌전左傳》에는 '그 양마 두 필을 사용했다'라고 하였으니, 역시 그의 정준精駿함을 칭찬한 것이지 암수를 통칭하여 쓴 뜻이 아닙니다. 지금 《시전詩傳》의 양마에 암말을 방목하는 것과 같다고 한다면, 아마 모씨毛氏의 뜻에 어긋날뿐더러 아직 유방劉芳의 《모시전음의증毛詩箋音義證》을 보지 못한 것이 아니겠습니까?"

《詩》云: '駉駉牡馬.' 江南書皆作牝牡之牡, 河北本悉爲放牧之牧. 鄴下博士見難云: '駉頌既美僖公牧于坰野之事, 何限騲騭乎?' 余答曰: '案: 《毛傳》云: "駉駉, 良馬腹幹肥張也." 其下又云: "諸侯六閑四種: 有良馬, 戎馬, 田馬, 駑馬." 若作放牧之意, 通於牝牡, 則不容限在良馬獨得駉駉之稱. 良馬, 天子以駕玉輅, 諸侯以充朝聘郊祀, 必無騲也. 《周禮》圉人職: "良馬, 匹一人. 駑馬, 麗一人." 圉人所養, 亦非騲也; 頌人擧其强駿者言之, 於義爲得也. 《易》曰: "良馬逐逐." 《左傳》云: "以其良馬二." 亦精駿之稱, 非通語也. 今以《詩傳》良馬, 通於牧騲, 恐失毛生之意, 且不見劉芳《義證》乎?'

17-5 여정출荔挺出

《예기》 월령月令에 "여정출荔挺出"이 있는데 정현鄭玄은 "여정은 마해馬薤(꽃창포)이다"라고 주를 달았으며, 《설문》에는 "려荔는 창포와 비슷하나 작으며 뿌리로 솔刷을 만들 수 있다"라고 했다. 그리고 《광아廣雅》(위魏나라 때 장읍張揖이 지은 자서字書)에는 "마해는 려荔이다"라고 하였고, 《통속문》에도 역시 마린馬藺이라 했다. 《역통통괘험현도易統通卦驗玄圖》에는 "여정荔挺이 나지 않으면 나라에 화재가 많이 일어난다"라고 했다. 채옹蔡邕의 〈월령장구月令章句〉에는 "려荔는 정挺과 같다"라고 하였고, 《여씨춘추呂氏春秋》 고유高誘 주에는 "여초荔草는 뾰족하게 솟아난다"라고 했다.

그렇다면 정현의 〈월령주月令注〉에서 여정荔挺을 풀이름으로 본 것은 오류이다. 하북河北의 평지 소택沼澤에는 대부분 이 식물이 자라고 있다. 강동江東에도 이 식물이 자못 많아 사람들은 이를 계단이나 뜰에 심기도 하지만, 단지 이를 한포旱蒲라고 부를 뿐이다. 그 때문에 마해를 알지 못하는 것이다. 《예기》를 강론하는 자들은 이것을 마현馬莧(비름)인 줄로 알고 있다. 마현은 먹을 수 있다. 이름을 돈이豚耳라고도 하며 속명은 마치馬齒이다. 강릉江陵에 어떤 승려가 있어 얼굴 모습이 위는 넓고 아래는 좁았다. 유원劉緩의 어린 아들 민예民譽는 나이 겨우 몇 살밖에 되지 않아 똑똑하여 물건의 특징을 잘 알아내었다. 그 아이가 이 승려를 보고는 대뜸 "얼굴이 마현처럼 생겼다"라고 하자, 그의 백부伯父인 유도劉縚가 이로 인해 그 승려를 여정법사荔挺法師라 불렀다. 유도는 직접 《예기》 강의에 이름난 선비였는데도 오히려 이와 같은 오류를 범했다.

〈月令〉云: '荔挺出.' 鄭玄注云: '荔挺, 馬薤也.' 《說文》云: '荔, 似蒲而小, 根可爲刷.' 《廣雅》云: '馬薤, 荔也.' 《通俗文》亦云馬藺. 《易統通卦驗玄圖》云: '荔挺不出, 則國多火災.' 蔡邕〈月令章句〉云: '荔似挺.' 高誘注《呂氏春秋》云: '荔草挺出也.' 然則月令注荔挺爲草名, 誤矣. 河北平澤率生之. 江東頗有此物, 人或種於階庭, 但呼爲旱蒲, 故不識馬薤. 講《禮》者乃以爲馬莧; 馬莧堪食, 亦名豚耳, 俗名馬齒. 江陵嘗有一僧, 面形上廣下狹; 劉緩幼子民譽, 年始數歲, 俊晤善體物, 見此僧云: '面似馬莧.' 其伯父縚因呼爲荔挺法師. 縚親講《禮》名儒, 尙誤如此.

17-6 시시施施

《시詩》에

어서어서 내 앞에 나타나다오 将其來施施

라는 구절이 있다. 《모전毛傳》에는 "시시施施는 나가기 힘들다는 뜻"이라 하였고, 《정전鄭箋》에는 "시시施施는 천천히 행하는 모습"이라 했다. 《한시韓詩》(한漢나라 때 삼가시三家詩 중 하나)에도 역시 '시시施施'는 중첩되어 있다. 그리고 하북河北의 《모시》에도 모두 '시시施施'로 되어 있으나, 강남江南의 구본舊本에는 홀로 '시施' 한 글자로 되어 있으며, 민간에서도 드디어 이것이 옳은 것으로 여겨지고 있다. 아마 약간 잘못된 것 같다.

《詩》云: '將其來施施.' 《毛傳》云: '施施, 難進之意.' 《鄭箋》云: '施施, 舒行皃也.' 《韓詩》亦重爲施施. 河北《毛詩》皆云施施. 江南舊本, 悉單爲施, 俗遂是之, 恐爲少誤.

17-7 흥운기기興雲祁祁

《시》에 "유엄처처有渰萋萋, 흥운기기興雲祁祁"라는 구절에 대해 《모전》에는 "엄渰은 검은 구름의 모습이다. 처처萋萋는 구름이 흘러가는 모습이다. 기기祁祁

는 느린 모습이다"라고 하였고, 《정전鄭箋》에는 "옛날에는 음양이 조화를 이루고 풍우가 때맞추어 그 나타남이 기기연祁祁然하였으며 급하게 몰아치지 않았다"라고 했다. 생각건대 '엄渰'이 이미 검은 구름이라면 어찌 노고롭게 다시 '흥운기기興雲祁祁'라고 하였겠는가? 그러니 '운雲'은 마땅히 '우雨'이어야 하며, 민간에서 잘못 베껴 쓴 것이다.

반고班固의 〈영대시靈臺詩〉에 "삼광三光(일日 · 월月 · 성星)이 천지에 널리 퍼지고, 오행이 그 질서에 펼쳐져 있네. 습습한 상풍과 기기한 감우로다"라고 한 것이 그 증거다.

《詩》云: '有渰萋萋, 興雲祁祁.' 《毛傳》云: '渰, 陰雲皃. 萋萋, 雲行皃. 祁祁, 徐皃也.' 《箋》云: '古者, 陰陽和, 風雨時, 其來祁祁然, 不暴疾也.' 案: 渰已是陰雲, 何勞復云'興雲祁祁'耶? '雲'當爲'雨', 俗寫誤耳. 班固〈靈臺詩〉云: '三光宣精, 五行布序, 習習祥風, 祁祁甘雨.' 此其證也.

17-8 유예猶豫

《예禮》에 "유예猶豫를 결정하고 혐의를 판결한다(定猶豫, 決嫌疑)"라고 하였고, 〈이소離騷〉(전국시대 굴원의 초사 작품)에는 "마음이 유예하여 여우처럼 의심한다"라고 하였는데, 옛 학자들이 이 '유예'에 대하여 해석을 내린 자가 없었다. 《시자尸子》를 살펴보니 "다섯 자의 개를 유猶라 한다"라고 하였고, 《설문》에는 "농서隴西에서는 강아지를 유猶라 한다"라고 했다. 나는 사람이 개를 데리고 나서면 개는 사람 앞으로 나서기를 좋아하며, 주인을 기다려도 오지 않으면 다시 찾아와 맞이하며, 이와 같은 반복을 하루 종일이라도 한다. 이는 바로 예豫 자가 미정未定의 뜻을 가진 것이며, 그 때문에 유예라 칭하는 것으로 여겼다.

혹자는 《이아》를 근거로 "유는 궤麂(노루의 일종)처럼 생겼으며 나무에 잘 오른다"

라고 하여, 유는 짐승 이름이며, 사람 소리를 들으면 나무에 근거하여 방비하니, 이와 같이 오르락내리락하기 때문에 유예라 칭한다고 했다. 여우란 짐승은 의심이 많다. 그 때문에 하수河水가 얼어 물소리가 들리지 않아야 감히 건넌다. 지금 속담에 "여우는 의심을 잘하고 호랑이는 땅을 긁어 점을 친다"라는 것이 곧 그러한 뜻이다.

《禮》云: '定猶豫, 決嫌疑.' 《離騷》曰: '心猶豫而狐疑.' 先儒未有釋者. 案: 《尸子》曰: '五尺犬爲猶.' 《說文》云: '隴西謂犬子爲猶.' 吾以爲人將犬行, 犬好豫在人前, 待人不得, 又來迎候, 如此返往, 至於終日, 斯乃豫之所以爲未定也, 故稱猶豫. 或以《爾雅》曰: '猶如麂, 善登木.' 猶, 獸名也, 既聞人聲, 乃猶緣木, 如此上下, 故稱猶豫. 狐之爲獸, 又多猜疑, 故聽河冰無流水聲, 然後敢渡, 今俗云: '狐疑, 虎卜.' 則其義也.

17-9 해점痎店

《좌전左傳》에 "제나라 임금이 해병에 걸려 결국 열이 났다(齊侯疥, 遂痁)"라고 하였는데 《설문》에는 "해痎는 이틀에 한 번씩 나타나는 학질이다. 점痁은 열이 나는 학질이다"라고 했다. 생각건대 제나라 임금의 병은 본래 하루걸러 나타났으며, 점차 가중되었기 때문에 다른 제후들의 근심거리가 되었던 것이리라. 지금 북방에서는 이를 '해학痎瘧'이라 부르며 해痎는 음이 개皆이다. 그런데 세상에 전하는 판본은 흔히 해痎를 개疥로 쓴다. 두정남杜征南(두예杜預) 역시 아무런 해석을 하지 않았으며, 서선민徐仙民(서막徐邈)은 개疥의 음을 개介라 했다. 속된 선비들은 곧 이에 통용시켜 "개병疥病을 앓게 되면 사람이 오한이 들며 변하여 학질이 된다"라고들 한다. 이는 억설이다. 개선疥癬(옴)은 하찮은 질환인데, 어찌 가히 논할 거리가 되겠으며, 어찌하여 옴이 변하여 학질이 되겠는가?

《左傳》曰: '齊侯痎, 遂痁.' 《說文》云: '痎, 二日一發之瘧. 痁, 有熱瘧也.' 案: 齊侯之病, 本是間日一發, 漸加重乎故, 爲諸侯憂也. 今北方猶呼痎瘧, 音皆. 而世間傳本多以痎爲疥, 杜征南亦無解釋, 徐仙民音介, 俗儒就爲通云: '病疥, 令人惡寒, 變而成瘧.' 此臆說也. 疥癬小疾, 何足可論, 寧有患疥轉作瘧乎?

17-10 영향影響

《상서尙書》에 "길흉의 응보는 그림자나 메아리와 같다(惟影響)"라고 하였고, 《주례周禮》에는 "토규土圭로 해 그림자를 측량한다. 아침저녁의 그림자를 잰다(土圭測影, 影朝影夕)"라고 하였고, 《맹자孟子》에는 "그림 속의 그림자는 실체의 형태가 아니다(圖影失形)"라고 하였으며, 《장자莊子》에는 "도깨비가 그림자에게 묻다(罔兩問影)"라고 했다. 여기에 쓰인 '영影'은 모두가 마땅히 광경光景의 경景 자이어야 한다. 무릇 음경陰景이란 빛에 의해 생긴다. 그러므로 경景이라고 말하는 것이다. 《회남자淮南子》는 이를 경주景柱라 하였고 《광아廣雅》에는 "구주가 그림자를 걸치고 있다(晷柱挂景)"라고 하였으니, 모두가 이것이다. 진晉나라에 이르러 갈홍葛洪의 《자원字苑》에 비로소 곁에 삼彡을 더하였고, 음이 '어경반於景反(영)'이 되었다. 그러자 세간에서는 곧바로 《상서》·《주례》·《장자》·《맹자》 속의 글자를 고쳐 갈홍이 만든 글자를 따랐으니, 심히 잘못된 것이다.

《尙書》曰: '惟影響.' 《周禮》云: '土圭測影, 影朝影夕.' 《孟子》曰: '圖影失形.' 《莊子》云: '罔兩問影.' 如此等字, 皆當爲光景之景. 凡陰景者, 因光而生, 故卽謂爲景. 《淮南子》呼爲景柱, 《廣雅》云: '晷柱挂景.' 並是也. 至晉世葛洪《字苑》, 傍始加彡, 音於景反. 而世間輒改治《尙書》·《周禮》·《莊》·《孟》從葛洪字, 甚爲失矣.

17-11 진陳과 진陣

태공太公의 《육도六韜》에 천진天陳·지진地陳·인진人陳·운조지진雲鳥之陳 등이 있다. 그리고 《논어論語》에 "위령공이 공자에게 진陳을 물었다"라고 하였으며, 《좌전左傳》에는 "어려지진魚麗之陳을 치다"라고 했다. 그런데 속본에는 흔히 '부阜' 방에 거승車乘의 '거車'를 써서 '진陣'으로 쓴다. 생각건대 여러 진대陳隊는 모두가 진정陳鄭의 '진陳' 자여야 한다. 무릇 행진行陳의 뜻은 진열陳列이란 말에서 취한 것이다. 이는 육서六書 중의 가차假借이다. 《창힐편蒼頡篇》과 《이아爾雅》 및 근세의 자서字書에는 모두가 따로 별자別字가 없었다. 그런데 오직 왕희지王羲之의 〈소학장小學章〉에만은 '부阜(⻖)' 옆에 거車를 썼다. 비록 세속에 이미 통행되고는 있지만 그렇다고 이를 근거로 《육도》·《논어》·《좌전》을 고치는 것은 마땅치 않다.

太公《六韜》, 有天陳 · 地陳 · 人陳 · 雲鳥之陳. 《論語》曰: '衛靈公問陳於孔子.' 《左傳》: '爲魚麗之陳.' 俗本多作阜傍車乘之車. 案諸陳隊, 並作陳 · 鄭之陳. 夫行陳之義, 取於陳列耳, 此六書爲假借也, 《蒼》 · 《雅》及近世字書, 皆無別字; 唯王羲之〈小學章〉, 獨阜傍作車, 縱復俗行, 不宜追改《六韜》 · 《論語》 · 《左傳》也.

17-12 관목灌木

《시詩》에

꾀꼬리가 날아서 관목에 모여 앉네　　　黃鳥于飛, 集于灌木

라고 하였고, 《모전毛傳》에는 "관목은 총목叢木이다"라고 했다. 이는 《이아爾雅》에 있는 설명이다. 그 때문에 이순李巡의 주에 "나무가 떨기로 나 있는 것은 관

灌이라 한다"라고 하였고, 《이아》의 끝 부분에는 다시 "나무가 무리 지어(族) 난 것이 관灌이다"라고 했다. 족族은 역시 떨기를 이루어 모여 있는 '총취叢聚'이다. 그 때문에 강남에 전해 오는 《시경》 고본은 모두가 총취叢聚의 총叢으로 되어 있다. 그런데 총叢의 고자古字는 '최冣' 자와 비슷하다. 이에 근세 유생들은 이를 '최冣' 자로 고쳐 놓고는 "나무 중에 가장 키가 큰 것"이라고 풀이하고 있다. 생각건대 각 가家의 《이아》나 《시》를 해석한 중에 이렇게 말한 자는 없다. 오직 주속지周續之의 《모시주毛詩注》에만 음을 '조회반徂會反(최, 죄)'이라 하였고, 유창종劉昌宗의 《시주詩注》에는 음을 '재공반在公反(종, 총)' 혹은 '조회반祖會反(죄, 최)'라고 하였는데, 이는 모두가 억지로 천착한 것이며 《이아》의 풀이와 맞지 않다.

《詩》云: '黃鳥于飛, 集于灌木.' 《傳》云: '灌木, 叢木也.' 此乃《爾雅》之文, 故李巡注曰: '木叢生曰灌.' 《爾雅》末章又云: '木族生爲灌.' 族亦叢聚也. 所以江南《詩》古本皆爲叢聚之叢, 而古叢字似冣字, 近世儒生, 因改爲冣, 解云: '木之冣高長者.' 案: 衆家《爾雅》及解詩無言此者, 唯周續之《毛詩注》, 音爲徂會反, 劉昌宗詩注, 音爲在公反, 又祖會反: 皆爲穿鑿, 失《爾雅》訓也.

17-13 야也와 금衿

'야也'는 말이 끝났거나(語已辭), 구절을 돕는 말(助句辭)로 문적에 널리 나타나고 있다. 그런데 하북河北의 경전經傳에는 모두가 이 글자를 생략하고 있다. 그러나 그중에는 가히 없애서는 안 되는 것이 있다. 이를테면 '백야집수伯也執殳'나 '어려야어於旅也語', '회야루공回也屢空', '풍風, 풍야風也. 교야敎也'라든가 《시전詩傳》의 '불집不戢, 집야戢也. 불나不儺, 나야儺也', '불다不多, 다야多也' 등인데 이러한 경우 만약 이 글자를 빼 버린다면 자못 의미가 폐하고 잘못되게 된다.

《시詩》에 "청청자금靑靑子衿"이라 하였고, 《전傳》에는 "푸른 옷깃은 청령靑領(푸른 옷섶)이다. 공부하는 자의 옷이다"라고 했다. 생각건대 옛날에는 사령斜領(목 근처의 옷섶)이 아래로 내려와 옷깃에 닿았다. 그 때문에 영領을 금衿이라 하였던 것이다. 손염孫炎과 곽박郭璞의 《이아》 주, 그리고 조대고曹大家 반소班昭의 《열녀전列女傳》에 모두 "긍은 교령交領(교차시킨 옷섶)이다"라고 했다. 업하鄴下의 《시詩》에는 '야也' 자가 없으며 여러 학자들이 잘못된 설을 근거로 "청금과 청명은 옷의 양쪽 이름이며, 모두가 푸른색으로 장식을 한다"라고 하여 '청청靑靑' 두 글자를 해석하고 있으니 크게 잘못된 것이다.

그리고 또 다른 속학들은 경과 전 가운데에 반드시 있어야 할 '야也' 자를 자기 임의대로 매번 맞지 않는 곳에 붙이기도 하니 더욱 가소로운 일이다.

'也'是語已及助句之辭, 文籍備有之矣. 河北經傳, 悉略此字, 其間字有不可得無者, 至如'伯也執殳', '於旅也語', '回也屢空', '風, 風也, 教也', 及《詩傳》云: '不戢, 戢也; 不儺, 儺也.' '不多, 多也.' 如斯之類, 儻削此文, 頗成廢闕. 《詩》言: '青青子衿.' 《傳》曰: '青衿, 青領也, 學子之服.' 按: 古者, 斜領下連於衿, 故謂領爲衿. 孫炎 · 郭璞注《爾雅》, 曹大家注《列女傳》, 並云: '衿, 交領也.' 鄴下《詩》本, 既無'也'字, 羣儒因謬說云: '青衿 · 青領, 是衣兩處之名, 皆以青爲飾.' 用釋'青青'二字, 其失大矣! 又有俗學, 聞經傳中時須也字, 輒以意加之, 每不得所, 益成可笑.

17-14 촉재주蜀才注의 《역易》

《역易》에 촉재주蜀才注라는 판본이 있다. 강남의 학사들도 끝내 그가 어떤 사람인지 알지 못했다. 왕검王儉의 《사부목록四部目錄》에는 그의 이름은 언급하지 않은 채, "왕필王弼의 후인"이라고만 제題했다. 사경謝炅과 하후해夏侯該(남조 양梁나라 때 인물 하후영夏侯詠의 오기)는 다 같이 수천 권의 책을 읽은 학자로서 모두가 아는 바로 초주譙周(경학과 천문에 밝았다는 삼국시대 촉나라 인물)라는 사람이 아닌지 의심할 뿐이었다. 그런데 《이촉서李蜀書》(《촉리서蜀李書》의 오기)는 일명 《한지서漢之書》라고도 하는데, 거기에 "촉재는 성은 범范씨요, 이름은 장생長生으로 스스로 촉재蜀才라고 칭했다"라고 했다. 남방 사람들은 진晉나라가 도강한 후, 북쪽 지역에 전해 오는 책들에 대하여 위서僞書라 여겨 살펴 읽기를 귀히 여기지 않았다. 그 때문에 《이촉서》의 내용을 보지 않았던 것이다.

《易》有蜀才注, 江南學士, 遂不知是何人. 王儉《四部目錄》, 不言姓名, 題云: '王弼後人.' 謝炅·夏侯該, 並讀數千卷書, 皆疑是譙周; 而《李蜀書》一名《漢之書》, 云; '姓范名長生, 自稱蜀才.' 南方以晉家渡江後, 北間傳記, 皆名爲僞書, 不貴省讀, 故不見也.

17-15 라고굉臝股肱

《예禮》 왕제王制의 "고굉을 드러내다(臝股肱)"라는 구절이 있다. 정현鄭玄은 "옷을 걷어 그 팔과 정강이를 드러내는 것을 말한다"라고 했다.

지금의 책에는 선擐의 글자를 모두 환갑擐甲의 환擐으로 쓰고 있다. 국자박사國子博士 소해蕭該(남조 양梁나라 파양왕鄱陽王 소회蕭恢의 손자로 경학에 밝았음)는 이렇게 말했다. "환擐은 마땅히 선撏으로 써야 한다. 음은 선宣이다. 환擐은 옷을 입는다는 말로 팔을 드러낸다는 뜻이 아니다."

《자림字林》을 상고해 보니 소해의 말이 맞다. 서원徐爰의 음이 환患이라 한 것은 잘못된 것이다.

《禮》王制云: '臝股肱.' 鄭注云: '謂撏衣出其臂脛.' 今書皆作擐甲之擐. 國子博士蕭該云: '擐當作撏, 音宣, 擐是穿著之名, 非出臂之義.' 按《字林》, 蕭讀是, 徐爰音患, 非也.

17-16 《한서漢書》에서 알 수 없는 글자

《한서漢書》에 "전긍이 축하해 올리다(田肎賀上)"라는 구절이 있다. 강남의 판본에는 긍肎 자가 모두 '소宵' 자로 되어 있다. 패국沛國 사람 유현劉顯은 경적을 널리 읽었으며, 특히 반고班固의 《한서》에 밝아 양梁나라 때에 '한성漢聖'이라 일컬어졌다. 이 유현의 아들 유진劉臻도 가업을 실추시키지 않은 자였다. 그가 반고의 《한서》를 읽으면서 '전긍'으로 읽자 양원제梁元帝가 이상히 여겨 물었다. 유진은 이렇게 대답했다.

"이는 증명이 될 만한 근거를 찾을 수 없습니다. 그러나 저의 집에 전하는 구본에는 굵고 붉은 글씨로 소宵 자는 잘못이라 하여 긍肎 자로 고쳐져 있습니다."

원제는 이를 반박할 근거가 없었다. 내가 강북으로 와서 원본을 보니 '긍肎' 자로 되어 있었다.

《漢書》: '田肎賀上.' 江南本皆作'宵'字. 沛國劉顯, 博覽經籍, 偏精班漢, 梁代謂之漢聖. 顯子臻, 不墜家業. 讀班《史》, 呼爲田肎. 梁元帝嘗問之, 答曰: '此無義可求, 但臣家舊本, 以雌黃改"宵"爲"肎"'. 元帝無以難之. 吾至江北, 見本爲'肎'.

17-17 왕망王莽의 자색와성紫色䵷聲

《한서漢書》〈왕망전王莽傳〉 찬贊에 "자주색은 정색이 아니며 와성䵷聲(와성蛙聲, 즉 개구리 울음소리. 왕망의 목소리를 비유한 것)은 정성正聲이 아니다. 그는 마치 달력에서 윤달과 같은 위치이다"라고 했다. 이는 대체로 왕망이란 자는 현황玄黃의 정색正色도 아니요, 율려律呂(정음)에 맞는 음도 아니라는 뜻이다. 근래 어떤 학자는 명성과 학문이 심히 높건만 "왕망은 연박호시鳶膊虎視(사람의 어깨가 독수리처럼 솟아 있고, 눈이 호랑이처럼 흉악함)의 모습일 뿐만 아니라, 다시 피부가 자줏빛이며 목

소리는 개구리 울음소리 같다"라고 했다. 역시 그릇된 풀이이다.

《漢書》王莽贊云: '紫色鼃聲, 餘分閏位.' 蓋謂非玄黃之色, 不中律呂之音也. 近有學士, 名問甚高, 遂云: '王莽非直鳶髆虎視, 而復紫色鼃聲.' 亦爲誤矣.

17-18 책策, 협筴

간책簡策의 책策 자는 죽竹 아래에 자朿를 썼다. 후대에 예서隸書에서 기송杞宋의 송宋 자 역시 죽竹 아래에 협夾을 썼다. 그 때문에 마치 자刺 자의 방傍이 자朿여야 함에도 지금은 이를 협夾 자로 쓰는 것과 같아졌다. 그러자 서선민徐仙民(서막徐邈)은 《춘추좌씨전음春秋左氏傳音》과 《예기음禮記音》에서 드디어 책策을 정자로 하고 음을 책策이라 하여 특이하게 전도顚倒시켰다.
《사기史記》에는 다시 실悉 자가 있는데 이를 잘못하여 술述이라 베끼고, 투妬 자를 구姤 자로 하자, 배인裴駰·서막徐邈·추탄생鄒誕生 등은 모두 실悉을 술述로 읽고, 투妬를 구姤로 읽게 되었다. 아무리 그렇다 해도 해亥 자를 시豕로 읽고, 제帝를 호虎로 읽을 수야 있겠는가?

簡策字, 竹下施朿, 末代隸書, 似杞 · 宋之宋, 亦有竹下遂爲夾者; 猶如刺字之傍應爲朿, 今亦作夾. 徐仙民《春秋》·《禮音》, 遂以筴爲正字, 以策爲音, 殊爲顚倒. 《史記》又作悉字, 誤而爲述, 作妬字, 誤而爲姤, 裴 · 徐 · 鄒皆以悉字音述, 以妬字音姤. 旣爾, 則亦可以亥爲豕字音, 以帝爲虎字音乎?

17-19 복虙과 복宓

장읍張揖(삼국시대 위나라 사람)은 "복虙은 오늘날 말하는 복희씨伏羲氏이다"라고 했다. 맹강孟康의 《한서漢書》 고문주古文注에도 역시 "복虙은 지금의 복伏 자"라고 하였으며, 황보밀皇甫謐은 "복희伏羲는 혹 복희宓羲라고도 한다"라고 했다. 여러 경經과 사史, 그리고 위서緯書와 점술서占術書 등을 보았으나 끝내 복희宓羲란 호는 없었다. 복虙 자는 호虍를 좇아 쓰고 복宓 자는 면宀을 좇아 쓰되 아래에 모두 필必 자가 있다. 후세에 이를 전사하면서 잘못되어 복虙 자를 복宓으로 쓴 것이며, 《제왕세기帝王世紀》에 이것이 이름으로 올라선 것이다. 무엇으로 이를 증험하겠는가? 공자孔子의 제자에 복자천虙子賤(공자의 제자 복부제虙不齊)이 선보單父 땅의 재宰가 되었는데 이는 곧 복희伏羲의 후손이다. 속자俗字에 복宓으로 쓰되 혹 산山을 더하여 밀密로 쓰기도 한다. 지금의 연주兗州(옛날 구주九州의 하나) 영창군성永昌郡城은 옛날 선보 땅으로 동문東門에 〈자천비子賤碑〉가 있다. 한漢나라 때에 세워진 것으로 "제남濟南 사람 복생伏生은 바로 복자천의 후손이다"라고 했다. 이로 보아 복虙과 복伏은 고래로 통용되던 글자였으나 이를 잘못하여 복宓으로 쓴 것이니, 이를 비교하면 가히 알 수 있다.

張揖云: '虙, 今伏羲氏也.' 孟康《漢書》古文注亦云: '虙, 今伏.' 而皇甫謐云: '伏羲或謂之宓羲.' 按諸經史緯候, 遂無宓羲之號. 虙字從虍, 宓字從宀, 下俱爲必, 末世傳寫, 遂誤以虙爲宓, 而帝王世紀因更立名耳. 何以驗之? 孔子弟子虙子賤爲單父宰, 卽虙羲之後, 俗字亦爲宓, 或復加山. 今兗州永昌郡城, 舊單父地也, 東門有〈子賤碑〉, 漢世所立, 乃曰: '濟南伏生, 卽子賤之後.' 是知虙之與伏, 古來通字, 誤以爲宓, 較可知矣.

17-20 영위계구寧爲雞口, 무위우후無爲牛後

태사공太史公의 《사기史記》에 "차라리 닭의 주둥이가 될지언정 소의 궁둥이는 되지 말라"라고 했다. 이는 《전국책戰國策》의 구절을 산정刪定하여 옮긴 것이다. 연독延篤(후한 때 인물. 마융馬融에게 배워 경사백가經史百家에 두루 통달했음)의 《전국책음의戰國策音義》에 "시尸는 닭 무리 중에 으뜸 되는 수컷이요, 종從은 송아지이다"라고 했다. 그렇다면 계구雞口의 구口는 마땅히 시尸가 되어야 하고, 우후牛後의 후後는 종從 자여야 한다. 세속에서 베낄 때에 잘못된 것이다.

太史公《記》曰: '寧爲雞口, 無爲牛後.' 此是刪《戰國策》耳. 案: 延篤《戰國策音義》曰: '尸, 雞中之主. 從, 牛子.' 然則, '口'當爲'尸', '後'當爲'從', 俗寫誤也.

17-21 고점리高漸離의 기양伎癢

응소應劭의 《풍속통風俗通》에 "태사공의 《사기史記》에 '고점리高漸離가 성명을 바꾸고 남의 머슴이 되어, 송자宋子(지금의 하북성河北省 조현趙縣)라는 곳에 숨어 살았다. 오랫동안 고생하여 힘들어 할 때 그 집 당상堂上에서 어떤 객이 축筑(고대 악기. 금과 비슷하나 머리 부분이 크고 무거움)을 두드리는 소리를 듣게 되었다. 그는 자신도 재주를 보이고 싶어 손이 근질근질하여(伎癢) 한마디 하지 않을 수가 없었다'"라고 했다. 그런데 여기서 기양伎癢이란 자신의 재능을 표현하고 싶어 내심으로 가려움을 이겨 내지 못함을 말한다. 이에 반악潘岳의 〈사치부射雉賦〉에도 "한갓 마음만 안타까워 기양하네"라고 했다. 지금의 《사기》에는 모두 '배회徘徊'로 되어 있거나, 혹은 "방황하며 능히 말을 하지 않을 수 없었다"라고 하였는데, 이는 세속에 베껴 써 내려오면서 생긴 오류다.

應劭《風俗通》云: '太史公《記》: "高漸離變名易姓, 爲人庸保, 匿作於宋子, 久之作苦, 聞其家堂上有客擊筑, 伎癢, 不能無出言."' 案: 伎癢者, 懷其伎而腹癢也. 是以潘岳〈射雉賦〉亦云: '徒心煩而伎癢.' 今《史記》並作'徘徊', 或作'徬徨不能無出言', 是爲俗傳寫誤耳.

17-22 미媚는 모娼의 오기이다

태사공太史公이 영포英布(한漢나라 때 인물로 일찍이 경형黥刑을 받아 경포黥布로도 부름)를 논한 말에 "재앙은 애희愛姬로부터 생겼으니 이는 투미妬媚에서 비롯되어 나라의 멸망에까지 이른 것이다"라고 했다. 다시 《한서漢書》〈외척전外戚傳〉에도 "총첩과 결탁하여 투미妬媚한 죄"라고 했다. 여기서 '미媚' 자는 모두가 '모娼' 자여야 한다. 모娼 역시 투妬이며, 그 뜻은 《예기禮記》와 《삼창三蒼》을 보라. 그리고 《사기史記》〈오종세가五宗世家〉에도 "상산 헌왕憲王의 후后가 투모妬娼하다"라고 하였으며, 왕충王充의 《논형論衡》에는 "질투하는 지아비와 질투하는 부인이 있으면 그 집안에 분노와 싸움이 끊이지 않는다"라고 했다. 이로써 모娼는 투妬의 또 다른 표현임을 알 수 있다. 영포의 죽음은 원래 비혁賁赫을 의심한 것일 뿐이니, 미媚라 말하는 것은 타당하지 않다.

太史公論英布曰: '禍之興自愛姬, 生於妬媚, 以至滅國.' 又《漢書》外戚傳亦云: '成結寵妾妬媚之誅.' 此二'媚'並當作'娼', 娼亦妬也, 義見《禮記》·《三蒼》. 且〈五宗世家〉亦云: '常山憲王后妬娼.' 王充《論衡》云: '妬夫娼婦生, 則忿怒鬪訟.' 益知娼是妬之別名. 原英布之誅爲意賁赫耳, 不得言媚.

17-23 진시황秦始皇의 칭권稱權

《사기史記》〈진시황본기秦始皇本紀〉에 "28년 승상 외림隗林과 승상 왕관王綰 등이 바닷가에서 토의하다"라고 하였는데, 여러 본에는 모두가 외림의 림林을 산림山林의 림林 자를 썼다. 그런데 개황開皇 2년(582년) 5월 장안長安의 평민이 진秦나라 때 철로 된 칭권稱權을 발굴했다. 그 겉은 구리로 도금되어 있었고, 두 곳에 명문銘文이 새겨져 있었다. 그 한곳에 이러한 40자의 글씨가 있었다.

"26년 황제가 천하 제후를 모두 겸병하니 일반 백성이 크게 편안해졌다. 호를 세워 황제皇帝라 하고 이에 승상 상狀과 관綰에게 조서를 내려 법도량칙法度量則에서 통일되지 않았다고 혐의되는 것은 모두 이를 통일하였음을 밝힌다(卄六年, 皇帝盡幷兼天下諸侯, 黔首大安, 立號爲皇帝, 乃詔丞相狀·綰, 灋度量鼎不鼎歉疑者, 皆明鼎之)."

그리고 다른 한 곳에는 이렇게 쉰여덟 자가 있었다.

"원년 승상 사斯와 관綰에게 제조制詔토록 하여 도량의 법을 정하여 시황제의 뜻대로 하고, 그 내용을 모두 말로 여기에 새긴다. 지금 옛날 왕호를 부를 뿐 글로 새긴 대로 시황제始皇帝라 칭할 만한 임금이 없은 지 이미 오래되었다. 만약 뒤를 이은 자가 왕호를 정함에 성공성덕成功盛德이 걸맞지 않음이 있으면 이 조서의 □(원문 식별 불가) 왼쪽에 새겨 의심이 없도록 하라(元年, 制詔丞相斯·去疾, 灋度量, 盡始皇帝爲之, 皆□刻辭焉. 今襲號而刻辭不稱始皇帝, 其於久遠也, 如後嗣爲之者, 不稱成功盛德, 刻此詔□左, 使毋疑)."

여기서는 한 글자가 마멸되었지만 쉰여덟 자는 드러나 틀림없고 분명하다. 그 글씨는 고예古隸를 겸하고 있다. 나는 임금의 명을 입어 이를 베끼고 판독하였고, 내사령內史令 이덕림李德林과 대조하였으며 직접 이 칭권稱權을 보았다. 지금 이 칭권은 관고官庫에 보관되어 있다. 그중 '승상상丞相狀'은 상모狀貌의 상狀 자로서 장爿의 편방에 견犬을 쓴 것이다. 그렇다면 민간에서 '외림隗林'이라 쓴 것은 잘못되었음을 알 수 있다. 마땅히 '외상隗狀'으로 써야 한다.

《史記》始皇本紀: '二十八年, 丞相隗林·丞相王綰等, 議於海上.' 諸本皆作山林之'林'. 開皇二年五月, 長安民掘得秦時鐵稱權, 旁有銅塗鐫銘二所. 其一所曰: '卄六年, 皇帝盡并兼天下諸侯, 黔首大安, 立號爲皇帝, 乃詔丞相狀·綰, 灋度量鼎不鼎歉疑者, 皆明鼎之.' 凡四十字. 其一所曰: '元年, 制詔丞相斯·去疾, 灋度量, 盡始皇帝爲之, 皆刻辭焉. 今襲號而刻辭不稱始皇帝, 其於久遠也, 如後嗣爲之者, 不稱成功盛德, 刻此詔□左, 使毋疑.' 凡五十八字, 一字磨滅, 見有五十七字, 了了分明. 其書兼爲古隷. 余被敕寫讀之, 與內史令李德林對, 見此稱權, 今在官庫; 其'丞相狀'字, 乃爲狀貌之'狀', 爿旁作犬; 則知俗作'隗林', 非也, 當爲'隗狀'耳.

17-24 중외지복中外禔福

《한서漢書》에 "안팎이 복을 받도다(中外禔福)"라고 하였는데 여기서 지禔는 마땅히 시示를 따라야 한다. 지禔는 편안하다는 뜻이며 음은 시시匙匕의 시匙이다. 뜻은 《창힐편蒼頡篇》·《이아》·《방언》을 보라. 하북河北의 학자들도 모두 이와 같이 여기고 있다. 그런데 강남江南의 판본에는 흔히 수手를 좇아 제提로 써서 문장을 지을 때 이를 대우對耦로 삼고 있다. 게다가 이를 제설提挈의 뜻으로 쓰고 있으니 아마 잘못된 듯하다.

《漢書》云: '中外禔福.' 字當從示. 禔, 安也, 音匙匕之匙, 義見《蒼》·《雅》·《方言》. 河北學士皆云如此. 而江南書本, 多誤從手, 屬文者對耦, 並爲提挈之意, 恐爲誤也.

17-25 금중禁中과 성중省中

혹자가 이렇게 물었다.

"《한서漢書》 주에 '효원제孝元帝 황후의 아버지 이름이 금禁이었기 때문에 금중禁中을 성중省中이라 했다'라고 하였는데 무슨 이유로 성省 자로써 금禁 자를 대신하였습니까?"

나는 이렇게 설명했다.

"《주례周禮》〈궁정宮正〉편에 '궁정은 왕궁의 계령과 규금糾禁(감찰하고 규찰하는 법령)을 관장한다'라고 되어 있고, 정현鄭玄의 주에 '규糾는 할割과 같으며 살피다(察)라는 뜻이다'라고 하였습니다. 이에 이등李登은 '성省은 살피다(察)의 뜻이다'라고 하였고, 장읍張揖은 '성省은 지금의 성찰省詧이다'라고 하였습니다. 그러니 음은 '소정반小井反'과 '소령반所領反', 두 가지가 있으며 모두가 살핀다는 뜻입니다. 그곳 궁중은 항상 금위禁衛가 성찰하고 있는 곳입니다. 그 때문에 성省 자로 금禁 자를 대신한 것입니다. 찰詧은 찰察 자의 고자古字입니다."

或問: '《漢書》注: "爲元后父名禁, 故禁中爲省中." 何故以"省"代"禁"?' 答曰: '案: 《周禮》宮正: "掌王宮之戒令糾禁." 鄭注云: "糾, 猶割也, 察也." 李登云: "省, 察也." 張揖云: "省, 今省詧也." 然則小井 · 所領二反, 並得訓察. 其處旣常有禁衛省察, 故以"省"代"禁". 詧, 古察字也.'

17-26 사성소후四姓小侯

《후한서後漢書》 명제기明帝紀에 "사성四姓과 소후小侯를 위해 학교를 세우다(爲四姓小侯立學)"라고 되어 있다. 상고하건대 환제桓帝가 원복元服(관례)를 행할 때 다시 네 가지 성씨와 양후梁侯 · 등후鄧侯 등에게 선물을 하사하였으니, 여기서 사성과 소후는 모두가 외척임을 알 수 있다. 명제 때에는 외척으로 번씨樊氏 · 곽씨郭氏 · 음씨陰氏 · 마씨馬氏 등 네 개의 성이 있었다. 소후라 말한 것은 혹 나이가 어린 채로 봉封을 받았기 때문일 것이며, 그 때문에 학교를 세울 필요가 있었을 뿐이다. 혹자는 이것이 시사후侍祠侯나 외조후猥朝侯라 여기고 있다. 그러나 이러한 후侯는 왕자와 같은 반열의 후가 아니기 때문에 소후라 한 것이다. 《예기》에 '여러 소후들(庶方小侯)'이라 한 것이 바로 이러한 뜻이다.

《漢》明帝紀: '爲四姓小侯立學.' 按: 桓帝加元服, 又賜四姓及梁 · 鄧小侯帛, 是知皆外戚也. 明帝時, 外戚有樊氏 · 郭氏 · 陰氏 · 馬氏爲四姓. 謂之小侯者, 或以年小獲封, 故須立學耳. 或以侍祠猥朝, 侯非列侯, 故曰小侯, 《禮》云: '庶方小侯.' 則其義也.

17-27 선어鱓魚와 전어鱣魚

《후한서後漢書》에 "관작鸛雀이 세 마리의 선어鱓魚를 물고 간다"라고 하였는데 선鱓 자를 흔히 가차假借하여 전유鱣鮪의 전鱣 자로 쓰고 있어, 세속의 학자들이 이를 근거로 이 선어鱓魚를 전어鱣魚라 여기게 되었다. 그러나 위무제魏武帝의 《사시식제四時食制》를 상고해 보니 "선어는 크기가 다섯 말들이 상자만 하며 길이는 한 길이 된다"라고 했다. 그리고 곽박郭璞의 《이아》 주에는 "선어는 길이가 이삼 길 된다"라고 했다. 그러니 관작이 능히 한 마리도 이겨 낼 수 없을 터인데, 하물며 어찌 세 마리나 입에 물 수 있겠는가? 선어는 게다가 순회색純灰色이며 무늬가 없다. 그러나 선어鱓魚는 긴 것이라 해도 3척을 넘지 않는다. 크기도 세 손가락에 불과하며 누런 바탕에 검은 무늬가 있다. 그 때문에 도강都講이 "사선虵鱓은 경대부 복장의 상징입니다"라고 말한 것이다. 《속한서續漢書》와 《수신기搜神記》에도 역시 이 사건이 설명되어 있으며 모두가 '선鱓' 자로 쓰고 있다. 손경孫卿(순자荀子)는 '어별추선魚鼈鰌鱣'이라고 하였고, 《한비자韓非子》 및 《설원說苑》에도 모두 "선어는 뱀처럼 생겼으며 누에는 나방 애벌레 같다"라고 하되 모두가 '전鱣' 자를 썼다. 이처럼 '전鱣' 자를 가차하여 '선鱓'으로 쓴 것은 그 유래가 오래되었다.

《後漢書》云: '鸛雀銜三 鱣魚.' 多假借爲鱣鮪之鱣; 俗之學士, 因謂之爲鱣魚. 案: 魏武《四時食制》: '鱣魚大如五斗奩, 長一丈.' 郭璞注《爾雅》: '鱣長二三丈.' 安有鸛雀能勝一者, 況三乎? 鱣又純灰色, 無文章也. 鱓魚長者不過三尺, 大者不過三指, 黃地黑文; 故都講云: '蛇鱓, 卿大夫服之象也.' 《續漢書》及《搜神記》亦說此事, 皆作'鱓'字. 孫卿云: '魚鼈鰌鱣.' 及《韓非》·《說苑》皆曰: '鱣似蛇, 蠶似蠋.' 並作'鱣'字. 假'鱣'爲'鱓', 其來久矣.

17-28 불탐호혈不探虎穴, 안득호자安得虎子

《후한서後漢書》에 "혹리酷吏 번엽樊曄이 천수군수天水郡守가 되자 양주涼州 사람들이 '차라리 젖 먹이고 있는 호랑이 굴을 들여다볼지언정 위현의 관청에는 들어가지 않겠다'라고 했다"라는 구절이 있다. 그런데 강남江南의 판본에는 '혈穴' 자가 모두 '육六' 자로 잘못되어 있다. 학자들이 이 판본을 그대로 답습하면서 미혹한 채로 깨닫지 못하고 있다. 무릇 호표虎豹는 굴에 살고 있으니 사실을 비교해 보면 알 수 있는 것이다. 그래서 반초班超는 "호랑이 굴을 탐색해 보지 않고서 어찌 호랑이 새끼를 잡을 수 있겠는가?"라고 한 것이다. 그러니 어찌 그것이 여섯이니 일곱이니 하는 숫자로 논할 수 있는 일이겠는가?

《後漢書》: '酷吏樊曄爲天水郡守, 涼州爲之歌曰: "寧見乳虎穴, 不入冀府寺."' 而江南書本'穴'皆誤作'六'. 學士因循, 迷而不寤. 夫虎豹穴居, 事之較者; 所以班超云: '不探虎穴, 安得虎子?' 寧當論其六七耶?

17-29 풍취삭패風吹削肺

《후한서後漢書》〈양유전楊由傳〉에 "풍취삭폐風吹削肺"라는 구절이 있다. 이는 찰독札牘을 깎아 낸 부스러기 나뭇조각일 뿐이다. 고대에는 글씨를 잘못 쓰면 이를 깎아 내었다. 그 때문에 《좌전》에 "깎아서 던져 버렸다(削而投之)"라고 한 것이 이것이다. 혹은 찰札을 삭削이라고도 하니 왕포王褒의 〈동약童約〉이라는 글에 "서각으로 독牘을 대신한다"라고 하였고, 소경蘇竟의 편지에 "지난날 편삭編削을 마연하는 재주가 있어"라고 한 것이 모두가 그 증거이다.

《시》에 "벌목호호伐木滸滸"라 하였고 《모전毛傳》에는 "호호滸滸는 나무 찍을 때 부스러기가 생기는 모습이다"라고 했다. 그런데 사가史家들이 이를 가차하여 간폐肝肺의 폐肺 자로 적었고, 속본俗本에는 더 나아가 모두 포석脯腊의 포脯 자로 적었으며, 혹은 반포反哺의 포哺로도 적었다. 학자들은 이를 근거로 "삭포削哺는 병풍이나 가리개(屛障)의 이름이다"라고 풀이하였으니, 증거도 없을 뿐더러 제멋대로 한 것이다. 삭포削哺는 풍각風角의 점후占候(옛날 점치는 법)일 뿐이다. 《풍각서風角書》에 "여러 사람이 입으로 바람을 일으켜 땅의 먼지가 드날릴 때 목간(削)이 구르는 것을 보고 점치는 것"이라 했다. 그것이 만약 병풍이나 가리개라면 어찌 사람이 입으로 불어 굴러가게 할 수 있겠는가?

《後漢書》楊由傳云: '風吹削肺.' 此是削札牘之柿耳. 古者, 書誤則削之, 故《左傳》云 '削而投之'是也. 或卽謂札爲削, 王褒〈童約〉曰: '書削代牘.' 蘇竟書云: '昔以摩研編削之才.' 皆其證也. 《詩》云: '伐木滸滸.' 《毛傳》云: '滸滸, 柿貌也.' 史家假借爲肝肺字, 俗本因是悉作脯腊之脯, 或爲反哺之哺. 學士因解云: '削哺, 是屛障之名.' 旣無證據, 亦爲妄矣! 此是風角占候耳. 《風角書》曰: '庶人風者, 拂地揚塵轉削.' 若是屛障, 何由可轉也?

17-30 염시산과鹽豉蒜果

《삼보결록三輔決錄》에 "전대前隊 땅의 대부 범중공范仲公은 소금 · 된장 · 마늘을 대나무 그릇에 함께 담아 먹을 정도로 청렴했다(前隊大夫范仲公, 鹽豉蒜果共一篅)"라고 하였는데, 여기서 과果 자는 위과魏顆의 과顆 자로 써야 한다. 북쪽 지역에서는 한 덩어리의 물건을 통째로 부를 때 이를 한 과顆라 고쳐 말한다. 산과蒜顆는 민간에서 쓰는 평상어이다. 그 때문에 진사왕陳思王(조식曹植)의 〈요작부鷂雀賦〉에 "머리는 통마늘 같고 눈은 산초 알을 반으로 잘라 놓은 것 같다"라고 하였으며, 《도경道經》에는 "입을 모아 불경 외는 소리 낮게 들리고, 눈에는 눈물이 구슬 알 같다"라고 한 것이다. 그 글자는 비록 다르나 음과 뜻은 자못 한가지이다. 그런데 강남에서는 마늘을 단지 산부蒜符라고만 부를 뿐, 산과蒜顆라는 말은 모른 채 학자들이 서로 이어 받아 이를 과결裹結의 과裹로 읽어 소금과 마늘을 하나로 포장하여 묶어 통 속에 넣는 것이라 풀이했다. 《정사삭번正史削繁》의 음의音義에는 다시 산과蒜顆의 과顆를 음이 '고과반苦戈反(과)'라 하였는데 모두가 잘못된 것이다.

《三輔決錄》云: '前隊大夫范仲公, 鹽豉蒜果共一篅.' '果'當作魏顆之'顆'. 北土通呼物一凷, 改爲一顆, 蒜顆是俗間常語耳. 故陳思王〈鷂雀賦〉曰: '頭如果蒜, 目似擘椒.' 又《道經》云: '合口誦經聲璅璅, 眼中淚出珠子碟.' 其字雖異, 其音與義頗同. 江南但呼爲蒜符, 不知謂爲顆. 學士相承, 讀爲裹結之裹, 言鹽與蒜共一苞裹, 內篅中耳. 《正史削繁》音義又音蒜顆爲苦戈反, 皆失也.

17-31 알 수 없는 글자

어떤 사람이 나를 찾아와 이렇게 물었다.
"《위지魏志》에 나오는 장제蔣濟의 상서上書에 '백성을 피폐하게 하다(弊玏之民)'라는 말이 있는데 이는 무슨 글자입니까?"
나는 이렇게 응답해 주었다.
"뜻으로 이 글자는 피곤하게 하다는 의미의 귀권皈倦의 귀皈입니다. 장읍張揖과 여침呂忱은 모두 '지支의 편방에 도검刀劍의 도刀를 넣은 것이며, 역시 기剞 자이다'라고 하였습니다. 장제가 스스로 지支 편방에 근력筋力의 력力을 넣을 것인지 혹은 기剞의 가차자인지 알 수 없습니다. 그러나 음은 마땅히 '구위반九僞反(귀)'이어야 합니다."

有人訪吾曰: '《魏志》蔣濟上書云"弊玏之民", 是何字也?' 余應之曰: '意爲玏卽是皈倦之皈耳. 張揖·呂忱並云: "支傍作刀劍之刀, 亦是剞字." 不知蔣氏自造支傍作筋力之力, 或借剞字, 終當音九僞反.'

17-32 답백䶀伯의 뜻

《진중흥서晉中興書》에 "태산太山의 양만羊曼은 항상 방종한 임협任俠으로 술 마시고 예절에 방탄하게 놀아, 연주兗州 사람들은 그를 답백䶀伯이라 불렀다"라고 하였는데, 여기서 답䶀 자는 음도 뜻도 알려져 있지 않았다. 양梁 효원제孝元帝가 일찍이 나에게 이런 질문을 했다.
"이제껏 이 글자를 알지 못하였습니다. 오직 장간헌張簡憲의 가르침을 받았더니 탑갱嚃羹의 탑嚃이라 하더이다. 이로부터 그의 말을 따라 읽고는 있지만 어디에서 출처된 것인지 모르겠소."

간헌은 상주자사湘州刺史를 지낸 장찬張纘의 시호이다. 그는 강남에서 석학碩學으로 불리는 인물이다. 생각건대 《진중흥서》를 지은 하법성何法盛과는 시대로 보아 아주 가까웠으므로 마땅히 기로耆老(덕이 높은 노인)들이 전하는 것을 들었을 것이다.

민간에는 다시 답답黯黯이라는 말이 있다. 대체로 베풀지 않음이 없고 포용하지 않음이 없다는 뜻이다. 고야왕顧野王의 《옥편玉篇》에는 잘못하여 흑黑 방傍에 답沓을 써서 답黯이라 했다. 고야왕은 비록 사물에 박식하였지만 장간헌이나 효원제보다는 한 수 아래였다. 두 사람은 모두가 중重 자 옆에 써야 한다고 했다. 내가 살펴본 몇 가지 판본에는 결코 흑黑 자를 편방으로 한 글자는 없었다. 중답重沓은 다요적후多饒積厚의 뜻이 들어 있었다. 흑黑을 편방으로 하는 것은 더욱더 내포된 뜻이 없다.

《晉中興書》: '太山羊曼, 常頽縱任俠, 飲酒誕節, 兗州號爲黯伯.' 此字皆無音訓. 梁孝元帝常謂吾曰: '由來不識. 唯張簡憲見教, 呼爲嚃羹之嚃. 自爾便遵承之, 亦不知所出.' 簡憲是湘州刺史張纘謚也. 江南號爲碩學. 案: 法盛世代殊近, 當是耆老相傳; 俗間又有黯黯語, 蓋無所不施, 無所不容之意也. 顧野王《玉篇》誤爲黑傍沓. 顧雖博物, 猶出簡憲 · 孝元之下, 而二人皆云重邊. 吾所見數本, 並無作黑者. 重沓是多饒積厚之意, 從黑更無義旨.

17-33 장인丈人과 대인공大人公

《고악부古樂府》의 가사歌詞에 먼저 자기의 세 아들을 서술하고 다음 차례로 세 며느리를 언급했다. 부婦는 시부모에 상대되는 칭호이다. 그 끝장에 "어른(丈人)은 편안히 앉아 거문고 줄이 가운데로 몰리지 않게 조절하고 있네"라고 했다. 옛날에는 며느리가 시부모를 받들어 모시기에 아침저녁으로 곁에 있어 딸과

다를 바가 없었다. 그 때문에 이러한 가사가 있게 된 것이다.
그런데 장인丈人은 늙은이를 지목하는 것으로 지금 세속에서 그 조고祖考를 선망장인先亡丈人이라 부르는 것이 그 예이다. 그러니 장丈 자는 마땅히 대大 자여야 한다고 의심된다. 북쪽 사람들의 풍속에는 며느리가 시아버지를 대인공大人公이라 부른다. 장丈 자와 대大 자는 쉽게 혼동할 수 있는 글자이다. 근대의 문사들은 자못 〈삼부시三婦詩〉를 지으면서 이에 자신과 짝이 된 여러 처들의 이야기를 쓰고, 게다가 정위지사鄭衛之辭의 음란한 내용을 적고 있는데 대아군자大雅君子가 어찌하여 이러한 오류에 빠지고 있는가?

《古樂府》歌詞, 先述三子, 次及三婦, 婦是對舅姑之稱. 其末章云: '丈人且安坐, 調絃未遽央.' 古者, 子婦供事舅姑, 旦夕在側, 與兒女無異. 故有此言. 丈人亦長老之目, 今世俗猶呼其祖考爲先亡丈人. 又疑'丈'當作'大', 北間風俗, 婦呼舅爲大人公. '丈'之與'大', 易爲誤耳. 近代文士, 頗作〈三婦詩〉, 乃爲匹嫡並耦己之羣妻之意, 又加鄭·衛之辭, 大雅君子, 何其謬乎?

17-34 백리해百里奚를 읊은 노래

《고악부古樂府》에 백리해百里奚를 노래한 가사에 이렇게 되어 있다.
"백리해여, 다섯 마리 양가죽에 팔려 성공하였도다. 지난날 이별할 때 생각하니 알을 품은 암탉조차 잡아먹어야 하였고, 대문 빗장까지 뜯어 때어야 하였네. 그런데 지금 부귀하다고 나를 잊고 있구나!"
여기서 취吹는 마땅히 취자炊煮의 취炊여야 할 것이다. 채옹蔡邕의 《예기禮記》〈월령장구月令章句〉를 근거해 보니 "건鍵은 대문을 채우는 빗장이다. 사립문을 닫을 때 쓰는 것으로, 혹 염이剡移라고도 한다"라고 했다. 그렇다면 빈곤하였던 당시에 문을 채우는 빗장까지도 땔감으로 삼아 불을 때었다는 뜻이다. 《성류聲

類》에는 염㡞이라 썼으며, 혹은 점㡇이라고도 쓴다.

《古樂府》歌百里奚詞曰: '百里奚, 五羊皮. 憶別時, 烹伏雌, 吹㡞扊; 今日富貴忘我爲!' '吹'當作炊煮之'炊'. 案: 蔡邕〈月令章句〉曰: '鍵, 關牡也, 所以止扉, 或謂之剡移.' 然則當時貧困, 幷以門牡木作薪炊耳. 《聲類》作㡞, 又或作㡇.

17-35 복건服虔이라는 사람

《통속문通俗文》이란 책은 세간에 "하남 사람 복건服虔, 자는 자신子愼이 지은 것"이라 되어 있다. 그런데 복건은 한漢나라 때 사람인데 그 서敍에 소림蘇林과 장읍張揖의 말을 인용하고 있다. 소림과 장읍은 모두가 위魏나라 때 인물이다. 게다가 정현鄭玄 이전에는 누구도 반어反語(반절법反切法)을 알지 못했다. 그런데 《통속문》의 반절법은 근세와 아주 부합된다.

이에 완효서阮孝緒(남조 양나라 학자)는 다시 "이건李虔이 지은 것"이라고 했다. 하북河北에는 이 책을 집집마다 한 권씩 소장하고 있지만 이건이 지었다고 되어 있는 것은 없다.

《진중경부晋中經簿》와 《칠지七志》에는 이런 조목조차 없으니 끝내 누가 지은 책인지 알 길이 없다. 그러나 그 문의文義는 윤당하고 흡족하여 틀림없이 높은 재능을 가진 자가 쓴 것이다. 은중감殷仲堪의 《상용자훈常用字訓》에도 역시 복건이 지었다는 속설을 인용하고 있지만 지금은 이 책이 전하지 않으니, 혹시 이것이 곧 《통속문》인지 혹은 다른 책이었는지 알 수가 없다. 혹 또 다른 복건이란 사람이 있었는지도 밝혀낼 수가 없다.

《通俗文》, 世間題云: '河南服虔字子愼造'. 虔旣是漢人, 其敍乃引蘇林 · 張揖; 蘇 · 張皆是魏人. 且鄭玄以前, 全不解反語, 《通俗》反音, 甚會近俗. 阮孝緒又云'李虔所造'. 河北此書, 家藏一本, 遂無作李虔者.《晉中經簿》及《七志》, 並無其目, 竟不得知誰制. 然其文義允愜, 實是高才. 殷仲堪《常用字訓》, 亦引服虔俗說, 今復無此書, 未知卽是《通俗文》, 爲當有異? 或更有服虔乎? 不能明也.

17-36 먼저 나온 책에 뒷사람이 기록되어 있는 오류

혹자가 물었다.

"《산해경山海經》은 하우夏禹와 백익伯益이 지었다고 하는데, 그 책에 장사長沙·영릉零陵·계양桂陽·제기諸暨 등의 지명이 있습니다. 이와 같은 군현郡縣이 적지 않은 것은 어찌 된 것입니까?"

나는 이렇게 설명했다.

"역사에서 문장이 빠지거나 착오가 있어 온 지 오래입니다. 게다가 진秦나라 때의 멸학滅學과 동탁董卓의 분서焚書가 가중되어 전적典籍의 착란錯亂은 이 정도에 그치지 않습니다. 비유컨대 《본초本草》는 신농神農이 지었지만 예장豫章·주애朱崖·조국趙國·상산常山·봉고奉高·진정眞定·임치臨淄·풍익馮翊 등의 군현 이름과 그곳에서 생산되는 약초 이름이 나옵니다. 《이아》는 주공周公이 지었지만 '장중張仲의 효도와 우애'가 실려 있으며, 중니仲尼가 《춘추》를 수찬하였건만 거기에는 공자가 죽었다는 내용이 있습니다. 그리고 《세본世本》은 좌구명左丘明이 지은 책인데도 연왕燕王 희喜와 한고조漢高祖가 실려 있습니다. 그리고 《급총쇄어汲冢瑣語》에는 〈진망비秦望碑〉가 실려 있고, 《창힐편蒼頡篇》은 이사李斯가 지은 것인데도 '한나라가 천하를 겸병하여 해내가 신하가 되었는데 진희陳豨·경포黥布·한신韓信이 반란을 꾀하자 이러한 반신이 토벌되고 잔악한 무리를 없애 버렸다'라고 하였습니다. 《열선전列仙傳》은 유향劉向이 지은 것이지만 그 찬贊의 일흔네 명은 불경佛經에서 나온 것이며, 《열녀전列女傳》 역시 유향이 짓고 그 아들 유흠劉歆이 송頌을 붙였으나 조도후趙悼后로 끝나야 함에도 그 《전傳》에는 경시한

부인更始韓夫人과 명덕마후明德馬后, 양부인梁夫人 예嫕가 있습니다. 이는 모두가 뒷사람이 마구 끼워 넣은 것으로 본문本文이 아닙니다."

或問: '《山海經》, 夏禹及益所記, 而有長沙 · 零陵 · 桂陽 · 諸暨, 如此郡縣不少, 以爲何也?' 答曰: '史之闕文, 爲日久矣; 加復秦人滅學, 董卓焚書, 典籍錯亂, 非止於此. 譬猶《本草》, 神農所述, 而有豫章 · 朱崖 · 趙國 · 常山 · 奉高 · 眞定 · 臨淄 · 馮翊等郡縣名, 出諸藥物; 《爾雅》, 周公所作, 而云"張仲孝友"; 仲尼修《春秋》, 而經書孔丘卒; 《世本》, 左丘明所書, 而有燕王喜 · 漢高祖; 《汲冢瑣語》, 乃載〈秦望碑〉; 《蒼頡篇》, 李斯所造, 而云"漢兼天下, 海內幷廁, 豨黥韓覆, 畔討滅殘"; 《列仙傳》, 劉向所造, 而贊云七十四人出《佛經》; 《列女傳》, 亦向所造, 其子歆又作頌, 終于趙悼后, 而《傳》有更始韓夫人 · 明德馬后及梁夫人嫕: 皆由後人所羼, 非本文也.'

17-37 치미鴟尾와 사미祠尾

혹자가 이렇게 물었다.
"《동궁구사東宮舊事》에는 어찌하여 치미鴟尾를 사미祠尾라 불렀습니까?"
나는 이렇게 설명했다.
"《동궁구사》를 지은 장창張敞이란 사람은 오吳나라 인물로 옛것을 상고함에 뛰어나지 못하였습니다. 그는 그렇다고 여기면 그대로 기록하여 향속鄕俗의 오류를 그대로 따라 책을 썼을 뿐입니다. 오나라 사람들은 사사祠祀를 치사鴟祀라 부릅니다. 그 때문에 사祠 자로써 치鴟 자를 대신한 것이며, 감紺은 금禁이라 합니다. 그 때문에 사糸 방에 금禁 자를 써서 감紺 자를 대신하였습니다. 그리고 잔盞을 '죽간반竹簡反'(잔)이라 읽습니다. 그래서 목木 방에 전展 자를 써서(榐) 잔盞 자를 대신합니다. 또 확鑊 자를 곽霍으로 읽습니다. 그래서 금金 방에 곽霍 자를 써서 확鑊 자를 대신합니다.

그리고 금金 방에 환患을 써서 환鐶 자로 쓰며, 목木 방에 귀鬼를 써서(槐), 괴魁 자로 쓰며, 화火 방에 서庶 자를 써서 자炙 자로 쓰고, 기旣 자 아래에 모毛를 써서 계髻로 삼습니다. 금화金花는 금金 방에 화華를 쓰며, 창선窗扇은 목木 방에 선扇을 씁니다. 여러 가지 이와 같은 유형들처럼 전첩專輒(독선적으로 하는 것)함이 적지 않습니다."

或問曰: '《東宮舊事》何以呼鴟尾爲祠尾?' 答曰: '張敞者, 吳人, 不甚稽古, 隨宜記注, 逐鄉俗訛謬, 造作書字耳. 吳人呼祠祀爲鴟祀, 故以祠代鴟字; 呼紺爲禁, 故以糸傍作禁代紺字; 呼盞爲竹簡反, 故以木傍作展代盞字; 呼鑊字爲霍字, 故以金傍作霍代鑊字; 又金傍作患爲鐶字, 木傍作鬼爲魁字, 火傍作庶爲炙字, 旣下作毛爲髻字; 金花則金傍作華, 窗扇則木傍作扇: 諸如此類, 專輒不少.'

17-38 육색계외六色罽緵

다시 이렇게 물었다.
"《동궁구사》에 '여섯 가지 색깔의 계외罽緵'라 하였는데, 이것이 어떤 물건이며 어떻게 읽어야 합니까?"
나는 이렇게 설명했다.
"《설문》에 보면 '군莙은 우조牛藻이며 위威 자처럼 읽는다'라고 하였고, 《음은音隱》에는 '오괴반塢瑰反(위)라 하였으니, 육기陸機가 말한 바 '취조聚藻는 잎이 쑥과 같다'라고 한 것이 이것입니다.
또 곽박郭璞이 주를 단 《삼창三蒼》에도 역시 '온蘊은 마름 풀의 일종으로 가는 잎이 쑥과 같으며, 용모茸毛가 총총히 난다'라고 하였습니다. 그렇다면 지금 물 속에 이러한 식물이 있으니 한 마디가 몇 촌 정도 길이에, 가는 용모가 실과 같고 둥글게 둘러쳐 있어 예쁘게 생겼습니다. 긴 것은 20~30마디가 되며 이것이 바로 군莙이라 부르는 풀입니다. 그리고 오색실을 그 한 촌寸씩 잘라, 옆으로 그 중간을 묶어 군초莙草 모양처럼 하여 이를 장식 무늬로 쓰는데 이것을 일러 군莙이라 합니다. 이에 그 당시 틀림없이 여섯 가지 색깔의 옷감을 묶어 이러한 군莙의 모습을 만들어 곤대緄帶의 장식으로 삼았을 것입니다.
장창이 이를 두고 사糸 방에 외畏를 써서 글자를 만들었을 뿐이며 발음은 외隈로 하는 것이 맞을 것입니다."

又問: '《東宮舊事》"六色罽緭", 是何等物? 當作何音?' 答曰: '案: 《說文》云: "莙, 牛藻也, 讀若威." 音隱: "塢瑰反." 卽陸機所謂"聚藻, 葉如蓬"者也. 又郭璞注《三蒼》亦云: "蘊, 藻之類也, 細葉蓬茸生." 然今水中有此物, 一節長數寸, 細茸如絲, 圓繞可愛, 長者二三十節, 猶呼爲莙. 又寸斷五色絲, 橫著線股間繩之, 以象莙草, 用以飾物, 卽名爲莙; 於時當紺六色罽, 作此莙以飾緄帶, 張敞因造糸旁畏耳, 宜作隈.'

17-39 권무산權務山의 표기와 유래

백인성柏人城(지금의 하북성河北省 당산현唐山縣) 동북쪽에 하나 외롭게 홀로 서 있는 산이 있는데 옛 서적 어디에도 기록이 없다. 오직 감인闞駰의 《십삼주지十三州志》에 순舜임금이 큰 산의 산록山麓에 추방되었다는 그 산이 바로 이 산이라 여겼다. 그 산 위에는 지금도 요堯임금의 사당이 있다. 민간에서는 이 산을 선무산宣務山이라고도 하고, 혹은 허무산虛無山이라고도 하나 그 유래는 알 수 없다. 조군趙郡의 사족으로서 이목숙李穆叔과 이계절李季節 형제와 이보제李普濟 등이 있는데, 역시 학문이 뛰어난 자들이건만 자신들의 고향에 있는 이 산의 이름을 확정짓지 못하고 있었다.
내가 일찍이 조주좌趙州佐가 되어 태원太原 사람 왕소王邵와 함께 백인성 서문西門 안에 있는 비석을 읽어 보게 되었다. 이 비는 한환제漢桓帝 때 백인현 백성들이 현령 서정徐整을 위해 세운 것이었다. 그 비문에 "산으로는 권무산巏務山이 있으니 왕자교王子喬가 선술을 이룬 곳이다"라고 되어 있었다. 이에 비로소 이것이 권무산임을 알게 되었다. 권巏 자는 그 출처를 알 수 없었다. 그러나 무務 자는 여러 자서字書를 보고 모구旄丘(앞이 높고 뒤가 낮은 작은 산)의 모旄 자임을 알았다. 모旄 자는 《자림字林》에는 한 가지 음이 '망부반亡付反(무)'이라 되어 있으니, 지금 속명俗名대로 한다면 음을 권무權務로 읽어야 할 것이다."

업鄴에 들어와 위수魏收에게 이를 설명해 주었더니 위수는 크게 가상히 여기며 감탄했다. 그가 마침 〈조주장엄사비명趙州莊嚴寺碑銘〉을 짓게 되자 이를 바탕으로 "권무지정權務之精"이라는 구절을 넣었으니, 이는 바로 나의 설명을 인용한 것이다.

柏人城東北有一孤山, 古書無載者. 唯闞駰《十三州志》以爲舜納於大麓, 卽謂此山, 其上今猶有堯祠焉; 世俗或呼爲宣務山, 或呼爲虛無山, 莫知所出. 趙郡士族有李穆叔·季節兄弟·李普濟, 亦爲學問, 並不能定鄉邑此山. 余嘗爲趙州佐, 共太原王邵讀柏人城西門內碑. 碑是漢桓帝時柏人縣民爲縣令徐整所立, 銘曰: '山有巏務, 王喬所仙.' 方知此巏務山也. 巏字遂無所出. 務字依諸字書, 卽旄丘之旄也; 旄字, 《字林》一音亡付反, 今依附俗名, 當音權務耳. 入鄴, 爲魏收說之, 收大嘉歎. 值其爲〈趙州莊嚴寺碑銘〉, 因云: '權務之精.' 卽用此也.

17-40 오경五更의 유래

혹자가 물었다.

"하룻밤을 어찌하여 오경五更으로 나누었습니까? 경更이란 무슨 뜻입니까?"

나는 이렇게 설명했다.

"한위漢魏 이래로 갑야甲夜·을야乙夜·병야丙夜·정야丁夜·무야戊夜라고도 하였고,

또는 고鼓를 붙여 일고一鼓·이고二鼓·삼고三鼓·사고四鼓·오고五鼓라고도 하였으며, 또는 일경一更·이경二更·삼경三更·사경四更·오경五更이라고도 하였는데 모두가 다섯을 한 단위로 하였지요. 〈서도부西都賦〉(《문선》에 실린 반고의 작품)에도 역시 '보위하되 경更을 엄히 지키는 관서'라고 하였습니다. 그렇게 하는 까닭은 가령 정월正月을 건인建寅으로 삼으면 두병斗柄이 저녁에는 인방寅方을 가리키고, 새벽이면 오방午方을 가리키게 됩니다. 인방에서 오방까지는 다섯 곳의 별자리를 지나게 됩니다. 겨울과 여름에 해당하는 달은 비록 장단長短이 참치參差하여 고르지 못하지만 별자리 사이가 요활遼闊하다 해도, 가득 채워도 여섯 자리를 넘지 않으며 줄인다 해도 네 자리에 이르지 못합니다. 진퇴는 항상 다섯 자리 안에 있게 됩니다. 경更이란 역歷(지나는 시간)이며 경經(경유)입니다. 그래서 오경五更이라 하는 것입니다."

或問: '一夜何故五更? 更何所訓?' 答曰: '漢 · 魏以來, 謂爲甲夜 · 乙夜 · 丙夜 · 丁夜 · 戊夜, 又云鼓, 一鼓 · 二鼓 · 三鼓 · 四鼓 · 五鼓, 亦云一更 · 二更 · 三更 · 四更 · 五更, 皆以五爲節. 西都賦亦云: "衛以嚴更之署." 所以爾者, 假令正月建寅, 斗柄夕則指寅, 曉則指午矣; 自寅至午, 凡歷五辰. 冬夏之月, 雖復長短參差, 然辰間遼闊, 盈不過六, 縮不至四, 進退常在五者之間. 更, 歷也, 經也, 故曰五更爾.'

17-41 출朮과 산계山薊

《이아爾雅》에 "출朮(삽주)은 산계山薊이다"라고 하였고, 곽박郭璞의 주에는 "지금의 출은 계와 비슷하며 산중에서 자란다"라고 했다. 상고해 보건대 출의 잎은 그 모습이 계와 비슷하다. 근세 문사들이 계를 근육筋肉의 근筋으로 읽어 지골地骨(구기枸杞의 별명)과 대우對偶로 이를 사용하고 있으니, 이는 그 본뜻에 어긋난 것이 아닌가 한다.

《爾雅》云: ‘朮, 山薊也.’ 郭璞注云: ‘今朮似薊而生山中.’ 案: 朮葉其體似薊, 近世文士, 遂讀薊爲筋肉之筋, 以耦地骨用之, 恐失其義.

17-42 꼭두각시놀이와 곽독郭禿

혹자가 물었다.

“민간에서 괴뢰희傀儡戱(꼭두각시놀이)를 하는 이들을 곽독郭禿이라 하는데 어떤 이유가 있습니까?”

나는 이렇게 설명했다.

“《풍속통風俗通》에 ‘성이 곽郭씨인 사람은 모두가 독禿 자를 피휘한다’라고 하였습니다. 이는 전대前代 사람들 중에 성이 곽씨이고 대머리 병을 앓은 자가 골계희滑稽戱에 뛰어나 그 때문에 뒷사람들이 그를 상징으로 삼아 곽독이라 부른 것입니다. 〈문강文康〉(희극戱劇 이름. 유량의 시호가 문강이어서 지어짐)의 악무樂舞를 유량庾亮으로 상징하는 것과 같습니다.”

或問: ‘俗名傀儡子爲郭禿, 有故實乎?’ 答曰: ‘《風俗通》云: “諸郭皆諱禿.” 當是前代人有姓郭而病禿者, 滑稽戱調, 故後人爲其象, 呼爲郭禿, 猶文康象庾亮耳.’

17-43 장류長流와 추관秋官

혹자가 물었다.

“무슨 연유로 옥사獄事를 다스리는 참군參軍의 명칭을 장류長流라 합니까?”

나는 이렇게 설명했다.

“《제왕세기帝王世紀》에 ‘소호少昊가 붕어하고, 그의 신령이 장류산長流山에 강림

하여 추제秋祭를 주관했다'라고 하였습니다. 상고해 보건대 《주례周禮》 추관秋官에 '사구司寇는 형벌의 업무를 주관한다'라고 하였습니다. 장류라는 직책은 한위漢魏 때에는 도적을 잡는 연掾의 벼슬이었을 뿐입니다. 그러다가 진송晉宋 이래로 비로소 참군參軍이 되었으며, 위로 사구에 소속되게 되었지요. 그 때문에 추제秋帝인 소호가 거하던 산 이름을 아름답게 여겨 이름을 취한 것입니다."

或問曰: '何故名治獄參軍爲長流乎?' 答曰: '《帝王世紀》云: "帝少昊崩, 其神降于長流之山, 於祀主秋." 案: 《周禮》秋官, 司寇主刑罰. 長流之職, 漢·魏捕賊掾耳. 晉·宋以來, 始爲參軍, 上屬司寇, 故取秋帝所居爲嘉名焉.'

17-44 《설문해자說文解字》의 가치

어떤 객이 주인을 힐난하며 이렇게 말했다.

"지금의 경전經典에 대하여 그대는 모두가 그르다고 하면서 《설문說文》에서 말한 바는 모두가 옳다고 하니, 그렇다면 허신許愼이 공자孔子보다 낫다는 것입니까?"

주인은 손뼉을 치고 크게 웃으며 이렇게 응했다.

"지금의 경전은 모두 공자의 손이 직접 거친 것입니까?"

객이 대답했다.

"지금의 《설문》은 모두가 허신의 손에서 직접 나온 것입니까?"

이에 이렇게 대답했다.

"허신은 육서六書로써 문자를 점검하여 부수部首로 전체를 꿰어 오류가 없도록 하였습니다. 오류가 있으면 발견되었을 것입니다. 공자孔子는 그 의義를 존속시켰지 그 문장이나 문자에 대해서는 토론하지 않았습니다. 선유先儒들은 뜻에 맞게 한답시고 문장을 고치기도 하였는데, 하물며 이를 베껴 쓰고 유전流傳하는 경우야 어떻겠습니까? 반드시 《좌전左傳》의 지止와 과戈가 합쳐 무武 자가 되었고, 정正 자를 뒤집으면 핍乏 자가 되며, 명皿과 충蟲이 합하여 고蠱가 된다거나 해亥 자는 머리 둘에 몸체가 여섯이라는 것과 같은 경우라며 뒷사람도 스스로 얼른 고칠 수 없는 것이거늘, 내가 어찌 감히 《설문》을 이용하여 그의 옳고 그름을 교정할 수 있겠습니까?

또 나라고 해서 오로지 《설문》만을 옳다고 하는 것은 아닙니다. 《설문》에서 근거로 한 경經과 전傳의 내용이 지금과 괴리가 있는 것은 감히 따를 수 없다는 것입니다.

또 사마상여司馬相如의 〈봉선서封禪書〉에 '한 줄기에 여섯 이삭인 것을 골라 주방에 들이고, 두 뿔이 함께 나란한 짐승을 희생으로 삼는다'라는 구절에서 도導는 택擇이라는 뜻이니, 광무제光武帝의 조서詔書에 '한갓 선택해서 힘써야 할 부분을 미리 기르는 것이 아니다'에서의 도導 자가 그것입니다. 그런데 《설문》에 '도禾+導는 벼 이름'이라 하면서 〈봉선서〉를 인용하여 근거로 삼았습니다. 그러나 화禾의 이름 중에 도禾+導가 있다는 데에 대하여 방해가 되지 않으며 이를 사마상여가 그렇게 사용한 것도 아닙니다. 즉 '벼 한 줄기에 여섯 이삭인 것을 주방에'라고 하면 문장이 됩니까? 비록 사마상여의 천품이 비루하고 졸렬하다고 해도 억지로 이런 말을 만들었다면, 그 아래 구절은 마땅히 '인의 두 뿔이 함께 가지런한 짐승'이어야 하며, 희생으로 삼다(犧)라는 말은 쓸 수가 없습니다.

나는 일찍이 허신을 순수한 학자일 뿐 문장의 체제에 대해서는 통달하지 못한 이라 하였는데, 이와 같은 경우는 허신의 이론을 믿을 수 없습니다. 무릇 그 책을 믿고 복종하는 것은 은괄隱括(활의 표준을 잡기 위한 기준 틀)에 조례條例가 있고 그 근원을 분석하기를 끝까지 하였기 때문이며, 정현鄭玄이 경서를 주석하면서 이 《설문》을 인용하여 증거로 삼았기 때문입니다. 만약 그의 이론을 믿지 않는다면, 어둡고 캄캄하며 일점일획이 무엇을 뜻하는지 알아낼 수 없기 때문입니다."

客有難主人曰: '今之經典, 子皆謂非, 《說文》所言, 子皆云是, 然則許愼勝孔子乎?' 主人拊掌大笑, 應之曰: '今之經典, 皆孔子手迹耶?' 客曰: '今之《說文》, 皆許愼手迹乎?' 答曰: '許愼檢以六文, 貫以部分, 使不得誤, 誤則覺之. 孔子存其義而不論其文也. 先儒尙得改文從意, 何況書寫流傳耶? 必如《左傳》止戈爲武, 反正爲乏, 皿蟲爲蠱, 亥有二首六身之類, 後人自不得輒改也, 安敢以《說文》校其是非哉? 且余亦不專以《說文》爲是也, 其有援引經傳, 與今乖者, 未之敢從. 又相如〈封禪書〉曰: "導一莖六穗於庖, 犧雙觡共抵之獸." 此導訓擇, 光武詔云: "非徒有豫養導擇之勞"是也. 而《說文》云: "䆃是禾名." 引〈封禪書〉爲證; 無妨自當有禾名䆃, 非相如所用也. "禾一莖六穗於庖", 豈成文乎? 縱使相如天才鄙拙, 强爲此語; 則下句當云"麟雙觡共抵之獸", 不得云犧也. 吾嘗笑許純儒, 不達文章之體, 如此之流, 不足憑信. 大抵服其爲書, 隱括有條例, 剖析窮根源, 鄭玄注書, 往往引以爲證; 若不信其說, 則冥冥不知一點一畫, 有何意焉.'

17-45 문자학文字學 연구의 방법

세간의 소학小學(문자학文字學)을 연구하는 자들은 고금의 변화를 알지 못한 채 반드시 소전小篆에만 의거하여 이로써 경서의 기록을 바로잡으려 하고 있다. 무릇 《이아爾雅》·《삼창三蒼》·《설문說文》이 어찌 창힐蒼頡의 본래 의도를 모두 터득했다 하겠는가? 역시 시대에 따라 줄이고 보태어 서로 간에 같고 다름이 있는 것이다. 서진西晉 시대 이래의 자서字書가 어찌 그릇되었다고 할 수 있는가? 단지 체례體例가 성취되어 멋대로 고치지 않은 것이면 될 뿐이다. 그 시비를 교정함에는 반드시 변화(消息)를 근거해야 한다. 이를테면 '중니거仲尼居' 세 자 중에 두 글자는 정자正字가 아니다. 즉 《삼창》에는 니尼 자 곁에 구丘를 더하였고, 《설문》에는 거居 자를 시尸 아래에 궤几를 더했다. 이와 같은 부류를 어찌 가히 믿고 따를 수 있겠는가? 고대에는 따로 두 글자씩을 만들지 않았고, 특히 가차假借가 많아 중中으로써 중仲을 대신하였고, 설說로써 열悅의 뜻을 가차하였으며, 소召로써 소邵를 가차하였으며, 한間으로 한閑을 가차했다. 이와 같은 것들은 역시 이를 고치는 노고를 없애 준다. 그러나 글자 자체의 오류가 있는데도 이것이 비루한 속성俗成이 되고 만 경우가 있으니, 란亂 자를 설舌로 바꾸어 란乱으로 쓰고, 읍揖을 아래에 이耳를 없애고 다른 글자를 넣으며, 원黿과 타鼉에서 민黽을 구龜로 바꾸어 쓰거나 분奮과 탈奪에서 대大를 관雚으로 바꾸기도 하고, 석席에서 대帶를 가하기도 하며, 악惡에서 아亞를 서西로 바꾸며, 고鼓에서 오른쪽을 피皮로 바꾸기도 하고, 착鑿의 머리 부분을 훼毁로 고치기도 하고, 리離를 우禹와 짝을 짓기도 하고, 학壑 자를 활豁 아래에 토土를 넣어 쓰기도 하며, 무巫를 경經의 방旁으로 쓰기도 하여 경巠과 혼동하며, 고皐를 택澤의 조각인 '역睪'으로 쓰기도 하며, 렵獵이 갈獦이 되며 총寵이 '롱寵'이 되기도 하고, 업業의 왼쪽에 편片을 붙이기도 하고, 령靈의 아래를 기器로 하기도 한다. 그런가 하면 율率 자는 본래 스스로 '율'이건만 억지로 다른 음인 '솔'로 고치고, 단單 자는 원래 음이 '선'이었건만 이를 분석하여 다른 음인 '단'으로 성립하기도 한다. 이러한 경우들에 대해서는 정리하지 않을 수 없다.

내가 지난날 《설문》을 처음 보았을 때, 세간의 속자에 대하여 별것이 아닌 것으로 여겼으나, 정자正字를 따르면 남이 알아보지 못할까 걱정되고, 속자를 따르면 그 본뜻이 그릇될까 혐의쩍었다. 그래서 대략 붓을 대지 않을 수 없었다. 그런데 눈에 띄는 것이 점점 많아지자 다시 통변通變을 알게 되었고, 종전의 고집을 해결하기 위해 이를 둘로 나누어 보고자 했다. 만약 문장을 짓거나 저술을 할 때라면 오히려 영향이 적은 것을 택하여 써도 되겠지만 관청의 문서나 세상에 널리 알아보아야 할 척독尺牘의 경우라면 속자俗字를 위배하지 않기를 바란다.

世間小學者, 不通古今, 必依小篆, 是正書記; 凡《爾雅》·《三蒼》·《說文》, 豈能悉得蒼頡本指哉? 亦是隨代損益, 皌有同異. 西晉已往字書, 何可全非? 但令體例成就, 不爲專輒耳. 考校是非, 特須消息. 至如'仲尼居', 三字之中, 兩字非體, 《三蒼》'尼'旁益'丘', 《說文》'尸'下施'几': 如此之類, 何由可從? 古無二字, 又多假借, 以中爲仲, 以說爲悅, 以召爲邵, 以間爲閑: 如此之徒, 亦不勞改. 自有訛謬, 過成鄙俗, '亂'旁爲'舌', '揖'下無‘耳’, ‘黿’·‘鼉’從‘龜’, ‘奮’·‘奪’從‘雚’, ‘席’中加‘帶’, ‘惡’上安‘西’, ‘鼓’外設‘皮’, ‘鑿’頭生‘毁’, ‘離’則配‘禹’, ‘壑’乃施‘豁’, ‘巫’混‘經’旁, ‘皋’分‘澤’片, ‘獵’化爲‘獦’, ‘寵’變成‘竉’, ‘業’左益‘片’, ‘靈’底著‘器’, ‘率’字自有律音, 强改爲别; ‘單’字自有善音, 輒析成異: 如此之類, 不可不治. 吾昔初看《說文》, 蚩薄世字, 從正則懼人不識, 隨俗則意嫌其非, 略是不得下筆也. 所見漸廣, 更知通變, 救前之執, 將欲半焉. 若文章著述, 猶擇微相影響者行之, 官曹文書, 世間尺牘, 幸不違俗也.

17-46 인십사심人十四心이 파자하여 덕德 자가 된다고?

상고하건대 미긍彌亙의 긍亙 자는 주舟 자 위아래 이二가 있는 글자이다. 《시詩》에

> 검은 기장 두 말을 널리 심다　　　　亙之秬秠

가 그것이다. 지금의 예서隷書에는 주舟 대신 일日을 넣어 항亘으로 쓴다. 하법성何法盛의 《진중흥서晉中興書》에는 주舟가 이二 사이에 있는 것을 주항舟航의 항航 자로 여겼는데 이는 잘못된 것이다.

《춘추설春秋說》(한대漢代 위서緯書의 하나)에는 “인십사심人十四心”을 덕德 자라 하였고, 《시설詩說》에는 이二 자가 천天 자 아래에 있는 것이 유酉 자라 하였으며, 《한서漢書》에는 화천貨泉을 파자破字하여 “백수진인白水眞人”이라 하였으며, 《신론新論》에는 금곤金昆을 묶어 은銀 자라 하였고, 《국지國志》에는 천天 자 위에 구口를 얹어 오吳 자라 하였으며, 《진서晉書》에는 “황두소인黃頭小人”을 묶어 공恭 자라 하였고, 《송서宋書》에는 소도召刀를 묶어 소邵 자라 하였으며, 《참동계參同契》에는 사람이 등에 고告 자를 짊어지고 있는 것이 조造 자라 하였는데, 이와 같은 예는 모두가 수술數術의 유어謬語이며 가차하여 부회한 것으로 잡스럽게 웃음을 자아내고자 한 것일 뿐이다.

만약 공貢 자를 돌려 항項 자가 되고 질叱 자의 시匕가 칠七이라 한다면 어찌하여 문자의 음독音讀을 비정比定할 수 있겠는가? 반악潘岳과 육기陸機 등 여러 사람의 〈이합시離合詩〉·〈이합부離合賦〉·《식복栻卜》·《파자경破字經》과 포소鮑昭의 《미자謎字》 등을 모두가 당시의 유속流俗에 부합한 것으로 문자의 형태와 음을 논한 것으로는 족하지 않다.

案: 彌亙字從二間舟, 《詩》云: '亙之秬秠'是也. 今之隸書, 轉舟爲日; 而何法盛《中興書》乃以舟在二閒爲舟航字, 謬也. 《春秋說》以人十四心爲德, 《詩說》以二在天下爲酉, 《漢書》以貨泉爲白水眞人, 《新論》以金昆爲銀, 《國志》以天上有口爲吳, 《晉書》以黃頭小人爲恭, 《宋書》以召刀爲邵, 《參同契》以人負告爲造: 如此之例, 蓋數術謬語, 假借依附, 雜以戲笑耳. 如猶轉貢字爲項, 以叱爲匕, 安可用此定文字音讀乎? 潘·陸諸子〈離合詩〉·〈賦〉, 《栻卜》·《破字經》, 及鮑昭《謎字》, 皆取會流俗, 不足以形聲論之也.

17-47 폭暴의 두 가지 음과 뜻

하간河間 사람 형방邢芳이 나에게 이렇게 말했다.

"《한서漢書》 〈가의전賈誼傳〉에 '일중필위日中必熭'라고 하였고, 주에 '위熭는 폭暴이다'라고 하였습니다. 내가 일찍이 다른 사람의 해석을 보았더니 '이는 폭질暴疾의 뜻이다. 일중의 시각은 잠시도 연장시킬 수 없어 태양이 급하게 서쪽으로 기운다'라고 하였습니다. 이러한 풀이가 맞습니까?"

나는 형방에게 이렇게 설명하여 주었다.

"이 말은 본래 태공太公의 《육도六韜》에서 나온 것입니다. 자서字書를 상고해 보면 옛날 폭새暴曬(드러내어 볕에 말리다)의 폭暴은 폭질暴疾의 폭暴 자와 모양이 비슷하나 다만, 아랫부분이 조금 달랐습니다. 그런데 뒷사람들이 자기 마음대로 일日을 덧보태어(曝) 썼습니다.

일중이 되면 반드시 물건을 말려야 하며, 그렇게 하지 않으면 때를 놓치고 만다는 것을 말한 것입니다. 진작晉灼이 이때 이미 대하여 자세한 주석을 해 놓았습니다."

형방은 웃으며 승복하고 물러섰다.

河間邢芳語吾云: '〈賈誼傳〉云: "日中必熭." 注: "熭, 暴也." 曾見人解云: "此是暴疾之意, 正言日中不須臾, 卒然便昃耳." 此釋爲當乎?' 吾謂邢曰: '此語本出太公《六韜》, 案字書, 古者暴曬字與暴疾字相似, 唯下少異, 後人專輒加傍日耳. 言日中時, 必須暴曬, 不爾者, 失其時也. 晉灼已有詳釋.' 芳笑服而退.

18. 음사音辭

본 편은 성운학聲韻學에 대한 전문적인 논문으로 앞 편(서증편書證篇)과 짝을 이루고 있다. 작자는 각 지역의 방언 차이는 물론, 미세한 성운聲韻의 변천의 문제조차 놓치지 않고 있다. 한편 본 편은 역대 이래 주석과 연구가 있었지만 워낙 전문적이라 일부 미진함이 있었다. 근래 주조모周祖謨의 《안씨가훈음사편주보顔氏家訓音辭篇注補》가 있어 비교적 상세하게 정리되기 시작했다.

18-1 손숙연孫叔然과 반절법反切法

무릇 구주九州 사람들의 언어가 같지 않음은 사람이 생겨난 이래 진실로 항상 그러했다. 《춘추春秋》의 《공양전公羊傳》에는 제齊나라 사람의 말을 표시하였고, 《이소離騷》는 초楚나라 말로 쓴 경經이라 할 수 있으니, 이는 모두가 비교적 명확한 초기의 사례들이다.

그 뒤에 양웅揚雄이 《방언方言》을 지어 언어가 크게 정비되었다. 그러나 그 책은 모두가 사물 명칭의 같고 다름을 고증한 것으로, 음의 시비是非는 밝혀내지 않았다. 그러다가 정현鄭玄이 육경六經을 주석하고, 고유高誘가 《여람呂覽》과 《회남자淮南子》를 풀이하고, 허신許愼이 《설문說文》을 짓고, 유희劉熹가 《석명釋名》을 제작함에 이르러, 비로소 비황법譬況法과 가차법假借法이 있어 글자의 음을 증명하게 되었다. 그러나 고어와 지금 사용하는 말이 아주 달라졌음과, 그 중간에 경중輕重과 청탁淸濁이 있음은 아직 밝히지 못하고 있었다. 게다가 내언內言과 외언外言이라는 말과, 급언急言과 서언徐言이라는 용어, 또는 독약법讀若法 등의 경우는 사람들을 더욱 의아하게 했다.

손숙연孫叔然(손염孫炎)은 《이아음의爾雅音義》를 지었는데 그는 한말漢末 사람으로 홀로 반절법反切法을 알고 있었다. 그 뒤 위魏나라 때에 이르러 이러한 반절법이 크게 유행했다. 그러나 고귀향공高貴鄕公은 이 반절법을 이해하지 못한 채 괴이한 것이라 생각했다.

그로부터 이후에 음운音韻에 관한 이론이 다투어 나타났으나 각자가 자신의 지역과 풍토의 음을 주장하느라, 서로 그르다 하여 비웃곤 했다. 그리하여 지마指馬의 비유처럼 되어 누가 옳은지 알 수 없는 지경에 이르렀다. 그러나 모두가 똑같이 제왕帝王의 도읍지인 당시의 서울말로써 방언을 교정하고, 고금을 고핵考覈하여 이를 절충折衷했다. 이를 깎고 재어 보면 오직 금릉金陵(건강建康)의 음과 낙하洛下(낙양洛陽)의 음을 위주로 한 것이었다.

夫九州之人，言語不同，生民以來，固常然矣．自《春秋》標齊言之傳，《離騷》目楚詞之經，此蓋其較明之初也．後有揚雄著《方言》，其言大備．然皆考名物之同異，不顯聲讀之是非也．逮鄭玄注六經，高誘解《呂覽》·《淮南》，許愼造《說文》，劉熹製《釋名》，始有譬況假借以證音字耳．而古語與今殊別，其間輕重淸濁，猶未可曉；加以內言外言·急言徐言·讀若之類，益使人疑．孫叔言創《爾雅音義》，是漢末人獨知反語．至於魏世，此事大行．高貴鄕公不解反語，以爲怪異．自玆厥後，音韻鋒出，各有土風，遞相非笑，指馬之諭，未知孰是．共以帝王都邑，參校方俗，考覈古今，爲之折衷．搉而量之，獨金陵與洛下耳．

18-2 남북의 음운 차이

남방은 수토水土가 화유和柔하여, 그 음이 청거淸擧하고 절예切詣하다. 단점이라면 부천浮淺함에 있으며, 그 어휘는 주로 비속鄙俗하다는 것이다.
북방은 산천山川이 심후深厚하여, 그 음이 침탁沈濁하고 와둔鈋鈍하다. 질박하고 곧음을 가지고 있으며, 그 어휘는 주로 고어古語를 많이 쓴다.
그 때문에 사대부들의 언어로는 남방이 우수하고, 민간 백성의 언어로는 북방이 낫다. 옷을 바꾸어 입고 이야기를 나누면 남방에서는 그가 사족인지 서인인지는 몇 마디로 구분해 알아낼 수 있지만, 담을 사이에 두고 보지 못한 채 말소리를 들어보면 북방에서는 하루 종일 들어도 구분해 내기가 어렵다. 그리고 남방 말은 오吳·월越의 언어에 물들었고, 북방 언어는 오랑캐 이민족의 말과 섞여, 모두가 심한 폐단이 있으니 모두 갖추어 일일이 논할 수는 없다.
그 오류 중에 하찮은 것이지만 예를 든다면 남쪽 사람들은 전錢을 연涎으로, 석石을 석射으로, 천賤을 선羨으로, 시是를 지舐로 발음한다. 그런가 하면 북방 사람들은 서庶를 수戍로, 여如를 유儒로, 자紫를 자姊로, 흡洽을 압狎으로 발음한다. 이와 같은 예는 두 가지 모두 잘못이 심한 경우이다. 내가 업鄴으로 온 이래 오직 최자약崔子約과 최첨崔瞻 숙질, 그리고 이조인李祖仁과 이울李蔚 형제를 알게 되었는데, 그들은 자못 언사 연구에 종사하여 그나마 매우 정확했다. 이계절李季節이 지은 《음운결의音韻決疑》는 때때로 착오와 실수가 있고, 양휴지陽休之가 지은 《절운切韻》도 심히 소략疎略하다.
우리 집 아이들은 비록 어린아이일 때라도 차례대로 감독과 질정을 받도록 하라. 말 한마디를 잘못 쓰게 되면 이것이 자신의 죄인 줄 알도록 하라. 품물品物을 말할 때 옛 기록을 상고해보지 않은 것은 감히 서둘러 이름을 말하지 않아야 함을 너희들이 알고 있어야 할 바이다.

南方水土和柔, 其音淸擧而切詣, 失在浮淺, 其辭多鄙俗. 北方山川深厚, 其音沈濁而鈋鈍, 得其質直, 其辭多古語. 然冠冕君子, 南方爲優; 閭里小人, 北方爲愈. 易服而與之談, 南方士庶, 數言可辯; 隔垣而聽其語, 北方朝野, 終日難分. 而南染吳 · 越, 北雜夷虜, 皆有深弊, 不可具論. 其謬失輕微者, 則南人以錢爲涎, 以石爲射, 以賤爲羨, 以是爲舐; 北人以庶爲戍, 以如爲儒, 以紫爲姊, 以洽爲狎. 如此之例, 兩失甚多. 至鄴已來, 唯見崔子約 · 崔瞻叔姪, 李祖仁 · 李蔚兄弟, 頗事言詞, 少爲切正. 李季節著《音韻決疑》, 時有錯失; 陽休之造《切韻》, 殊爲疎野. 吾家兒女, 雖在孩稚, 便漸督正之; 一言訛替, 以爲己罪矣. 云爲品物, 未考書記者, 不敢輒名, 汝曹所知也.

18-3 고금의 음운 차이

고금古今의 언어는 시대와 풍속에 따라 다르다. 그리고 글 쓰는 사람도 초楚(남방)과 하夏(중원) 등 각기 다르게 마련이다.
《창힐훈고蒼頡訓詁》에서는 패稗의 반절을 '포매반逋賣反'(패)로 하였고, 와娃의 반절은 '어괴반於乖反'(왜)로 읽었다.
《전국책戰國策》에는 문刎을 면免으로 읽었으며, 《목천자전穆天子傳》에는 간諫을 간間으로, 《설문說文》에서는 가戞를 극棘으로, 명皿을 맹猛으로 읽었으며, 《자림字林》에는 간看을 '구감반口甘反'(감)으로, 신伸을 신辛으로 읽었다.

《운집韻集》에는 성成과 잉仍, 그리고 굉宏과 등登을 묶어 두 개의 운韻으로 하였고, 위爲·기奇·익益·석石은 나누어 네 개의 운으로 했다. 이등李登의 《성류聲類》에는 계系의 음을 예羿로 하였고, 유창종劉昌宗의 《주관음周官音》에서는 승乘을 승承으로 읽었다. 이러한 예는 아주 많으니 반드시 고증하고 비교해 보아야 할 것이다. 전대의 반절법은 대체로 적절하지 못하여, 서선민徐仙民의 《모시음毛詩音》에서는 취驟의 반절을 '재구반在遘反'(주)으로 하였고, 《좌전음左傳音》에서는 연椽을 '도연반徒緣反'(전)으로 하였으니, 이처럼 믿을 수 없는 예가 아주 많았다. 지금의 학자들도 말이 역시 정확하지 않다. 그런데 고대 사람은 어떤 이들이기에 그들이 잘못한 것을 그대로 따르려 하는가?

《통속문通俗文》에 "방 안에 들어가 찾는 것을 수搜라 한다"라고 하였는데, 여기서 수搜의 반절을 '형후반兄侯反'(후)로 했다. 그렇다면 형兄 자의 반절은 '소영반所榮反'(성)이어야 할 것이다. 지금 북방의 민간에 이러한 음이 통용되고 있으나, 역시 고어로 사용될 수 없는 것이다.

여번璵璠은 노魯나라 사람들의 보옥이며 그 음은 마땅히 여번餘煩이다. 그런데 강남에서는 모두가 번병藩屛의 번藩으로 읽고 있다. 기산岐山의 기岐는 음이 기奇인데 강남에서는 누구나 이를 신기神祇의 기祇로 읽고 있다.

강릉江陵이 함락되자 이 음이 관중關中까지 유입되어, 이 두 글자의 음이 어디에서 연유된 것인지 알지 못하게 되고 말았다. 나의 천학淺學으로는 지난날 들어본 적이 없다.

古今言語, 時俗不同; 著述之人, 楚·夏各異. 《蒼頡訓詁》, 反稗爲逋賣, 反娃爲於乖; 《戰國策》音刎爲免, 《穆天子傳》音諫爲間; 《說文》音戞爲棘, 讀皿爲猛; 《字林》音看爲口甘反, 音伸爲辛; 《韻集》以成·仍·宏·登合成兩韻, 爲·奇·益·石分作四章; 李登《聲類》以系音羿, 劉昌宗《周官音》讀乘若承: 此例甚廣, 必須考校. 前世反語, 又多不切, 徐仙民《毛詩音》反驟爲在遘, 《左傳音》切椽爲徒緣, 不可依信, 亦爲衆矣. 今之學士, 語亦不正; 古獨何人, 必應隨其譌僻乎? 《通俗文》曰: '入室求曰搜.' 反爲兄侯. 然則兄當音所榮反. 今北俗通行此音, 亦古語之不可用者, 璵璠, 魯人寶玉, 當音餘煩, 江南皆音藩屏之藩. 岐山當音爲奇, 江南皆呼爲神祇之祇. 江陵陷沒, 此音被於關中, 不知二者何所承案. 以吾淺學, 未之前聞也.

18-4 동곽아東郭牙가 거莒를 칠 것임을 알아차린 발음법

북쪽 사람들은 흔히 거擧나 거莒를 구矩로 읽는다. 오직 이계절李季節만은 이에 대하여 이렇게 말했다.
"제환공齊桓公이 관중管仲과 함께 대臺에 올라 거莒를 토벌할 일을 모의하고 있었다. 그때 동곽아東郭牙가 환공의 입이 열렸다가 닫히지 않는 것을 보고, 그가 말한 것이 '거莒'라는 것을 알게 되었다고 했다. 그렇다면 거莒와 구矩는 틀림없이 같은 발음이 아니었으리라."
이는 바로 음에 대하여 아는 자다.

北人之音, 多以擧 · 莒爲矩; 唯李季節云: '齊桓公與管仲於臺上謀伐莒, 東郭牙望見桓公口開而不閉, 故知所言者莒也. 然則莒 · 矩必不同呼.' 此爲知音矣.

18-5 오 · 악惡의 차이

무릇 물체는 그 자신이 정밀한 것도 있고 조악한 것도 있다. 이처럼 정밀한 것과 조악한 것을 말로 할 때 좋다(好, 호)나 나쁘다(惡, 악)라고 표현하기도 한다. 그런데 사람 마음에 버리거나 취할 바가 있을 때, 이 버리고 취할 것은 좋아하다(好,

호)나 싫어하다(惡, 오)라고 표현하기도 한다. 이 음은 갈홍葛洪과 서막徐邈의 저술에 보인다.
그런데 하북河北의 학사들은 《상서尙書》를 읽으면서 '호생악살好生惡殺'이라 발음한다. 이는 물건의 좋고 나쁨을 말할 때 쓸 수 있는 것이지, 사람의 감정을 표현할 때는 통용될 수 없는 음이다.

夫物體自有精麤, 精麤謂之好惡; 人心有所去取, 去取謂之好惡. 此音見於葛洪 · 徐邈. 而河北學士讀《尙書》云好生惡殺. 是爲一論物體, 一就人情, 殊不通矣.

18-6 보甫와 보父

보甫는 남자의 미칭美稱으로, 고서에는 흔히 가차하여 보父로 쓰기도 한다. 그런데 북쪽 사람들은 이를 보甫로 발음하는 사람은 하나도 없으며, 그것이 잘못된 것인 줄조차도 모른다.
단지 관중管仲 중부仲父와 범증范增 아부亞父의 호에 대해서만은 그 글자의 원리에 맞게 읽을 뿐이다.

甫者, 男子之美稱, 古書多假借爲父字, 北人遂無一人呼爲甫者, 亦所未喩. 唯管仲 · 范增之號, 須依字讀耳.

18-7 언焉의 쓰임

상고하건대 여러 자서字書에 언焉 자는 새의 이름, 혹은 어사語詞로서 모두가 음을 '어건반於愆反(언)'이라 풀이하고 있다. 그런데 갈홍葛洪의 《요용자원要用字苑》

에 언焉 자의 음과 훈을 구분하기 시작했다. 이를테면 훈(뜻)이 어찌 하何, 어찌 안安일 경우에는 마땅히 '어건반於愆反'(언)으로 읽어야 한다. '어언소요於焉逍遙', '어언가객於焉嘉客', '언용녕焉用佞', '언득인焉得仁' 등의 경우가 이것이다. 그러나 송구送句(종결어사)나 조사助詞일 경우에는 음이 '의건반矣愆反(언)'으로 읽어야 한다. 즉 '고칭룡언故稱龍焉', '고칭혈언故稱血焉', '유민인언有民人焉', '유사직언有社稷焉', '탁시언이託始焉爾', '진晉 정언의鄭焉依' 등의 예가 이것이다.
강남江南에서는 지금에 이르도록 이를 구별하여 쓰고 있어, 뚜렷하며 쉽게 알 수 있다. 그러나 하북河北에서는 이를 혼동하여 하나의 음으로 발음하고 있다. 비록 옛날 독음讀音에 근거한 것이기는 하나 그렇게 해서는 안 될 것이다.

案: 諸字書, 焉者鳥名, 或云語詞, 皆音於愆反. 自葛洪《要用字苑》分焉字音訓: 若訓何訓安, 當音於愆反, '於焉逍遙', '於焉嘉客', '焉用佞', '焉得仁'之類是也; 若送句及助詞, 當音矣愆反, '故稱龍焉', '故稱血焉', '有民人焉', '有社稷焉', '託始焉爾', '晉·鄭焉依'之類是也. 江南至今行此分別, 昭然易曉; 而河北混同一音, 雖依古讀, 不可行於今也.

18-8 야邪의 용법

'야邪'는 미정사未定詞이다. 《좌전左傳》에 "하늘이 노魯나라를 버린 것인가? 아니면 노나라 임금이 귀신에게 죄를 지은 것인가? 이를 알지 못하겠다"라고 하였고, 《장자莊子》에 "하늘이냐, 땅이냐?"라고 하였으며, 《한서漢書》에 "옳으냐, 그르냐?"라고 한 것이 이것이다.
그런데 북쪽 사람들은 이를 야也로 읽고 있으니 역시 잘못된 것이다. 이에 반박하는 자가 이렇게 물었다.
"《역易》 〈계사전繫辭傳〉에 '건곤은 역의 문호인가?'라고 하였는데, 이것도 미정사

未定辭입니까?"
나는 이렇게 대답했다.
"어찌 그렇지 않겠습니까? 위에 먼저 의문을 표시하고, 아래에 비로소 여러 가지 덕목을 내세워 이로써 말을 끊은 것입니다."

邪者, 未定之詞. 《左傳》曰: '不知天之棄魯邪? 抑魯君有罪於鬼神邪?' 《莊子》云: '天邪地邪?' 《漢書》云: '是邪非邪?'之類是也. 而北人卽呼爲也, 亦爲誤矣. 難者曰: '〈繫辭〉云: "乾坤, 易之門戶邪?" 此又爲未定辭乎?' 答曰: '何爲不爾! 上先標問, 下方列德以折之耳.'

18-9 패敗의 두 가지 경우

강남江南 학사들의 《좌전左傳》 공부는 입으로 전술하였기 때문에 자신들의 것을 규범이라 여긴다. 그래서 군대가 스스로 패배한 것도 패敗(포매반蒲邁反)이라 하고, 상대의 군대를 깨뜨린 것도 패敗, '보패반補敗反'(배)이라 한다.
그러나 여러 가지 기록에 남을 깨뜨렸을 때의 발음인 '보패반補敗反'(배)은 보이지 않는다. 그런데 서선민徐仙民(서막徐邈)의 《좌전음左傳音》에는 유일하게 한 곳에 이 음이 있기는 하나, 스스로 패한 것과 남을 패배시킨 것에 대한 구별은 말하고 있지 않다. 이는 천착한 것일 뿐이다.

江南學士讀《左傳》, 口相傳述, 自爲凡例, 軍自敗曰敗, 打破人軍曰敗. 諸記傳未見補敗反, 徐仙民讀《左傳》, 唯一處有此音, 又不言自敗 · 敗人之別, 此爲穿鑿耳.

18-10 정확한 발음을 위해 노력하라

옛사람이 "부잣집 자녀는 성품이 단정하기 어렵다(膏粱難整)"라고 했다. 이는 교만하고 사치하여 자신에게 만족한 채, 힘써 면려하지 않기 때문이다.

내가 왕후王侯나 외척外戚을 보건대 흔히 그들이 쓰는 말은 정확하지 못하다. 이는 역시 자라면서 안으로는 자신을 길러 준 천한 보부保傅에게 영향을 받으면서, 밖으로는 훌륭한 스승이나 벗이 없는 데에서 연유한 것이다.

양梁나라 때 하나의 후侯가 일찍이 원제元帝와 상대하여 술 마시며 희학戲謔하다가, 자신을 '치둔癡鈍'하다는 뜻으로 말하면서 발음을 잘못하여 '시단颸段'이라 하고 말았다. 이에 원제가 조롱하여 "시颸는 양풍涼風과 다르고, 단段은 단간목段干木을 가리키는 것은 아니겠지"라고 했다.

이 사람이 영주郢州를 영주永州로 발음하여 원제가 간문제簡文帝에게 이를 지적하자 간문제는 이렇게 말했다.

"이는 마치 경진庚辰과 오자吳子가 영郢 땅으로 들어가, 드디어 사예司隸가 되었다는 것과 같군."

이와 같은 예는 그가 입을 열면 모두 나타나는 현상이었다. 원제는 몸소 여러 자제들을 가르치는 시독侍讀이 되어 이런 예를 들어 그들을 경계시켰다.

古人云: '膏粱難整.' 以其爲驕奢自足, 不能剋勵也. 吾見王侯外戚, 語多不正, 亦由內染賤保傅, 外無良師友故耳. 梁世有一侯, 嘗對元帝飮謔, 自陳'癡鈍', 乃成'颸段', 元帝答之云: '颸異涼風, 段非干木.' 謂'郢州'爲'永州', 元帝啓報簡文, 簡文云: '庚辰吳入, 遂成司隸.' 如此之類, 擧口皆然. 元帝手敎諸子侍讀, 以此爲誡.

18-11 자신의 이름을 바르게 발음하라

하북河北에서는 공攻 자를 '고종반古琮反'(공)으로 읽어 공工·공公·공功 세 글자와는 다르다. 이는 아주 특이한 현상이다.
당시 어떤 사람의 이름이 섬暹이었는데 자신을 섬纖이라 발음하며, 이름이 곤琨인 사람이 자신을 곤衮이라 발음하고, 이름이 황洸인 사람이 자신을 왕汪이라 하고, 이름이 약葯인 사람이 자신을 석獡이라 발음하는 것이었다. 이는 음운으로 보아 그릇된 것일 뿐만 아니라 뒷날 그 자손들이 피휘할 때 혼란스럽게 하는 일이다.

河北切攻字爲古琮, 與工 · 公 · 功三字不同, 殊爲僻也. 比世有人名暹, 自稱爲纖; 名琨, 自稱爲衮; 名洸, 自稱爲汪; 名葯, 自稱爲獡. 非唯音韻舛錯, 亦使其兒孫避諱紛紜矣.

19. 잡예雜藝

본 편은 서예書藝(서법書法)·회화繪畫·사전射箭·복서卜筮·산술算術·의학醫學·음악音樂·박혁博弈·투호投壺 등 각종 예술과 잡기에 대한 자신의 평소 관점을 밝힌 것이다. 이들은 물질적 생산에 못지않게 중요한 삶의 한 방편임을 인정하며 강조하고 있다. 그러나 어디까지나 실질적이며 과학적이어야 함을 주장하여, 이에 대한 낱낱의 실증과 예를 들어 후손들로 하여금 바르게 대할 수 있도록 지침을 마련하고 있다.

19-1 자손들은 글씨를 배우지 말라

진서眞書(해서楷書)와 초서草書의 서법은 미세한 것도 반드시 주의를 기울여야 한다. 강남江南의 속담에 "편지글의 필적으로도 천리 밖에서 그 면목을 알 수 있다"라고 했다.

우리는 진송晉宋이 남겨 준 기풍을 이어 받아 서로 이를 일거리로 삼았기 때문에 엉뚱한 낭패는 없었다.

나는 어려서부터 가문의 학업을 이어 받았고, 게다가 성격으로도 특히 이 서예를 좋아했다. 그래서 법첩을 본 것도 역시 많았고, 이를 감상하고 익히느라 노력도 자못 들였다. 그런데도 끝내 훌륭한 성취를 이루지 못한 것은 진실로 천분天分이 없기 때문이었다. 그러나 이 예술은 모름지기 지나치게 정성을 들이지는 말라. 무릇 재주 많은 자는 노고롭고, 지혜로운 자는 우려도 많아 항상 남의 부림을 받게 되며, 더욱이 이런 것이 괴롭고 힘들게 느껴지고 만다. 위중장韋仲將이 남긴 경계는 진실로 깊은 이유가 있다.

眞草書迹, 微須留意. 江南諺云: '尺牘書疏, 千里面目也.' 承晉 · 宋餘俗, 相與事之, 故無頓狼狽者. 吾幼承門業, 加性愛重, 所見法書亦多, 而翫習功夫頗至, 遂不能佳者, 良由無分故也. 然而此藝不須過精. 夫巧者勞而智者憂, 常爲人所役使, 更覺爲累; 韋仲將遺戒, 深有以也.

19-2 왕희지王羲之는 글씨에만 뛰어난 것이 아니었다

왕일소王逸少(왕희지王羲之)는 풍류재사였다. 소산蕭散한 명사인데도 온 세상에는 오직 그의 글씨로만 알려졌으니, 이는 뒤집어보면 그의 재능이 자신의 다른 장점을 가린 것이다.

소자운蕭子雲은 매번 이렇게 탄식했다.

"내가 《제서齊書》를 쓰면서 그 책 한 권을 쓰고 각刻을 하였는데, 문장이 뛰어나 스스로 볼만하다고 자부했다. 그런데 사람들은 나를 글씨가 뛰어난 것으로만 이름을 알아주니 역시 괴이한 일이다."

왕포王褒는 본래 집안이 청화淸華하고 재학才學이 뛰어난 자였다. 양梁이 멸망하고 뒤에 관중關中으로 들어갔지만 역시 예우를 받았다. 그러나 오히려 서법에 뛰어났다는 이유로 비석 글씨나 쓰는 일로 기구하게 보냈고, 붓과 벼루의 일에 고생을 했다. 일찍이 그는 이런 신세를 한스럽게 여겨 이렇게 말했다.

"나로 하여금 글씨를 모르게 했다면, 오늘날 같은 지경에 이르지 않을 수도 있지 않을까?"

이로써 보건대 삼가 글씨로써 자신의 운명을 걸지는 말라. 비록 그렇기는 하나 아주 비천하던 자가 글씨에 능한 것 때문에 발탁된 자도 많이 있다. 따라서 "도가 같지 않으면 함께 일을 도모하지 말라(갈 길이 같지 않은 사람까지 논할 것은 없다)"라고 말했다.

王逸少風流才士, 蕭散名人, 擧世惟知其書, 翻以能自蔽也. 蕭子雲每歎曰: '吾著《齊書》, 勒成一典, 文章弘義, 自謂可觀; 唯以筆迹得名, 亦異事也.' 王褒地胄淸華, 才學優敏, 後雖入關, 亦被禮遇. 猶以書工, 崎嶇碑碣之間, 辛苦筆硯之役, 嘗悔恨曰: '假使吾不知書, 可不至今日邪?' 以此觀之, 愼勿以書自命. 雖然, 廝猥之人, 以能書拔擢者多矣. 故'道不同不相爲謀'也.

19-3 왕희지는 서법의 연원

양梁나라 무제武帝 때, 비각秘閣의 글씨들이 모두 흩어졌지만 나는 왕희지와 왕헌지王獻之의 진서眞書와 초서草書를 많이 보았으며, 집에도 열 권이나 소장하고 있었다.
그러다가 도은거陶隱居(도홍경陶弘景)과 완교주阮交州(완연阮研), 소좨주蕭祭酒(소경교蕭景喬)의 여러 서예 작품 중 어느 것 하나 왕희지의 서체를 터득하지 않은 것이 없으며, 따라서 왕희지는 이들 서법의 연원이라는 것을 비로소 알게 되었다. 소자운蕭子雲의 만년에 변화된 서법은 바로 왕우군王右軍(왕희지王羲之)의 어린 시절 서체였던 것이다.

梁氏秘閣散逸以來, 吾見二王眞草多矣, 家中嘗得十卷; 方知陶隱居 · 阮交州 · 蕭祭酒諸書, 莫不得羲之之體, 故是書之淵源. 蕭晩節所變, 乃右軍年少時法也.

19-4 글씨 개찬改竄과 오류

진晉·송宋 이래로 서법에 능한 자가 많았다. 그 때문에 당시의 풍속은 서로 숭상하는 데로 번져나갔다. 모든 전적들을 해서楷書로 베껴 가히 볼만했다. 속자俗字가 없는 것은 아니지만 그렇다고 큰 결함이 있는 것은 아니었다. 양梁나라 천감天監 연간에 이르도록 이러한 유행이 변하지 않았고, 대동大同 말년에 이르러는 오류가 생겨나기 시작했다. 소자운蕭子雲은 자체字體를 개역改易하였고, 소릉왕邵陵王은 자못 잘못된 글자를 즐겨 쓰기도 했다. 조야朝野가 이에 휩쓸려 이 잘못된 글자가 해서楷書를 대신하게 되어 범을 그리려다 개가 된 것처럼 되어, 글자에 대한 손상과 패란이 심했다.
이를테면 위爲라는 글자를 쓰면 오직 몇 개의 점만 보일 뿐이었으며, 그 외에도 혹 마구 짐작하여 제멋대로 편방偏旁의 위치를 바꾸기도 했다. 그 때문에 뒤의 전적典籍들은 대체로 해독할 수 없게 되고 말았다. 북조北朝는 상란喪亂의 여파로 글자가 점차 비루해졌고, 게다가 제멋대로 급하게 글자를 만들어 내기도 하여, 잘못되고 졸렬하기가 강남江南보다 심했다.

이를테면 백념百念을 우憂로, 언반言反을 변變으로, 불용不用을 파罷로, 추래追來를 귀歸로, 경생更生을 소蘇(소甦)로, 선인先人을 노老로 썼으니 이러한 예는 일일이 셀 수 없을 정도이며, 경經과 전傳에 두루 넘쳤다. 오직 요원표姚元標만은 해서와 예서隸書에 밝아 소학小學(문자학文字學)에 관심을 기울였으며, 후생後生들 중에 그를 스승으로 모시는 자가 무리를 이루었다.
제齊나라 말기에 이르러서야 조정의 비서가 베껴 쓴 전적들의 글씨가 지난날보다 나아지게 되었다.

晉·宋以來, 多能書者. 故其時俗, 遞相染尙, 所有部帙, 楷正可觀, 不無俗字, 非爲大損. 至梁天監之間, 斯風未變; 大同之末, 訛替滋生. 蕭子雲改易字體, 邵陵王頗行僞字; 朝野翕然, 以爲楷式, 畫虎不成, 多所傷敗. 至爲一字, 唯見數點, 或妄斟酌, 逐便轉移. 爾後墳籍, 略不可看. 北朝喪亂之餘, 書迹鄙陋, 加以專輒造字, 猥拙甚於江南. 乃以百念爲憂, 言反爲變, 不用爲罷, 追來爲歸, 更生爲蘇, 先人爲老, 如此非一, 徧滿經傳. 唯有姚元標工於楷隸, 留心小學, 後生師之者衆. 洎於齊末, 秘書繕寫, 賢於往日多矣.

19-5 잘못 알려진 작품

강남江南의 민간에 〈화서부畫書賦〉라는 것이 있는데, 이는 도은거陶隱居(도홍경陶弘景)의 제자인 두도사杜道士가 지은 것이다. 그는 글자도 제대로 모른 채 경솔하게 글자 쓰는 법칙을 만들어 고귀한 스승의 이름을 가탁한 것이다. 그런데 세속에서는 이를 그대로 유전流傳시켜 믿고 있어, 자못 뒷사람들의 그릇된 오류를 불러일으키고 있다.

江南閭里間有〈畫書賦〉, 乃陶隱居弟子杜道士所爲; 其人未甚識字, 輕爲軌則, 託名貴師, 世俗傳信, 後生頗爲所誤也.

19-6 그림에 뛰어나 고생한 사람

회화繪畫에 뛰어난 것도 역시 오묘한 것이다. 자고로 명사들 중에 혹 이에 능한 자가 많았다. 우리 집에는 양원제梁元帝가 직접 그린 〈선작백단선蟬雀白團扇〉과 〈마도馬圖〉가 있다. 역시 미치지 못할 걸작의 경지이다.

무열태자武烈太子는 초상화에 아주 능하여 자리에 앉은 빈객은 몇 개의 점과 물감으로 즉시 몇 사람씩을 완성하여, 이를 어린아이에게 물어보면 모두 그 성명을 알아낼 정도였다. 소분蕭賁·유효선劉孝先·유령劉靈 등도 모두 문장과 학문 이외에 이와 같은 화법에 뛰어난 인물이었다. 고금의 그림을 감상하는 가운데 나는 특별히 보배로 아낄 만한 것이 이 그림이라 생각한다.

그러나 만약 아직 높은 관직에 오르지 않았을 때, 그림을 잘 그린다는 이유로 매번 공사公私 간에 불리어 노역을 당한다면 이 역시 괴로운 사역이다. 오현吳縣의 고사단顧士端은 상동왕국시랑湘東國王侍郎 출신으로 뒤에 진남부형옥참군鎭南部刑獄參軍에까지 오른 인물이다. 그 아들 고정顧庭은 서조西朝(강릉江陵)의 중서사인中書舍人이었다. 이들 부자는 거문고와 서법에 뛰어났으며, 특히 단청丹靑과 그림에 특출했다. 그 때문에 그들은 항상 원제元帝의 부림을 당했다. 이에 매번 부끄러워하고 한스럽게 여기곤 했다.

또 팽성彭城의 유악劉岳은 유탁劉槖의 아들로서 표기부관기驃騎府管記와 평씨현령平氏縣令 등의 벼슬을 했다. 그는 재학才學에 뛰어난 호쾌한 선비로서 그림에 절륜했다. 그가 뒤에 무릉왕武陵王을 따라 촉蜀에 가게 되었다. 무릉왕이 하뢰下牢에서 패하여, 그만 육호군陸護軍의 명령으로 지강사支江寺의 벽화를 그리면서 여러 공인工人들과 잡거雜居하는 치욕을 입었다.

그러니 앞서 세 사람이 모두 그림을 모른 채 곧이 자신의 본디 업만을 하였더라면 이러한 치욕을 당하였겠는가?

畫繪之工, 亦爲妙矣; 自古名士, 多或能之. 吾家嘗有梁元帝手畫〈蟬雀白團扇〉及〈馬圖〉, 亦難及也. 武烈太子偏能寫眞, 坐上賓客, 隨宜點染, 卽成數人, 以問童孺, 皆知姓名矣. 蕭賁 · 劉孝先 · 劉靈, 並文學已外, 復佳此法. 翫閱古今, 特可寶愛. 若官未通顯, 每被公私使令, 亦爲猥役. 吳縣顧士端出身湘東王國侍郎, 後爲鎭南府刑獄參軍, 有子曰庭, 西朝中書舍人, 父子並有琴書之藝, 尤妙丹青, 常被元帝所使, 每懷羞恨. 彭城劉岳, 槖之子也, 仕爲驃騎府管記 · 平氏縣令, 才學快士, 而畫絶倫. 後隨武陵王入蜀, 下牢之敗, 遂爲陸護軍畫支江寺壁, 與諸工巧雜處. 向使三賢都不曉畫, 直運素業, 豈見此恥乎?

19-7 짐승을 잡기 위한 활쏘기라면 배우지 말라

호시弧矢의 날카로움은 천하를 위무威武하기 위한 것으로, 선왕先王이 활쏘기를 통해 선비를 뽑을 수도 있었다. 그리고 활쏘기란 자신을 구제하기 위해 급히 익혀야 할 과목이기도 하다.

강남江南에서는 세상의 늘 있는 활쏘기는 병사로서의 익힐 임무만으로 여겨, 귀족이나 유생은 대체로 이를 익히려 들지 않는다.

그러고는 따로 내기로서의 활쏘기가 있는데, 이를 약한 활에 긴 화살로 과녁을 정해 놓고 서로 읍양揖讓하고 승강昇降하며 예를 행한다. 그러나 이는 실제 구난寇難을 방어하는 데에는 조금도 도움이 되지 않는다.

그 때문에 난리亂離가 있은 후, 이러한 활쏘기는 드디어 사라지고 말았다. 하북河北의 문인들은 대부분 군인으로서의 활쏘기를 익히 알고 있다. 갈홍葛洪처럼 화살 하나만으로 추격해 오는 적병을 흩을 수도 있을 뿐만 아니라, 삼공구경三公九卿의 연회에서 항상 영광스러운 상을 받을 수도 있다. 비록 그렇기는 하나 경계심도 없이 날아다니는 날짐승을 잡거나 마음 놓고 뛰는 짐승을 잡기 위한 활쏘기라면, 나로서는 너희들이 배우지 않기를 원한다.

弧矢之利, 以威天下, 先王所以觀德擇賢, 亦濟身之急務也. 江南謂世之常射, 以爲兵射, 冠冕儒生, 多不習此; 別有博射, 弱弓長箭, 施於準的, 揖讓昇降, 以行禮焉. 防禦寇難, 了無所益. 亂離之後, 此術遂亡. 河北文士, 率曉兵射, 非直葛洪一箭, 已解追兵, 三九讌集, 常縻榮賜. 雖然, 要輕禽, 截狡獸, 不願汝輩爲之.

19-8 점과 금기에 얽매이지 말라

복서卜筮는 성인의 업무이다. 다만 근세에는 뛰어난 점술가가 없어 많은 이들이 능히 적중해 내지 못한다. 옛날에는 의심나는 것을 점으로써 해결하였는데 지금 사람들은 도리어 점을 통해 의심만 생겨난다. 왜 그렇겠는가? 바른 도리를 지켜 계획에 믿음을 가진 채 한 가지 일을 실행하려 하면서 점을 쳤더니 악한 괘가 나왔다면, 도리어 사람을 불안하게 한다. 이를 두고 한 말이니라! 게다가 열 가지 중 예닐곱만을 맞추어도 상수上手라 여기지만 이런 점쟁이는 성글게 그 대의大意만 알 뿐, 그 원인과 곡절은 알지 못한다. 무릇 그 기우奇偶를 던져 보면 자연히 반은 맞출 수 있는 것이니 어찌 족히 믿을 게 되겠는가? 세상에 전하기를 "음양을 풀어 아는 자는 귀신의 미움을 받으며, 운명이 고달프고 빈궁하여 편안하지 못한 자가 많다"라고 했다.

내가 보건대 근고近古 이래로 특히 정묘精妙한 자로는 오직 경방京房·관로管輅·곽박郭璞 등일 뿐이다. 그러나 이들은 모두 관직도 없었으며 주로 재난에 걸렸으니, 사람으로 하여금 앞서의 속담을 더욱 믿게 한다.

만약 세상의 법률이 엄밀한 때임에도 억지로 점을 잘 친다는 이름으로 자부하게 되면 곧바로 괘오詿誤를 퍼뜨린다 하여 화를 입는 근원이 되기도 한다.

별자리, 천문을 보고 점치는 것은 대체로 노고를 들이지 않고 할 수 있다. 나는 일찍이 《육임식六壬式》을 배웠고, 세상에 이름난 점쟁이를 만나 《용수龍首》·《금궤金匱》·《옥령변玉軨變》·《옥력玉歷》 등 10여 종의 책을 수집하여 이를 연구하고 검토해 보았지만 맞는 것이 없어 후회하며 그만두어 버렸다.

무릇 음양陰陽의 도술이란 천지天地와 함께 생겨난 것으로, 길흉吉凶과 덕형德形이란 빌지 않을 수는 없다. 다만 성인이 떠난 지 이미 오래되었고, 세상에 전하는 술서術書는 모두가 유속流俗에서 나온 것으로, 언사가 비천하며 맞는 것은 적고 엉뚱하게 틀리는 것은 많다. 이를테면 반지일半支日(금기일)에는 밖에 나가지 말라 하여 집에 있다가 해를 입는다든지, 집에 돌아가면 안 된다고 꺼려 밖에서 잤다가 흉한 종말을 맞이하기도 한다. 금기에 구속되면 꺼릴 일만 많아진다.

卜筮者, 聖人之業也; 但近世無復佳師, 多不能中. 古者, 卜以決疑, 今人生疑於卜; 何者? 守道信謀, 欲行一事, 卜得惡卦, 反令忧忧, 此之謂乎! 且十中六七, 以爲上手, 粗知大意, 又不委曲. 凡射奇偶, 自然半收, 何足賴也? 世傳云: '解陰陽者, 爲鬼所嫉, 坎壈貧窮, 多不稱泰.' 吾觀近古以來, 尤精妙者, 唯京房 · 管輅 · 郭璞耳, 皆無官位, 多或罹災, 此言令人益信. 儻値世網嚴密, 强負此名, 便有詿誤, 亦禍源也. 及星文風氣, 率不勞爲之. 吾嘗學《六壬式》, 亦値世間好匠, 聚得《龍首》·《金匱》·《玉軨變》·《玉歷》十許種書, 討求無驗, 尋亦悔罷. 凡陰陽之術, 與天地俱生, 亦吉凶德刑, 不可不信; 但去聖旣遠, 世傳術書, 皆出流俗, 言辭鄙淺, 驗少妄多. 至如反支不行, 竟以遇害; 歸忌寄宿, 不免凶終: 拘而多忌, 亦無益也.

19-9 산술算術은 중요한 과목이다

산술算術도 또한 육예六藝 중의 중요한 과목이다.

예로부터 유사儒士들로서 천도天道를 논하고 율력律歷(律曆)을 정하는 자는 모두가 이 학문에 능통했다. 그러나 다른 학문과 겸하여 밝아야지 이 산술만을 전업專業으로 해서는 안 된다.
강남江南에는 이 학문에 뛰어난 자가 적으며 오직 범양范陽의 조환祖暅만이 이어 정통하였으며 관직이 남강태수南康太守에 이르렀다. 하북河北에는 이 학술에 밝은 자가 많다.

算術亦是六藝要事; 自古儒士論天道, 定律歷者, 皆學通之. 然可以兼明, 不可以專業. 江南此學殊少, 唯范陽祖暅精之, 位至南康太守. 河北多曉此術.

19-10 의술과 처방도 조금은 익혀 두어라

의술과 처방에 관한 일은 그 묘법을 찾기가 지극히 어려우니, 너희들은 여기에다가 스스로의 운명을 걸겠다고 나서지 말도록 하라. 약성藥性을 그저 약간 알고 조금씩 조제하여 화합하는 것으로써, 집안에서 급한 구제에 대처하면 그것만으로도 역시 훌륭한 일이다. 황보밀皇甫謐과 은중감殷仲堪이 바로 그런 사람들이었다.

醫方之事, 取妙極難, 勿勸汝曹以自命也. 微解藥性, 小小和合, 居家得以救急, 亦爲勝事, 皇甫謐 · 殷仲堪則其人也.

19-11 곁에 거문고를 두고 살아라

《예禮》에 "군자는 달리 할 일이 없는 한 금슬琴瑟을 거두지 않는다"라고 했다. 예로부터 명사들은 흔히 이렇게 음악을 애호했다. 양梁나라 초기부터 의관 자손들은 음악을 알지 못하면 모자란 사람으로 불렸다. 대동大同 이후 말엽에 이러한 풍기가 갑자기 사라지고 말았다. 그러나 이러한 음악이 가지고 있는 음음愔愔한 아치雅致는 깊은 맛이 있다.
지금 세상의 곡과 가사는 비록 고대의 것이 변한 것이기는 하나, 그래도 신정神情을 시원히 풀기에 족하다. 오직 이에 능하다는 칭찬이나 명예를 얻기 위하여 하지는 말 것이니라. 그랬다가는 귀족에게 사역을 당하여 아랫자리에 앉은 채, 잔배냉자殘盃冷炙(남이 먹고 난 뒤 남은 술잔과 식은 고기를 먹음)의 치욕을 당하기 일쑤이다. 대안도戴安道 같은 이조차 그러한 일을 당하였는데 하물며 너희들임에랴!

《禮》曰: '君子無故不徹琴瑟.' 古來名士, 多所愛好. 洎於梁初, 衣冠子孫, 不知琴者, 號有所闕; 大同以末, 斯風頓盡. 然而此樂愔愔雅致, 有深味哉! 今世曲解, 雖變於古, 猶足以暢神情也. 唯不可令有稱譽, 見役勳貴, 處之下坐, 以取殘盃冷炙之辱. 戴安道猶遭之, 況爾曹乎!

19-12 도박과 내기는 구분할 줄 알아라

《가어家語》에 "군자가 도박을 하지 않는 것은, 그것이 악한 도를 겸하여 행할 수밖에 없는 것이기 때문이다"라고 했다.
《논어論語》에는 "박혁博弈이라도 있지 않느냐? 이를 하는 것이 오히려 아무것도 아니하고 있는 것보다 낫다"라고 했다. 그러나 성인이 박혁으로 가르침을 삼은 것이 아니다. 다만 학자로서 항상 정진할 수는 없는 것이므로, 때론 피곤하고 권태로울 경우 이를 하는 것이 그저 배불리 먹고 잠에 취해 있거나 멍청히 앉아 있는 것보다는 낫다는 것일 뿐이다.
이를테면 오吳나라 태자는 이러한 박혁이 무익한 것이라 여겨 위소韋昭에게 명하여 무용함을 논하도록 하였고, 왕숙王肅·갈홍葛洪·도간陶侃 같은 이들은 눈으로 보거나 손으로 잡는 것조차 허용치 않았으니, 이들은 모두가 근면하고 독실한 뜻을 가진 자들이다. 너희들도 능히 그렇게 하는 것이 좋다.

옛날에는 대박大博은 여섯 개의 저箸가 있었고, 소박小博은 두 개의 경焭이 있었는데 지금은 이에 통효한 자가 없다. 근세에 유행하는 것은 1경이 12기棊로 술수가 천단淺短하여 즐길 만한 것이 못 된다.

위기圍棊(바둑)는 수담手談과 좌은坐隱이라는 요목要目이 있어 자못 아취 있는 놀이이기는 하다. 단지 사람으로 하여금 탐닉하여 빠져들게 하여 실질을 잃게 됨이 많으니, 항상 즐길 것은 아니다.

《家語》曰: '君子不博, 爲其兼行惡道故也.'《論語》云: '不有博弈者乎? 爲之, 猶賢乎已.' 然則聖人不用博弈爲教; 但以學者不可常精, 有時疲倦, 則儻爲之, 猶勝飽食昏睡, 兀然端坐耳. 至如吳太子以爲無益, 命韋昭論之; 王肅 · 葛洪 · 陶侃之徒, 不許目觀手執, 此並勤篤之志也. 能爾爲佳. 古爲大博則六箸, 小博則二焭, 今無曉者. 比世所行, 一焭十二棊, 數術淺短, 不足可翫. 圍棊有手談 · 坐隱之目, 頗爲雅戲; 但令人耽憒, 廢喪實多, 不可常也.

19-13 투호投壺와 탄기彈棊 놀이

투호投壺의 예법은 근래 이르러 더욱 정밀해졌다. 옛날에는 팥으로 그 속을 채웠으니, 이는 화살이 튕겨 나오는 것을 막기 위해서였다. 그런데 지금은 그것이 튀어 오르도록 하여 나오는 것이 많을수록 더욱 신나게 여긴다. 그리고 의간倚竿·대검帶劍·낭호狼壺·표미豹尾·용수龍首 등의 명칭이 있으며, 그 가운데에 특히 신묘한 것은 연화효蓮花驍라는 것이 있다.

여남汝南의 주괴周璝는 주홍정周弘正의 아들이며, 회계會稽의 하휘賀徽는 하혁賀

革의 아들이다. 이들은 능히 하나의 화살로 40여 번이나 튕겨 나오게 할 수 있었다. 하휘는 일찍이 작은 장애물로 가리고 그 밖에 투호를 설치, 보이지 않는 장애물을 사이에 두고 던졌는데도 실수함이 없었다.

업鄴으로 온 이래 역시 광녕왕廣寧王과 난릉왕蘭陵王 등이 이러한 기예 경기의 기구를 가지고 있음을 보았으나, 온 나라를 통틀어, 던져서 튕겨 나오도록 하는 뛰어난 이는 없었다.

탄기彈棊 역시 근세에 아취雅趣스러운 놀이가 되어 근심을 풀어 주고 있으니, 때때로 가히 즐길 만한 것이라 할 수 있다.

投壺之禮, 近世愈精. 古者, 實以小豆, 爲其矢之躍也. 今則唯欲其驍, 益多益喜, 乃有倚竿·帶劍·狼壺·豹尾·龍首之名. 其尤妙者, 有蓮花驍. 汝南周璝, 弘正之子, 會稽賀徽, 賀革之子, 並能一箭四十餘驍. 賀又嘗爲小障, 置壺其外, 隔障投之, 無所失也. 至鄴以來, 亦見廣寧·蘭陵諸王, 有此校具, 擧國遂無投得一驍者. 彈棊亦近世雅戲, 消愁釋憒, 時可爲之.

20. 종제終制

본 편은 일종의 유언遺言이다. 자신의 일생 유리 방랑할 수밖에 없었던 시대 상황과 부모 무덤에 대한 안타까움을 시작으로 자신의 죽음에 대한 수용, 그리고 죽은 후 장례 문제, 유족과 친지에 대한 부탁 등으로 이루어져 있다. 특히 검소한 절차와 실질적인 처리를 유촉遺囑한 언사들은 절절히 가슴에 와닿는, 고금에 드문 핍절한 내용이다.

20-1 쉰 살 정도면 요절은 아니라더라

죽음이란 사람에게 정해진 운명으로 가히 면할 수 없는 것이다.
나는 나이 19세에 양梁나라의 상란喪亂을 만나, 그 사이에서 번쩍이는 칼날을 대오隊伍로 살아온 것이 역시 여러 번이었으나, 다행히 조상의 여복餘福을 받아 지금까지 살아 있을 수 있었다.
옛사람들은 "50까지 살면 요절은 아니다"라고 했다. 내 나이 이미 60남짓 되었으니 그 때문에 마음은 탄연坦然하여 남은 나이를 마음에 두지 않고 있다. 앞서 나에게 풍기風氣의 질환이 있어 항상 곧 죽지 않을까 의심스러워, 애오라지 평소에 품었던 것을 글로 써서 너희들의 훈계로 삼고자 한다.

死者, 人之常分, 不可免也. 吾年十九, 値梁家喪亂, 其間與白刃爲伍者, 亦常數輩; 幸承餘福, 得至於今. 古人云: '五十不爲夭.' 吾已六十餘, 故心坦然, 不以殘年爲念. 先有風氣之疾, 常疑奄然, 聊書素懷, 以爲汝誡.

20-2 부모 무덤을 옮기지 못한 채

나의 선군先君과 선부인先夫人은 모두가 아직도 건업建鄴의 옛 선영으로 모셔 오지 못한 채, 강릉江陵의 동쪽 외곽에 임시로 묻히셨다. 승성承聖 말년에 나는 양도揚都에서 임금에게 계啓를 올려 두 분을 고향으로 옮겨 안장하기를 구했다. 그때 은銀 100냥을 내려 주시는 조서詔書의 은덕을 입어, 나는 양주揚州의 작은 교외 북쪽에 묘지 만들 벽돌을 굽고 있었다. 그런데 마침 본조本朝(양梁나라)의 윤몰淪沒을 만나 떠돌아다니다가 이렇게 된 채 수십 년간 돌아갈 희망이 끊어지고 말았다. 지금 비록 통일이 되었다고는 하나 집안이 빈궁하게 되었으니, 어떻게 이 봉영奉營의 비용을 마련할 수 있겠는가?

게다가 양도는 지금 짓밟히고 훼손되어 혈유子遺조차 없는데, 그 낮고 습한 데로 되돌아옴이 좋은 계책이라고는 할 수 없다. 스스로 허물로 삼고 자책하며 마음에 맺히고 뼈를 깎는 것 같다. 내 생각으로는 우리 형제가 벼슬길에 나서지 않았어야 했다. 그러나 가문이 쇠락하고 골육은 단조로워 오복五服 안에 누구 하나 곁에 의지할 만한 자가 없어 타향으로 흩어져 갔으며, 더 이상 음덕을 바랄 대상도 없었다. 그리하여 너희들로 하여금 이러한 낮은 일에 침륜沈倫(沈淪)하도록 하였으니 조상에게조차 부끄럽게 여기고 있다. 그러므로 나는 두꺼운 얼굴로 세상 사람 속에 묻혀 벼슬을 하되 감히 실추가 없도록 하고 있다. 아울러 북방은 정교政敎가 엄밀하여 쉽게 그만두고 은퇴할 수 있는 상황도 아니었다.

先君先夫人皆未還建鄴舊山, 旅葬江陵東郭. 承聖末, 已啓求揚都, 欲營遷厝. 蒙詔賜銀百兩, 已於揚州小郊北地燒塼, 便値本朝淪沒, 流離如此, 數十年間, 絶於還望. 今雖混一, 家道罄窮, 何由辦此奉營資費? 且揚都汙毁, 無復孑遺, 還被下溼, 未爲得計. 自咎自責, 貫心刻髓. 計吾兄弟, 不當仕進; 但以門衰, 骨肉單弱, 五服之內, 傍無一人, 播越他鄉, 無復資廕; 使汝等沈淪廝役, 以爲先世之恥; 故靦冒人間, 不敢墜失. 兼以北方政教嚴切, 全無隱退者故也.

20-3 내 죽거든 칠성판 정도면 된다

지금 나는 늙고 병이 침입하여 갑자기 죽을지도 모르는데 어찌 너희들에게 모든 예를 구비하라 하겠느냐? 어느 날 내가 팔을 놓은 채 죽으면 내 몸을 깨끗이 씻겨 주면 그뿐, 노고롭게 다시 혼백을 부르는 일은 하지 마라. 염殮에는 평소 입던 옷으로 하라.

선부인先夫人 모친이 세상을 버리고 등졌을 때, 세상이 마침 흉년에 기근이 들어 집안에 아무것도 없었다. 형제조차 유약幼弱하여 관기棺器가 모두 형편없는 것이었으며, 묘혈 안에는 벽돌조차 쓰지 못했다.

그러니 내가 죽으면 소나무 관棺 2촌짜리에, 의모衣帽 이외에는 일체 그 어떤 것도 내 무덤에 함께 넣지 말 것이며, 영상靈床에는 칠성판七星板을 깔아 주면 된다.

납석으로 만든 노아弩牙 · 옥돈玉豚 · 석인錫人 등은 아울러 모두 사용을 중지하고, 양앵糧甖이나 명기明器도 본래 조리해 먹을 것도 아니니 넣지 마라. 비지碑誌나 유조旒旐 같은 만장, 영기靈旗는 말할 것도 없다.

별갑거鼈甲車에 영구를 싣고 가서 흙에 집적 닿도록 묻으면 되고, 평지처럼 하여 봉분은 없도록 하라. 만약 후손이 참배하고 성묘할 때 그 무덤이 구역을 모를까 걱정이 되거든, 다만 좌우 전후에 낮은 담장을 쌓아 너희들 좋을 대로 표시를 해 두면 될 뿐이다.

집 안의 영연靈筵에는 베개나 궤상几床을 만들어 놓지 마라. 그리고 매월 삭망朔望의 제사에는 오직 흰죽과 맑은 물, 그리고 말린 대추만 차리고, 술이나 고기, 떡, 과일 등의 제수는 쓰지 않도록 하라.

친척이나 친구가 찾아와 술을 땅에 뿌리는 의식을 행하고자 하면 한결같이 이를 거절하라.

너희들이 만약 내 마음을 어기고, 돌아가신 선비先妣보다 더하게 되면 이는 나를 불효자로 몰아가는 것이 되니, 너희들인들 어찌 편할 일이겠느냐? 내전內典(불경)에 따라, 죽은 이의 공덕을 찬양하는 일도 너희들의 힘이 닿는 데까지만 하는 것으로 한계를 삼아야 한다. 살아 있는 사람이 써야 할 재齋를 죽은 이에게 쓰느라 춥고 주리게 해서는 안 된다.

사시四時의 제사는 주공周公과 공자孔子의 가르침이다. 이는 그 돌아가신 어버이를 몰라라 하지 않게 하기 위함이요, 효도를 망각하지 않도록 하기 위함이기는 하다. 그러나 내전에서 이를 찾아보면 실제로 아무런 이익도 없다. 살아 있는 것을 죽여 부모에게 제사를 지내는 것은 오히려 그 죗값을 증가시키는 것일 뿐이다.

만약 부모의 끝없는 덕을 보답하고, 상로霜露(이슬과 서리를 밟는 슬픔. 즉 계절의 변화에 따라 느끼는 어버이에 대한 그리움)의 슬픔이 복받치거든 때때로 재공齋供하되 7월 보름의 우란분盂蘭盆(아귀도에 떨어진 망령을 위한 불사佛事. 돌아가신 부모를 구제하기 위해 공양하는 것)을 잊지 않기만을 너희들에게 바랄 뿐이다.

今年老疾侵, 儵然奄忽, 豈求備禮乎? 一日放臂, 沐浴而已, 不勞復魄, 殮以常衣. 先夫人棄背之時, 屬世荒饉, 家塗空迫, 兄弟幼弱, 棺器率薄, 藏內無塼. 吾當松棺二寸, 衣帽已外, 一不得自隨, 床上唯施七星板; 至如蠟弩牙·玉豚·錫人之屬, 並須停省, 糧罌明器, 故不得營, 碑誌旒旐, 彌在言外. 載以鼈甲車, 襯土而下, 平地無墳; 若懼拜掃不知兆域, 當築一堵低牆於左右前後, 隨爲私記耳. 靈筵勿設枕几, 朔望祥禫, 唯下白粥淸水乾棗, 不得有酒肉餠果之祭. 親友來餟酹者, 一皆拒之. 汝曹若違吾心, 有加先妣, 則陷父不孝, 在汝安乎? 其內典功德, 隨力所至, 勿刳竭生資, 使凍餒也. 四時祭祀, 周·孔所敎, 欲人勿死其親, 不忘孝道也. 求諸內典, 則無益焉. 殺生爲之, 翻增罪累. 若報罔極之德, 霜露之悲, 有時齋供, 及七月半盂蘭盆, 望於汝也.

20-4 옛날에는 묘지만 있었지 봉분은 없었다

공자孔子가 어버이를 묻으면서 이렇게 말했다.
"옛날에는 묘지만 있었지 봉분을 만들지 않았다. 나는 동서남북을 떠도는 자로서 표식을 해 놓지 않을 수 없다."
그러고는 4척 높이의 봉분을 했다.
그러나 군자가 세상에 응해 도를 펼침에 역시 분묘를 지킬 수 없는 때가 있으니, 하물며 번거로운 일이 사람에게 몰려드는 경우임에랴?
지금 나는 나그네 신세로 몸이 마치 뜬구름과 같아, 끝내 어느 고을이 내가 묻히는 곳이 될지 알 수는 없다. 다만 내 숨이 끊어지는 그곳에 나를 묻어 주면 될 뿐이다.
너희들은 마땅히 가업을 잇고 이름을 드날리는 것을 의무로 삼아야지, 내 무덤이 무너질까 연연하느라 너희들 이름이 묻히는 쪽을 취해서는 안 될 것이다.

孔子之葬親也, 云: '古者, 墓而不墳. 丘東西南北之人也, 不可以弗識也.' 於是封之崇四尺. 然則君子應世行道, 亦有不守墳墓之時, 況爲事際所逼也! 吾今羈旅, 身若浮雲, 竟未知何鄕是吾葬地; 唯當氣絶便埋之耳. 汝曹宜以傳業揚名爲務, 不可顧戀朽壞, 以取堙沒也.

지은이 | 안지추顔之推 (531 ~ 591)

중국 육조六朝 시대에 학식과 문필로 이름을 떨친 문인. 양나라 · 북제 등의 흥망에 따라 관직과 포로 생활을 오갔다. 평생에 걸친 정치적 부침은 수나라 양견이 북조를 멸망시키면서 일단락됐다. 말년에 태자의 학사로 부름을 받지만 얼마 지나지 않아 병사했다. 생전에 남긴 문집 30권은 현재 전하지 않는다. 현존하는 것으로는 《안씨가훈》 외에 《환원지還寃志》가 있으며, 《북제서北齊書》와 《북사北史》에 그의 전기가 기록돼 있다.

옮긴이 | 임동석林東錫

1949년 경북 영주榮州 출생. 충북 단양에서 성장했다. 경동고, 서울교대 졸업. 우전雨田 신호열辛鎬烈 선생에게 7년간 한학漢學을 배우고, 1983년 국립 대만사범대학교 국문연구소 대학원 박사 과정을 졸업했다. 건국대 중어중문학과 교수, 교무처장, 문과대 학장, 한국중어중문학회 회장, 중국어문학연구회 회장 등을 역임했다. 현재 건국대 명예교수이자 한어수평고시(HSK) 실시위원장이다. 저서로 《조선역학고朝鮮譯學考》 · 《중국학술개론中國學術槪論》 · 《중한대비어문론中韓對比語文論》 등이 있고, 학술 논문으로 〈한어쌍성첩운연구漢語雙聲疊韻硏究〉 외 60여 편이 있으며, 사서삼경과 제자백가를 비롯해 《춘추좌전》 · 《사기》 등 문사철文史哲을 아우르는 동양 고전 역주서 시리즈 220여 책을 펴내고 있다.

안씨가훈

초판 인쇄 | 2020년 7월 20일
초판 발행 | 2020년 7월 24일
펴낸이 | 홍정욱
기획 | 이상민 김지훈
편집 · 교열 | 김지훈
표지제호 | 강병인
디자인 | 황인정
펴낸곳 | 사단법인 올재
출판등록 | 2011년 11월 4일 제300-2011-188호
주소 | 서울시 용산구 이태원로 220 3층
전화 | 02-720-8278
팩스 | 070-4763-5551
홈페이지 | www.olje.or.kr
ISBN | 979-11-5993-187-1 03150

Olje Classics

01 한글논어 이을호 역 | 현암학술문화연구소 보補
02 국가 플라톤 저 | 조우현 역
03 정치학 아리스토텔레스 저 | 라종일 역
04 고운집 최치원 저 | 이상현 역 | 한국고전번역원 기획
05 한글맹자 이을호 역 | 현암학술문화연구소 보補
06 소크라테스의 변명 외 플라톤 저 | 조우현 역
07 유토피아 토머스 모어 저 | 주요섭 역
08 청성잡기 성대중 저 | 한국고전번역원 기획 · 번역
09 한글중용 · 대학 이을호 역 | 현암학술문화연구소 보補
10 팡세 파스칼 저 | 정봉구 역
11 군주론 마키아벨리 저 | 임명방 역
12 기측체의 최한기 저 | 한국고전번역원 기획 · 번역
13 우서 유수원 저 | 한영구 역 | 한국고전번역원 기획
14 채근담 홍자성 저 | 송정희 역
15 차라투스트라는 이렇게 말했다. 프리드리히 니체 저 | 김정진 역
16 천로역정 존 버니언 저 | 주요섭 역
17 조선경국전 정도전 저 | 한영우 역
18, 19 계원필경집1, 2 최치원 저 | 이상현 역
20 꿈의 해석 지그문트 프로이트 저| 장병길 역
21 명심보감 추적 저 | 이민수 역
22 서경 | 권덕주 역
23 사회계약론 장 자크 루소 저 | 박은수 역
24 명상록 마르쿠스 아우렐리우스 저| 황문수 역
25 택리지 이중환 저| 이민수 역
26, 27 열하일기1, 2 박지원 저 |이가원 역
28 햄릿 윌리엄 셰익스피어 저 | 최재서 역
29 유혹자의 일기 쇠렌 키에르케고어 저 | 황문수 역
30 에밀 장 자크 루소 저 | 박은수 역
31 땅의 양식 앙드레 지드 저 | 박은수 역
32 격몽요결 이이 저 | 정후수 역
33 훈민정음통사 방종현 저 | 이상규 주해
34 방법서설 르네 데카르트 저 | 김형효 역
35 리바이어던 토머스 홉스 저 | 이정식 역
36 역옹패설 이제현 저 | 남만성 역
37 유리알 유희 헤르만 헤세 저 | 노태한 역
38, 39 국부론1, 2 애덤 스미스 저 | 최임환 역
40 도덕경 노자 저 | 이석명 역
41 마음 나쓰메 소세키 저 | 김성기 역
42~45 수호지1~4 시내암 저 | 연변대학 수호지 번역팀 역
46 난중일기 이순신 저 | 이은상 역
47 징비록 유성룡 저 | 구지현 역
48, 49 쇄미록1, 2 오희문 저 | 이민수 역
50 장자 장자 저 | 신동준 역
51 열자 열자 저 | 정창영 역
52 바가바드 기타 | 정창영 역
53 젊은 베르테르의 슬픔 요한 볼프강 폰 괴테 저 | 이인웅 역
54 산해경 | 장수철 역
55 박물지 쥘 르나르 저 | 손석린 역
56, 57 춘추좌전1, 2 좌구명 저 | 신동준 역
58~61 서유기1~4 오승은 저 | 연변인민출판사 번역팀 역
62 대당서역기 현장 저 | 권덕주 역
63 손자병법 손무 저 | 임용한 역
64 오자병법 오기 저 | 임용한 역
65 전술론 니콜로 마키아벨리 저 | 이영남 역
66 포화 앙리 바르뷔스 저 | 정봉구 역
67 시경 | 신동준 역
68 문심조룡 유협 저 | 김관웅 · 김정은 역
69 시학 · 데 아니마 아리스토텔레스 저 | 김완수 역
70 주홍 글씨 너대니얼 호손 저 | 최재서 역
71, 72 지봉유설1, 2 이수광 저 | 남만성 역
73 종의 기원 찰스 다윈 저 | 이민재 역
74 비글호 항해기

찰스 다윈 저 | 권혜련 · 김정석 · 박완신 · 이혜진 역

75~78 홍루몽1~4 조설근 저 | 연변인민출판사 번역팀 역

79~83 동주 열국지1~5 풍몽룡 저 | 신동준 역

84, 85 카라마조프네 형제들1, 2 도스토옙스키 저 | 이동현 역

86 고용, 이자 및 화폐의 일반이론 케인스 저 | 조순 역

87, 88 법, 입법 그리고 자유1, 2 하이에크 저 | 양승두 외 역

89~93 금병매1~5 난릉 소소생 저 | 김관웅 · 김정은 역

94, 95 한비자1, 2 한비 저 | 신동준 역

96 상군서 상앙 저 | 신동준 역

97, 98 회남자1, 2 유안 저 | 이석명 역

99 금강경 동봉 역해

100 동의수세보원 이제마 저 | 이을호 · 홍순용 역 | 주종천 보補

101, 102 르네상스 미술가 평전1, 2

조르조 바자리 저 | 이근배 역 | 최병진 감수

103, 104 삼국사기1, 2 김부식 저 | 허성도 역

105 크눌프 · 황야의 이리 헤르만 헤세 저 | 이인웅 역

106 최초의 모험 헤르만 헤세 저 | 이인웅 역

107 사기 본기 · 사기 서 사마천 저 | 신동준 역

108 사기 표 사마천 저 | 신동준 역

109 사기 세가 사마천 저 | 신동준 역

110, 111 사기 열전1, 2 사마천 저 | 신동준 역

112~116 삼국지1~5 나관중 저 | 연변인민출판사 번역팀 역

117, 118 황금가지1, 2 제임스 조지 프레이저 저 | 장병길 역

119 파워엘리트 찰스 라이트 밀스 저 | 진덕규 역

120 묵자 신동준 역

121, 122 십팔사략1, 2 증선지 저 | 신동준 역

123, 124 당시삼백수1, 2 손수 편 | 임동석 역

125 돈키호테 미겔 데 세르반테스 저 | 최민순 역

126~135 자치통감1~10 사마광 저 | 신동준 역

136~145 잃어버린 시간을 찾아서1~10

마르셀 프루스트 저 | 김창석 역

146, 147 관자1, 2 관중 저 | 신동준 역

148 순자 순자 저 | 신동준 역

149 주역 신원봉 역

150, 151 전국책1, 2 유향 저 | 임동석 역

152 맥베스 윌리엄 셰익스피어 저 | 김우탁 역

153 오셀로 윌리엄 셰익스피어 저 | 김우탁 역

154 리어왕 윌리엄 셰익스피어 저 | 김우탁 역

155, 156 데카메론1, 2 조반니 보카치오 저 | 허인 역

157, 158 유림외사1, 2 오경재 저 | 김관웅 · 김정은 역

159, 160 정관정요1, 2 오긍 저 | 임동석 역

161 안씨가훈 안지추 저 | 임동석 역

162 신기관 프랜시스 베이컨 저 | 김홍표 역

Olje Selections

01 한글논어 이을호 역 | 현암학술문화연구소 보補

02 국가 플라톤 저 | 조우현 역

03 조선경국전 정도전 저 | 한영우 역

04 햄릿 윌리엄 셰익스피어 저 |최재서 역

05 한글맹자 이을호 역 | 현암학술문화연구소 보補

06 훈민정음통사 방종현 저 | 이상규 주해

07 정치학 아리스토텔레스 저 | 라종일 역

08 도덕경 노자 저 | 이석명 역

09~12 수호지1~4 시내암 저 | 연변대학 수호지 번역팀 역

13, 14 열하일기1, 2 박지원 저 |이가원 역

15 명상록 마르쿠스 아우렐리우스 저 | 황문수 역

16 젊은 베르테르의 슬픔

요한 볼프강 폰 괴테 저 | 이인웅 역

17, 18 국부론1, 2 애덤 스미스 저 | 최임환 역